Beck'sche Reihe
BsR 1074

Wenn Ihnen in einem Hotel ein Mensch mit flackerndem Blick versichert, daß seine Gegner parapsychische Angriffe gegen ihn vortragen, oder ein anderer Ihnen erklärt, er würde sogar gegen den Lieben Gott antreten, oder Sie nächtens geweckt werden, weil Sie aus dem benachbarten Zimmer laute Schreie hören, deren Inhalt aus einem Comic-Heft stammen könnten, dann deutet alles darauf hin, daß Sie gerade eine Begegnung der dritten Art mit einem amtierenden oder ehemaligen Schachweltmeister haben. Wie weit es mit dem Realitätsgehalt solcher und ähnlicher Geschichten her ist, was daran ist, daß die Spezimen der Gattung Schachweltmeister ein Leben an der Grenze bizarrer Genialität führen, das haben der internationale Schachgroßmeister Helmut Pfleger und der Schachpublizist Gerd Treppner untersucht und in dem vorliegenden Band zusammengefaßt. Dabei beschränken sie sich jedoch nicht auf das Ausgefallene, sondern stellen ebenso die ganz unaufdringlichen und alltäglichen Charaktere vor, die das königliche Spiel auf die Höhen des Ruhms geführt hat. Darüber hinaus zeigen sie aber auch die Schattenseiten der Wege zum Ruhm, die besonders dann bedrückend werden, wenn der Champion sich nicht von dem massiven politisch-nationalen Druck seines Heimatlandes befreien kann.

Insgesamt werden bestimmte Charaktereigenschaften der Schachweltmeister, etwa Risikobereitschaft, Aggressivität oder Besonnenheit, nicht nur in Worten beschrieben, sondern auch durch ausgewählte Partiestellungen in Diagrammen vorgeführt und kommentiert. So wendet sich das Buch an alle, die gerne Schach spielen und ein wenig mehr über die Persönlichkeit und Eigenarten jener erfahren wollen, die als Schachweltmeister zu besonderen Exponenten dieser Sportart wurden. Den Leser erwartet ein entspanntes, anregendes und hintergründiges Lesevergnügen.

Helmut Pfleger ist promovierter Mediziner, internationaler Schachgroßmeister, Schachbuchautor, Schachkolumnist des Wochenmagazins „Die Zeit" und scharfzüngiger Fernsehkommentator von Schachgroßereignissen.

Gerd Treppner ist FIDE-Meister. Er schreibt für die Schachzeitungen „Europa-Rochade" und „Schachreport/Deutsche Schachblätter"; darüber hinaus ist er Autor zahlreicher populärer Schachbücher.

HELMUT PFLEGER/GERD TREPPNER

Brett vorm Kopf

Leben und Züge der Schachweltmeister

VERLAG C. H. BECK MÜNCHEN

Mit 17 Abbildungen aus dem Archiv Edition Marco, Berlin, und
38 Diagrammen von Bernd Feustel, Bamberg.

Die Deutsche Bibliothek – CIP-Einheitsaufnahme

Pfleger, Helmut:
Brett vorm Kopf : Leben und Züge der Schachweltmeister /
Helmut Pfleger ; Gerd Treppner. – Orig.-Ausg. – München :
Beck, 1994
  (Beck'sche Reihe ; 1074)
  ISBN 3 406 37464 6
NE: Treppner, Gerd; GT

Originalausgabe
ISBN 3 406 37464 6

Umschlagentwurf: Uwe Göbel, München
Umschlagbild: Paul Klee, „Überschach", 1937, 141 (R1).
© VG Bild-Kunst, Bonn 1994. Photo: Kunsthaus Zürich
© C. H. Beck'sche Verlagsbuchhandlung (Oscar Beck), München 1994
Gesamtherstellung: Appl, Wemding
Gedruckt auf säurefreiem, aus chlorfrei gebleichtem Zellstoff
hergestelltem Papier
Printed in Germany

Inhalt

I.	Von den Anfängen bis 1851	7
II.	Anderssen (1851–1858 und 1859–1866)	29
III.	Morphy (1858)	41
IV.	Steinitz (1866–1894)	55
V.	Lasker (1894–1921)	77
VI.	Capablanca (1921–1927)	103
VII.	Aljechin (1927–1935 und 1937–1946)	118
VIII.	Euwe (1935–1937)	137
IX.	Botwinnik (1948–1957, 1958–1960 und 1961–1963)	150
X.	Smyslow (1957–1958)	166
XI.	Tal (1960–1961)	178
XII.	Petrosjan (1963–1969)	195
XIII.	Spassky (1969–1972)	208
XIV.	Fischer (1972–1975)	222
XV.	Karpow (1975–1985)	249
XVI.	Kasparow (seit 1985)	272
	Erläuterung der verwendeten Schachbegriffe	299
	Quellenverzeichnis	302

I. Von den Anfängen bis 1851

François Philidor
(* 1726, † 1795)

Howard Staunton
(* 1810, † 1874)

Meister al-Mawardi (zu Deutsch „Rosenwasser") stand aufgrund seiner Schachkunst am Hof des Kalifen al-Muktafi um 900 in hohen Ehren. Eines Tages jedoch erschien ein gewisser Abu-Bakr Muhammed Ben Yahya as Suli, angeblich der Abkömmling eines türkischen Prinzen, und beanspruchte die Schachkrone für sich. Unter Vorsitz des Kalifen fand alsbald ein Kräftemessen der beiden Schachspieler statt. Die Bilanz zog der Herrscher mit einer vernichtenden Kritik an seinem früheren Favoriten, die auf ihre Art immer noch einzig in der Schachliteratur dasteht: „Dein Rosenwasser hat sich in Urin verwandelt!"

Das war wohl einer der ersten Wettkämpfe, die man als Vorläufer heutiger Weltmeisterschaften ansehen kann. Zwar hieß das Spiel damals noch „Shatranj", und Regeln sowie Gangart der Steine unterschieden sich zum Teil deutlich vom heutigen Schach, aber die Gemeinsamkeiten waren doch schon groß. In der muslimischen Welt gab es nicht nur die stärksten Spieler, sondern immer wieder auch Wettkämpfe, anhand derer die Historiker eine Art „Thronfolge" aufstellen konnten. Dazu fand man umfangreiche Theorie über Eröffnungen und Endspiele, auch komponierte Aufgaben und anderes. All das läßt ahnen, daß vor und nach dem Jahr 1000 Schach in dieser Weltgegend wohl einige Verbreitung erfahren hatte. Nach Meinung von Großmeister Keene konnte sich das Bagdader Kalifat einer Reihe von Spielern rühmen, deren Stärke vergleichbar mit jener Philidors war – dem ersten herausragenden Meister der Neuzeit.

Als erste große Gestalt dieser „antiken" Ära gilt al-Adli, der im 9. Jhd. nicht nur als Spieler, sondern auch literarisch von sich reden machte. Auf ihn führt man Endspielanalysen zurück, die bis heute ihren Platz in der Theorie haben! Natürlich nur mit Figuren, die damals schon so zogen wie heute.

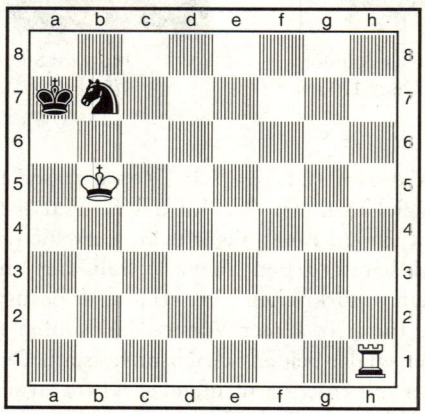

Theoriestellung, al-Adli 9. Jhdt.

Weiß gewinnt auf verschiedene Arten; als klarsten Weg gibt die Theorie an: 1. Td1 Kb8 (der Sb7 hat keinen Zug) 2. Ka6! Sc5+ 3. Kb6 Sa4+ (Se6 4. Td6 bzw. Sb7 4. Td7 Ka8 5. Th7!) 4. Kc6 Sc3 5. Te1 und der eingekreiste Springer geht schnell verloren.

Al-Adlis Nachfolger waren ar-Razi, al-Mawardi und sein oben genannter Bezwinger, unter dem Kurznamen as-Suli wohl der Herausragende dieser Ära. Solche Meister waren am Hof des Kalifen oder anderer Herrscher „angestellt"; und es scheint, als wäre Schach damals tatsächlich vor allem bei den oberen Zehntausend beliebt gewesen, wie ein paar Zitate belegen: „Das Schachspiel wurde für Könige und reiche Leute erfunden, denen auch zusteht, es zu betreiben." – „Nicht Schach spielen sollen Arme, Hungerleider, Gesindel und Dumme." (Was die letzteren anbelangt, so versteht man's.)

Wobei die Herren Kalifen und Fürsten bestimmt selbst nicht immer die Versiertesten am Brett waren. Al Ma-Mun (786–833), der Nachfolger des ebenfalls schachliebenden legendären Harun-al-Raschid, machte einmal seinem Frust Luft: „Seltsam, daß ich, der ich die Welt vom Indus im Osten bis Andalus im Westen regiere, nicht mit 32 Schachfiguren auf einem kleinen Schachbrett zurechtkomme!"

Weil beim damaligen Spiel sich der Aufbau viel langsamer als beim modernen Schach entwickelte (z.B. kein Bauern-Doppelzug, keine Rochade, Dame und Läufer waren nur schwache Figuren), begann man häufig von vorgegebenen Stellungen aus (den sogenannten Tabijen). Daraus entstand die antike Eröffnungstheorie. Es heißt, daß der deutsche Großmeister Mieses um 1910 ein paar Partien nach alten Regeln mit einer dieser Eröffnungen zu spielen versuchte. Etwas Besseres als der damals empfohlene Plan fiel auch ihm nicht ein.

Ganz wie heute stritt man auch damals schon über Wert oder Unwert solcher Eröffnungen.

Beispielsweise versetzte as-Suli im Hinblick auf bestimmte Varianten einem großen Vorgänger diesen Seitenhieb: „Von diesen acht Eröffnungen sind keine schwächer als diese beiden ... und dennoch betrachte ich sie besser als die übrigen, die al-Adli angab und die ich vermeide."

Manche Quellen führen auch den Märchenhelden Aladdin als frühzeitlichen Schachmeister auf. Er soll im wirklichen Leben um 1400 Jurist am Hof des Mongolenherrschers Timur gewesen sein, wo er sich rühmte, vier Partien blindsimultan gespielt zu haben, während er weiter mit seinen Freunden plauderte, „und durch Gottes Gunst habe ich sie alle geschlagen." Wenn der Gute nicht geflunkert hat, könnte er sich mit dieser Vorstellung auch heute noch sehen lassen.

Das moderne Schach entwickelte sich erst langsam im Europa des Mittelalters. Im 16. Jhd. kam es zum ersten Treffen führender Meister, das man seinerseits ebenfalls als WM-Vorläufer betrachten kann. Damals standen sich Spanier und Italiener gegenüber. In Spanien dominierte Ruy Lopez de Segura, ein Geistlicher, der vor allem durch sein Buch „Libro de la invencion liberal y arte de juego del Axedrez" (1561) Bahnbrechendes auf dem Gebiet des Schachs leistete. Es ist keineswegs das erste Schachbuch überhaupt, aber das erste sozusagen vollwertige Lehr- und Handbuch des neuen Schachs. Es bringt erste Analysen der „Spanischen Partie", die nach ihm noch heute „Ruy Lopez" heißt, aber auch des „Königsgambits" und weiterer offener Spiele. Daß der hochwürdige Herr Züge wie 1. c4 oder 1. Sf3, wie sie heute den Besten der Welt leicht von der Hand gehen, für Unsinn hielt – nun, damit befand er sich noch Jahrhunderte später in bester Gesellschaft...

Über die Eröffnung hinaus finden sich Tips, die natürlich noch keinerlei System enthalten, aber immerhin Ansätze positionellen Denkens. Ruy Lopez hob den Wert der Mittelbauern hervor und postulierte, daß man sie mit dem c- bzw. f-Bauer unterstützen sollte; mit letzterem jedoch nur, wenn das ohne fatale Schwächung der Königsstellung möglich ist. Auch Ideen, die im Spiel erst langfristig wirksam werden, wie die Aktivierung des Königs nach Damentausch, präsentierte er.

Mit Tricks der weniger feinen Art kannten sich die Meister damals auch schon aus. Das folgende berühmte Zitat stammt zwar nicht von Lopez, sondern von seinem Bruder in Christo Lucena (der 1497 ebenfalls ein nicht unbedeutendes Schachbuch herausgab), spricht aber auch für sich: „Wenn Sie bei Tageslicht spielen, setzen Sie sich Ihrem Gegner so gegenüber, daß ihm die Sonne in die Augen scheint... Außerdem versuchen Sie, gegen ihn anzutreten, wenn er gut gegessen und getrunken hat."

Ruy Lopez standen auf italienischer Seite Leonardo da Cutri und Paolo Boi gegenüber. Was sich über sie und ihre Wettkämpfe mit den Spaniern findet, ist mit „widersprüchlich" bereits euphemistisch umschrieben; dafür delektiert sich der Schachfreund an Schauergeschichten mit Mord und Totschlag, von denen Edgar Wallace noch hätte profitieren können. Sowohl Leonardo als auch Boi sollen übrigens durch Gift umgekommen sein...

Den Spielstil der beiden kann man sich je nach Quelle aussuchen. Ruy Lopez hingegen wird allgemein als solider Spieler geschildert, der (schachliche) Opfer nur dann gut hieß, wenn man das Material „mit Zinsen" wiederbekam oder eine forcierte (Matt-)Kombination einleitete.

Zahl, Verlauf und Ergebnis der spanisch-italienischen Wettkämpfe bleiben etwas unklar. Zunächst scheint Ruy Lopez um 1560 mit großem Erfolg in Italien aufgetreten zu sein. Bald darauf, so berichten einige Quellen, sei es in Madrid zu einem ersten Rückkampf gekommen, den ebenfalls Ruy Lopez gewonnen haben soll. Ziemlich einig ist man sich über ein späteres Treffen am spanischen Hof 1575, bei dem diesmal die Italiener die Spanier Ruy Lopez und Ceron bezwangen und Leonardo Gesamtsieger geworden sein soll.

Als Spitzenspieler konnte man damals offenbar schon recht gut leben: Ruy Lopez erhielt, wie es heißt, für seine ersten Erfolge von König Philipp II. mehrere lukrative Kirchenpfründe und eine goldene Kette mit einem Turm daran, während der Monarch auch die Italiener nach dem Turnier von 1575 über den ausgelobten Preis von 1000 Goldstücken hinaus noch großzügig honorierte. Es soll sogar Leonardos Heimatstadt für 20 Jahre steuerfrei erklärt worden sein.

Partien aus diesen Wettkämpfen sind nicht bekannt; mit einer Ausnahme, an deren zuverlässiger Überlieferung ernste Zweifel bestehen. Schon für die damalige Zeit wäre diese Partie ausgesprochen schwach gewesen, heute selbst für einen Kreisklassenspieler mit Schwarz blamabel.

Ruy Lopez – Leonardo (?!?)
1. e4 e5 2. f4 d6 3. Lc4 c6 4. Sf3 Lg4 5. fxe5 dxe5 6. Lxf7+ Kxf7 7. Sxe5+ Ke8 8. Dxg4 Sf6 9. De6+ De7 10. Dc8+ Dd8 11. Dxd8+ Kxd8 12. Sf7+ Schwarz gibt auf.

Das generelle Niveau, wie es vor allem aus Varianten und Beispielpartien der damaligen Schriften hervorgeht, schätzt Keene vielleicht etwas zu gering: „Die Spieler machten ihre Züge und hofften das Beste. Man ging auf abenteuerliche Unternehmungen mit den Figuren aus, mehr oder weniger unterbrochen durch unvorhergesehene Episoden wie zufälliger Materialgewinn oder wahllose Schachs. Besonders das Schachbieten schien unendliche Faszination auf diese ersten Praktiker der Schachkunst auszuüben. Systematisches Spiel gab es schlicht und einfach nicht. Was herauskam, war meist Sache von Glück und Zufall."

Hier spricht der moderne Großmeister; aber wie hätte man damals sonst spielen sollen, wo es Theorie höchstens in Ansätzen gab? Immerhin kommt das legendäre „Erstickte Matt" schon bei Lucena vor, und auch die Partien des nächsten bedeutenden Meisters Gioacchino Greco (ca. 1600–1634) zeigen, daß solche Zufallsprodukte schon beachtliches Niveau erreichen konnten. Grecos Beispiele sind womöglich keine echten Partien, sondern in Partieform gefaßte Analysen, aber jedenfalls zum Teil gut genug, um bis heute die Lehrbücher zu bereichern. Angriffe führt er oft so kräftig, konsequent und zielbewußt, daß es auch modernen Ansprüchen genügt; nur ist die Verteidigung meist erbärmlich schwach, und es fehlt an planvoller strategischer Vorbereitung der Kombinationen.

Hier zwei Beispiele, die man immer wieder in Büchern findet:

1. e4 b6 2. d4 Lb7 3. Ld3 f5 4. exf5 Lxg2 5. Dh5+g6 6. fxg6 Sf6? 7. gxh7+! Sxh5 8. Lg6 matt.

Dies wurde übrigens in neuester Zeit wieder ausgegraben, als man einige Male das bessere 6 ... Lg7 ausprobierte: 7. gxh7+Kf8 8. hxg8D+Kxg8 und Schwarz kommt sogar ganz gut weg, doch schließlich fand man, daß auch Weiß noch „Trümpfe im Ärmel" hat, wie etwa das Opfer 8. Se2 Lxh1 9. Sf4. Wie man sieht, ist Greco noch heute aktuell!

Das zweite Beispiel ist wohl das bekannteste Grecos:

1. e4 e5 2. Sf3 Sc6 3. Lc4 Lc5 4. c3 Sf6 5. d4 exd4 6. cxd4 Lb4+ 7. Sc3 Sxe4 8. 0–0 Sxc3 9. bxc3 Lxc3 10. Db3 Lxa1

Die einzige Schwäche dieser Analyse liegt wie so oft darin, daß sie sich um bessere schwarze Züge wenig kümmert. Nach heutiger Ansicht kann Schwarz mit d7-d5 im 9. oder 10. Zug ganz gut mitspielen.

11. Lxf7+Kf8 12. Lg5 Se7 13. Se5! Lxd4 14. Lg6! d5 15. Df3+Lf5 16. Lxf5 Lxe5 17. Le6+Lf6 18. Lxf6 Ke8 19. Lxg7 und Weiß gewinnt.

Heute wird statt 8 ... Sxc3 meist Lxc3 gespielt, was Greco auch schon kannte, doch hierzu entstand die maßgebliche Theorie erst lange nach seiner Zeit. Damals (wie auch noch in der romantischen Ära des 19. Jhd.) war es Brauch, daß der eine Spieler alles „fraß", was ihm der andere vorwarf.

In Grecos kurzem Leben muß es ähnlich turbulent wie in vielen seiner Analysen zugegangen sein. Vermutlich in Kalabrien geboren, ließ er angeblich die Segnungen einer sicheren Pfründe in Rom im Stich und reiste durch Europa, spielte um möglichst hohe Einsätze und gewann auch meistens. In Paris hielt er sich am Herzog von Nemours und anderen schadlos, doch auf dem Weg nach London überfielen ihn Räuber und nahmen ihm mehr als 5000 Scudi ab. Am englischen Hof wurde die Kasse wieder aufgefüllt. Später reiste Greco auch nach Spanien an den Hof Philipps IV. und von dort 1634 nach Westindien, wo er starb. Sein erspieltes Vermögen vermachte er den Jesuiten.

Lange zeigte sich danach keine weltmeisterwürdige Persönlichkeit mehr. Im 18. Jhd. trat dann aber einer der ganz Großen hervor, der erste, der so etwas wie ein System in das Hauen und Stechen auf den damaligen Brettern zu bringen versuchte, dabei viele Anschauungen seiner Zeit über den Haufen warf und modernen Auffassungen schon recht nahe kam – François Andre Danican Philidor (1726–1795).

Der Begriff „Wunderkind" mag etwas übertrieben sein, aber sowohl für Musik wie fürs Schach zeigte Philidor von klein auf glänzendes Talent. Mit 11 bis 12 Jahren schrieb er erste Kompositionen; nur wenig später, um 1740, machte er sich auch im Schach einen Namen und begann bald bereits, blind zu spielen. Viel scheint ihm dies zunächst nicht eingebracht zu haben; in seinen Jugendjahren drohte ihm, wie es heißt, zeitweise das Dasein eines verkrachten Genies, und er mußte Schach in Kaffeehäusern um Geld spielen (hätte er doch nur eine Pfründe gehabt). Die Wende kam, als es ihm gelang, durch Beziehungen in London Fuß zu fassen. Dort schlug er zunächst einige englische Meister und 1747 den Syrer Philipp Stamma, der auch als namhafter Schachanalytiker und -autor galt. Philidor war sich da seiner Sache schon so sicher, daß er Stamma stets den Anzug gab und Remisen als Verlust für Philidor zählten! Man stelle sich solche Bedingungen heute bei einem WM-Match vor... Aber tatsächlich siegte der französische Meister 8:2 (genauer 8:1 bei einem Remis), und den Schlußstein setzte er, als er in Paris seinen früheren Lehrmeister Legal schlug, der bis dahin als stärkster Spieler in Frankreich galt. Nach diesem Sieg überreichten seine Anhänger Philidor ein Zepter als eine Art symbolischer Weltmeisterinvestitur. Da 1749 auch sein Hauptwerk „L'Analyse du Jeu des Échecs" erschienen war, stand er bereits in jungen Jahren auf dem Gipfel seiner Karriere. Solch ein Werdegang vom Kaffeehausspieler zum Besten seiner Zeit war damals noch möglich.

Philidor konnte sich jetzt als Berühmtheit sehen lassen; seine Blindsimultanspiele wurden als Sensation gefeiert. Sie schienen trotz der aus heutiger Sicht wenigen Gegner (gewöhnlich zwei oder drei) den Zeitgenossen derart unglaublich, daß man sich Sorgen um seinen Verstand machte. Noch viele Jahre später (1782) schrieb Diderot an Philidor: „Ich wäre eher bereit, Ihnen diese gefährlichen Experimente nachzusehen, wenn Sie genug eingesetzt hätten, um fünf- oder sechshundert Guineen zu gewinnen. Aber Ihr Talent und Ihren Verstand für nichts und wieder nichts aufs Spiel zu setzen, ist einfach unvorstellbar... Nehmen Sie meinen Rat an, schreiben Sie weiter schöne Musik für uns, schreiben Sie diese noch viele Jahre lang und setzen Sie sich nicht fürderhin der Möglichkeit aus, zum Gespött zu werden, wozu so viele Menschen geboren sind. Sonst wird man höchstens von Ihnen sagen: Da ist der Philidor, diese Kreatur, er ist ein Nichts, er hat allen Verstand, den er besaß, verloren, indem er Holzklötzchen über ein Schachbrett schob."

Philidor reiste auch durch Europa; am preußischen Hof bekam er wegen seiner Freundin Ärger (der berühmte Mathematiker Euler schreibt in einem Brief, daß er leider nicht mehr zurecht kam, um mit Philidor zu spielen, der wegen der erwähnten Umstände bald wieder abgereist war). Später widmete sich Philidor mit ganzer Energie seiner Karriere als Komponist; von etwa 1755 bis 1770 wird schachlich wenig von ihm berichtet, dafür dürften seine Opern damals in Frankreich am meisten gespielt worden sein. Nach 1770 fing er wieder an Schach zu spielen und pendelte zwischen Paris und London, wo er als Schachlehrer und Spieler fest angestellt war. In seinen letzten Jahren findet man immer öfter Hinweise auf Finanznöte. Die Französische Revolution machte sein Leben nicht gerade besser, da er so lange zur Hofgesellschaft gehört hatte. Es gibt die berühmte Anekdote, wie Philidor dem König Schach beibringt und dieser nach einiger Zeit fragt, ob er schon Fortschritte mache. Philidor: „Es gibt drei Klassen von Spielern: die ersten spielen gut, die zweiten schlecht und die dritten gar nicht. Eure Majestät haben sich bereits zur zweiten Klasse emporgeschwungen!"

Andererseits dürften auch Philidor und Robespierre einander gekannt haben, da letzterer zu den Stammgästen des legendären Pariser Schachcafes „de la Regence" zählte – aber was soll ein Schachspieler mit jemandem, der einem König am liebsten den Kopf abschneidet? Jedenfalls verbrachte Philidor seine letzten Jahre in London; da es zwischen Frankreich und England auch noch Krieg gab, konnte er nicht mehr zurück. Anscheinend war man jedoch in Paris gerade dabei, seine Rückkehr zu regeln, als er 1795 völlig verarmt in London starb. Drei Tage nach seinem Tod soll sein Name von der „schwarzen Liste" der geächteten Emigranten gestrichen worden sein . . .

Philidors schachliches Lebenswerk steckt in dem berühmten Satz: „Die Bauern sind die Seele des Spiels." Statt direkter Angriffe, wobei Bauern nur als Schlachtopfer zur Linienöffnung dienten, betrachtete er das Formieren und Vorrücken einer Bauernphalanx als oberstes Ziel. Ein Angriff konnte daraus entstehen, mußte aber nicht. Philidor sprach erstmals Schwächen wie isolierte oder rückständige Bauern an, auch Probleme wie den „guten" bzw. „schlechten" Läufer, dessen Aktivität bzw. Passivität von der Bauernstruktur abhängt. Gleiches leistete er für die Analyse des Endspiels. Bis heute gültig bleibt seine Gewinnführung mit Turm und Läufer gegen Turm. Für Turm und Bauer gegen Turm zeigte er die wichtigste Remisstellung, die der gesamten Theorie zugrunde liegt. Übrigens: Das Gegenstück dazu, eine ebenso wichtige elementare Gewinnidee, geht sogar auf Lucena zurück.

Ein Rätsel jedoch, das Philidors Lehre umgibt, sind taktische Schwächen in vielen seiner Analysen. Das war besonders fatal, wenn er eine an sich richtige Regel oder Idee mit einer fehlerhaften Variante begründete. Schon zu seinen Lebzeiten wurden solche Schwächen entdeckt, und seine Gegner hatten es nicht schwer, sein Werk anhand solcher Beispiele zu kompromittieren. Indes kann man kaum glauben, daß ein Mann, der innerhalb weniger Jahre die ganze damalige Schachwelt vom Brett fegte, kombinatorisch so schwach gewesen sein soll. Leider stammen nahezu alle von Philidor erhaltenen *gespielten* Partien (nicht zu verwechseln mit Analysen in Partieform) aus späterer Zeit. Wie er um 1750 seine Siege errang, läßt sich kaum mehr rekonstruieren. Wir vermuten aber, daß er in seinem Werk die Bauerntheorie so sehr verabsolutierte, daß er sich in ihr verfing und andere Aspekte des Spiels aus den Augen verlor. Diese Einseitigkeit, daß man nur das sieht, was zu einer bestimmten Idee paßt, findet sich ähnlich später bei Steinitz und ist der Schachpsychologie als Ursache selbst gröbster Patzer bekannt.

Hier eine Analyse Philidors, die sehr deutlich Stärken und Schwächen zeigt. Die modernen Kommentare beruhen auf Dr. Euwes Einschätzungen („Feldherrnkunst im Schach").

1. e4 e5 2. Lc4 c6 3. d4

Typisch für Philidors Eröffnungsdenken: Beide Seiten versuchen so schnell wie möglich Bauern ins Zentrum zu bringen.

3... exd4 4. Dxd4 d6 5. f4

Dem f-Bauern galt Philidors spezielles Augenmerk. Nach seiner Meinung gehörten Figuren nicht vor die Bauern, sondern hinter deren angestrebte Phalanx. Deswegen lehnte er (nach 1. e4 e5) 2. Sf3 prinzipiell ab und empfahl dagegen für Schwarz 2...d6 nebst 3...f5, was heute als widerlegt gilt.

5... Le6 6. Ld3

Sehr unnatürlich, aber Philidor strebt schnellstens ein ihm vertrautes Bild an: beidseitige Bauernmehrheiten in geschlossener Stellung.

6... d5 7. e5 c5 8. Df2 Sc6 9. c3

Sofort 9. f5 gefiel Philidor wohl nicht, da nach Läuferrückzug und 10. Sf3 c5-c4 folgen könnte.

9. ... g6

Positionell logisch, um die weiße Mehrheit am Königsflügel zu stoppen; aber viel besser war nach Euwe 9 ... f6!. Damit wird der Mehrheit die Spitze abgebrochen, da 10. f5? an Sxe5! 11. Lb5+Ld7 scheitert. Ob Philidor letzteres übersehen hat?

10. h3 h5 11. g3

Nach Philidor notwendig; mit Recht, denn sonst spielt Schwarz h5-h4 und nimmt nach g2-g4 „en passant". Der weiße Plan g4 nebst f5 wäre damit für immer durchkreuzt. In der heutigen Praxis sind solche Gedanken gang und gäbe.

11. ... Sh6 12. Sf3 Le7 13. a4 Sf5 14. Kf1

Offenbar nur zu dem Zweck, das folgende Opfer zu demonstrieren.

14. ... h4 15. g4

Besser als hiermit ist Philidors Denken kaum zu illustrieren: Bauernphalanx geht vor Qualitätsverlust!

15. ... Sg3+ 16. Kg2 Sxh1 17. Kxh1

Folgerichtig hält Philidor nun die weiße Stellung für überlegen, was man wohl kaum unterschreiben kann.

17. ... Dd7 18. Dg1

Wieder „Phalanx über alles": das Opfer auf g4 wird verhindert.

18. ... a5

Hier gibt Euwe erstmals d5-d4 als besser für Schwarz an, wie später noch mehrfach. Aber nach Philidors Ideal sind zwei verbundene Bauern am stärksten nebeneinander auf der 4. Reihe. Offenbar deswegen hält nun auch Schwarz die ganze Zeit stur an der Stellung c5/d5 fest, obwohl man gerade ein Qualitätsplus durch möglichst aktives Spiel mit Linienöffnung für die Türme verwerten muß.

19. Le3 b6 20. Sa3 0-0-0 21. La6+ Kc7 22. Sc2 Ta8 23. Lb5 Dd8 24. b4 Df8

Selbst solch „krumme" Züge zur Behauptung von c5 sind ihm lieber als d4 oder axb4 nebst d4, was laut Euwe immer noch ging.

25. bxc5 bxc5 26. Sd2

Die letzte Reserve. Jetzt ist c5 nach Sb3 wirklich unhaltbar, und Schwarz muß die Idealstellung doch aufgeben – nur auf die schlechtestmögliche Art.

26. ... c4 27. Sd4

Jetzt hat Weiß dieses Feld, und jede schwarze Aktivität ist gelähmt. Auch der folgende Zug, der früher einmal so gut gewesen wäre, kommt viel zu spät.

27. ... f6 28. Lb6+ Kb7 29. Lxc6+ Kxc6 30. Sfd4+ Kd7 31. f5 Lg8 32. e6+

Triumph der Phalanx – ein Bild nach Philidors Geschmack!

32. ... Ke8 33. Sb5 Ld6 34. Dd4 und Weiß gewinnt, so Philidor. Diesmal hat er wirklich recht.

Es springt direkt ins Auge, wie Philidor alles einzig und allein an seinen Idealen der Bauernstruktur mißt. Selbst das Material kommt erst in zweiter Linie. Dynamisch-taktische Möglichkeiten, die nicht ins Kalkül passen, beachtet er überhaupt nicht. Diese offenkundige Einseitigkeit stützt unsere obige Vermutung über den Ursprung seiner Analysefehler.

Es kam wie zu erwarten: Da Schach à la Philidor wenig beliebt war, weil es dem „schönen", effektvollen Spiel kaum mehr Platz ließ, scheiterte es an den erwähnten Schwächen. Der Gedanke an ein umfassendes System im Schach verschwand wieder in der Theorienkiste; erst Steinitz griff ihn erneut auf. Die Meister nach Philidor verfielen ihrerseits ins andere Extrem: Man ließ im wahrsten Sinn des Wortes auf dem Brett die Puppen tanzen. Der spontane geniale Einfall war Trumpf. Freilich schon auf weit höherem Niveau als im Mittelalter; man wußte jetzt mehr über Eröffnungen, Endspiele und anderes. Gerade Philidors Landsleute beherrschten lange Zeit diese „romantische" Epoche. Ihr erster Champion war Alexandre Louis Deschapelles (1780–1847). Was er von irgendwelchen Systemen, Strategien und Theorien hielt, machte er in zwei Sätzen deutlich: „Ich will weder Figuren erobern noch verteidigen noch angreifen. Ich will mattsetzen, und sonst nichts."

Mit dieser Einstellung wurde er im Krieg ein Held, hat aber dabei auch eine Hand eingebüßt. Als echter Hau-drauf-und-

Schluß trug er eine Säbelnarbe von der Augenbraue bis zum Kinn und schreckte selbst mit einer Hand nicht vor Duellen zurück, für die es bei seiner Art wohl jede Menge Anlässe gab. St. Amant, einer seiner späteren Rivalen, meinte: „Der einzige Weg, mit ihm ohne Schmeichelei und Unterwürfigkeit auf gutem Fuß zu stehen, ist: ihn selten sehen, ihm zu nichts verpflichtet sein und immer würdevoll reserviert bleiben." Herrisch, hitzköpfig, ein Aufschneider, Karten- und Glücksspieler – so polterte Deschapelles durch die Schachszene. Meist spielte er nur mit Vorgabe (Bauer und Zug oder sogar zwei Züge). Selbst bei Wettkämpfen 1821 in Paris mit den Engländern Lewis und Cochrane sowie dem später berühmten La Bourdonnais wollte Deschapelles nicht von seiner Vorgabe lassen. Es heißt, daß Cochrane später in freien Partien von gleich zu gleich besser als im Turnier mit Vorgabe gegen ihn abschnitt ...

Doch gegen La Bourdonnais verlor Deschapelles bei diesem Anlaß eindeutig; danach zog er sich vom Schach zurück. Er wurde eine Berühmtheit im Kartenspiel und soll beim Whist 30.000 bis 40.000 Francs pro Jahr verdient haben (es gibt bei diesem Spiel auch einen nach ihm benannten Deschapelles-Coup). Des weiteren mischte er sich in die Politik ein und landete prompt im Gefängnis, als man ihn verdächtigte, bei den Unruhen 1832 in Paris beteiligt gewesen zu sein. Hinter Gittern schrieb er, der eingefleischte Republikaner (er kämpfte von Jugend an für Napoleon und soll sich mit achtenswerter Konsequenz das ihm verliehene Ehrenkreuz abgerissen haben, als jener sich zum Kaiser erklärte), einen Brief an den König: Man dürfe doch einen alten, kranken und dazu auch noch unschuldigen Mann nicht einsperren. Tatsächlich kam er nach einigen Wochen wieder frei.

Überraschenderweise nahm er auf seine alten Tage noch einen Anlauf im Schach, vielleicht weil sein Bezwinger La Bourdonnais 1840 gestorben war. Tatsächlich gewann Deschapelles zwei Wettkämpfe, einen davon gegen den neuen Spitzenspieler St. Amant (3:2). Ganz der Alte, forderte er prompt die englische Elite zu Matches mit Vorgabe heraus. Auf den Vertreter des London Chess Club, mit dem er verhandelte, muß er einen unvergeßlichen Eindruck gemacht haben. Der wackere Mr. Perigal berichtete dem Klub: „M. Deschapelles ist der größte Schachspieler Frankreichs. M. Deschapelles ist der größte Billardspieler Frankreichs. M. Deschapelles ist der größte Whistspieler Frankreichs. M. Deschapelles ist der größte Kürbiszüchter Frankreichs. M. Deschapelles ist der größte Lügner Frankreichs." Das mit den Kürbissen hatte einen wahren Kern: Neben vielem anderen versuchte sich Deschapelles als Obst- und Gemüsezüchter. Wie man ihn kennt, wird er auch dabei sein Licht nicht unter den Scheffel gestellt haben.

Louis Charles Mahe de la Bourdonnais (1797–1840), der seit dem Turnier 1821 als Nr. 1 galt, unterschied sich in seinem Stil am Brett nicht grundlegend von Deschapelles. Auch ihn zog es zum Angreifen und Kombinieren. Er scheint aber doch vielseitiger und positionell fundierter gespielt zu haben. Der Wettkampf, der ihn unsterblich machte, wird von allen WM-Duellen, ob offiziell oder nicht, nach Partien wohl für immer das längste bleiben. Mehr als achtzigmal saßen sich La Bourdonnais und sein englischer Kontrahent MacDonnell im Sommer und Herbst 1834 in London gegenüber, fast ein halbes Jahr lang. Es gibt kleine Unstimmigkeiten über die Zahl der Partien und den Endstand, als wahrscheinlich gilt aber 44:30 bei 14 Remis für den Franzosen nach 88 Partien. Diesen Vorsprung holte er fast gänzlich zu Beginn heraus (16:5); später ging es hin und her, und MacDonnell hielt fast das Gleichgewicht. Es ist jedoch nicht anzuzweifeln, daß La Bourdonnais insgesamt der Stärkere war.

Es ist das erste Match, von dem ausführliche Berichte über die äußeren Umstände erhalten sind. Letztere müssen nach heutigem Maßstab haarsträubend gewesen sein. Es gab keinen gesonderten Raum, nicht einmal eine Absperrung des Spieltischs. Der englische Chronist Walker schildert, wie ein Kiebitz ungeniert auf die Matadore zuging, ihnen die Hand schüttelte und sich dann auf das Brett stützte, die Hände mitten zwischen den Figuren, um sich über den Stand der Dinge zu informieren. Erst nach einem kleinen Plausch trollte er sich wieder.

Auch von entsetzlichem Lärm ist die Rede, woran aber zumindest La Bourdonnais nicht unschuldig war. Nach einem Zeitungsbericht pflegte er, „wenn er nicht am Zug war und zumal wenn er auf Gewinn stand, viel zu reden und zu lachen, während er laut saftige Flüche von sich gab, wenn es nicht nach seinem Geschmack ging. Ein anderer Beobachter schilderte, wie der Franzose sich ausgiebig mit den Zuschauern meistens über Politik unterhielt und oft seine Züge machte, noch während er redete. Gelegentlich flossen auch Witze und Schnurren wie eine Flut von seinen Lippen; die Meinungen gehen darüber auseinander, ob er es auch mit Gesang versuchte..." (zitiert nach Knaurs Schachbuch). MacDonnell, ein echter Gegenpol, hatte eine andere Marotte: Er brütete angeblich manchmal anderthalb Stunden über einem Zug. Zeitnot drohte ihm nicht, denn es gab noch keine Schachuhren und keinerlei Limit. Der gewöhnlich sehr fixe La Bourdonnais kochte in solchen Fällen vor Wut „und bezeugte sein Mißfallen durch allerhand sehr deutliche Gebärden, die sich in extremen Fällen bis zu offenem Schelten steigerten", wie unser oben zitierter Chronist mitteilt.

Anscheinend müssen beide gleichwohl zumindest schachliche Hochachtung voreinander empfunden haben, sonst hätten sie es in diesem Chaos wohl kaum so lange ausgehalten. In der Tat spielten sie einige glanzvolle Partien. Die folgende ist nicht zuletzt dank der Schlußstellung unsterblich.

MacDonnell – La Bourdonnais
1. e4 c5 2. Sf3 Sc6 3. d4 cxd4 4. Sxd4 e5 5. Sxc6 bxc6 6. Lc4 Sf6 7. Lg5 Le7 8. De2 d5 9. Lxf6 Lxf6 10. Lb3 0–0 11. 0–0 a5 12. exd5 cxd5 13. Tfd1 d4 14. c4 Db6 15. Lc2 Lb7 16. Sd2 Tae8 17. Se4 Ld8 18. c5 Dc6 19. f3 Le7 20. Tac1 f5 21. Dc4+ Kh8 22. La4 Dh6 23. Lxe8 fxe4 24. c6 exf3 25. Tc2 De3+ 26. Kh1 Lc8 27. Ld7 f2 28. Tf1 d3 29. Tc3 Lxd7 30. cxd7 e4 31. Dc8 Ld8 32. Dc4 De1 33. Tcc1 d2 34. Dc5 Tg8 35. Tcd1 e3 36. Dc3 Dxd1 37. Txd1 e2 Weiß gibt auf (S. 22, Diagr. 2).

So aus einem Guß ging es aber gewöhnlich nicht. Hier ein wenig bekanntes Beispiel, das jedoch das dramatische Hin und Her weit deutlicher macht (S. 22, Diagr. 1).

Sollte es dieser Moment gewesen sein, den der kommende Champion Staunton als Zuschauer kommentierte? „Ich sehe keine Möglichkeit, wie sich einer von beiden aus dieser Stellung noch retten kann." In der Tat, sensiblen Gemütern würden hier

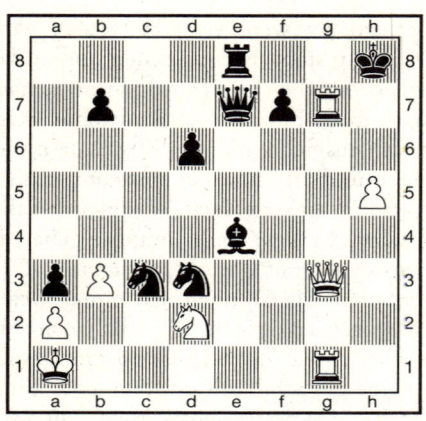

MacDonnell – La Bourdonnais, London 1834

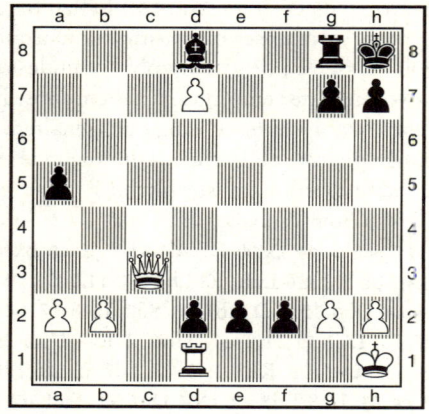

La Bourdonnais – MacDonnell, London 1834

auf beiden Seiten die Haare zu Berg stehen. Weiß droht Matt durch Tg8+, aber auch Th7+; freilich ist Schwarz am Zug. Nach einer Analyse von Bronstein gewann 1 ... Df6!, was alles deckt und selbst eine vernichtende Gegendrohung aufstellt, z.B. 2. Tg8+Kh7 3. Tg7+Kh6 4. De3+Sf4 oder 3. Dg7+Dxg7 4. T1xg7+Kh6 5. Txe8 Sb4! und plötzlich wird Weiß matt! Mac-

Donnell wählte eine andere, auf den ersten Blick geniale und dabei zwingende Lösung.

1. ... Lg6!?! 2. hxg6 De1+

-mit der Idee, daß nach Doppeltausch auf e1 das nicht abzuwendende Matt Sc2 droht. Tatsächlich verlor Weiß auf diese effektvolle Art. Wie eine spätere Analyse von Zukertort zeigt, hätte er aber nicht minder spektakulär den Spieß umdrehen können: 3. Sb1!! (der Turm g1 deckt den Springer über die Dame hinweg!) 3. ... Kxg7 4. gxf7+Dxg3 5. fxe8S+! nebst 6. Txg3 oder 3. ... Dxg3 4. Th7+Kg8 5. gxf7+Kxh7 6. Th1+! nebst 7. fxe8D.

Wahrlich nichts für schwache Nerven. Aber neben solchem „Catch as catch can" wies das Match auch andere Aspekte auf. Eröffnungen wie „Sizilianisch" oder „Angenommenes Damengambit" kamen vor, recht untypisch für diese Zeit. Die in obiger Partie von La Bourdonnais gewählte Variante ist regelrecht modern, und in Vorteil kommt er zunächst durch sein besseres Positionsverständnis, indem er das durch 5. Sxc6 überlassene Übergewicht im Zentrum ausnutzt. Er scheint zumindest intuitiv erfaßt zu haben, daß Angriffe gewisse Stellungsvorteile als Basis brauchen. An langfristiger, planvoller Strategie und Technik fehlte es freilich immer noch arg. Es konnte passieren, daß sich MacDonnell mit Turm und zwei Bauern gegen Turm so lange vergeblich mit Gewinnversuchen abmühte, bis er...den Turm verlor.

Nach dem recht frühen Tod dieser beiden Matadore ging die englisch-französische Schachrivalität in die nächste Runde. Auch als anderswo schachlich schon einiges in Bewegung kam, setzten diese Länder immer noch Maßstäbe für die Schachwelt. Freilich durchbrach diesmal Howard Staunton (1810–1874) die seit Philidor anhaltende französische Dominanz.

Rein schachlich gesehen, scheint uns, daß Staunton in vielen Abhandlungen zu schlecht wegkommt. Für dieses Phänomen mag es zwei Gründe geben: Zum einen spielte er ziemlich „trocken"; es gibt von ihm keine einzige regelrechte „Glanzpartie". Zweitens lebte er getreu dem Motto „viel Feind, viel Ehr".

Wie es dazu kam, ist aufgrund seiner Entwicklung nicht schwer zu erklären. Er war wohl (ganz sicher bewiesen ist es nicht) das uneheliche Kind eines Adligen und hatte eine ärmliche, harte Kindheit ohne familiären Rückhalt. Lange scheint er sich mehr schlecht als recht durchgeschlagen zu haben, zunächst am Theater (er selbst behauptete, gemeinsam mit dem bekannten Schauspieler Edmond Kean in Shakespeares „Kaufmann von Venedig" gespielt zu haben) und später, nachdem er Schach gelernt hatte, auch als Kaffeehausspieler. Erst vom 30. Lebensjahr an hatte er Erfolge und ein gesichertes Auskommen. Zweifellos war er von diesem langen Existenzkampf geprägt. Daß er sich trotzdem durchsetzte, verschaffte ihm bestimmt große Befriedigung; doch blieb ihm aus dieser harten Lebensphase die Neigung zum Mißtrauen anderen gegenüber und zu einer dauernden Kampfbereitschaft. Wahrscheinlich hatte Staunton weit mehr Bewunderer als Freunde. Erfolg, öffentliche Anerkennung und sozialer Status gingen ihm über alles. Schonberg beschreibt den Kult, den Staunton mit seinem Äußeren trieb: „Er liebte pompöse Auftritte, ließ sein Wappen sehen, wo immer er konnte – versiegelte auch alle Schriftstücke damit – und fiel überall durch seine geckenhafte Kleidung auf...". Aus nichtigen Anlässen konnte Staunton explodieren, und alles, was auch nur entfernt für ihn unvorteilhaft wirken konnte, suchte er zu vermeiden oder zu unterdrücken – selbst wenn er sich damit in Widerspruch zu offenkundigen Tatsachen setzte. Einmal, so heißt es, ging er auf Meister Löwenthal los, weil dieser erklärte, er habe mehr Partien gegen Staunton gewonnen als verloren: „Sie werden diese Behauptung zurücknehmen!" – Löwenthal: „Aber sie stimmt doch!" – Staunton: „Macht nichts – sie muß trotzdem zurückgenommen werden!"

Ein andermal kritisierten an die hundert Leser von Stauntons Schachzeitung, ein darin gebrachtes Problem sei unkorrekt. Stauntons Reaktion, wie sie Golombek kurz und trocken beschreibt: „Er mähte sie alle verbal nieder."

Sein rastloser Ehrgeiz produzierte auch viele gute Ideen. Nicht nur war er der Organisator des ersten internationalen Spitzenturniers, das diesen Namen verdient (London 1851); er kämpfte auch vehement gegen das Übel der unbegrenzten Bedenkzeit und plante anläßlich des Londoner Turniers eine Kommission einzusetzen, die ein verbindliches Regelwerk ausarbeiten sollte, was er aber schließlich doch nicht umsetzen konnte. Publizistisch war er sehr aktiv; zumindest zwei seiner Bücher galten damals für viele Schachspieler als Pflichtlektüre – eine Sammlung der Theorie und der praktischen Erfahrungen seiner Zeit. Sicher war er zumindest ein Jahrzehnt lang nicht nur der international dominierende Spieler; er war die beherrschende Persönlichkeit des Schachs.

Sein behutsamer Stil zu spielen scheint auf den ersten Blick zu seiner sonstigen Heftigkeit nicht zu passen; doch wird er etwas besser verständlich, wenn man davon ausgeht, daß nicht selten hinter aggressivem Egoismus innere Unsicherheit und Angst vor Mißerfolg steckt. Staunton versuchte seine Gegner am liebsten technisch und ohne Risiko zu überspielen; er glaubte an den Spatz in der Hand. Unklare Verwicklungen, nicht völlig kalkulierbare Opfer, mit einem Wort alles, was das Risiko des Scheiterns in sich barg, war seine Sache nicht. Daß trotzdem ein Gambit (1. d4 f5 2. e4) nach ihm benannt ist, scheint sich schlecht dazu zu verstehen; jedoch handelt es sich dabei keineswegs um eine romantische Draufgängerattacke, sondern um ein positionell begründetes, auch nach heutiger Ansicht korrektes Opfer. Zu einem solchen war Staunton durchaus bereit. Aber nur selten und nur dann, wenn er glaubte, es sich leisten zu können, verstieß er gegen seine Vorsichts-Doktrin am Brett. So erledigte er in der ersten Runde des Londoner Turniers einen schwachen Gegner mit einem klassischen Gambit. Danach ging er wieder zu 1. c4 oder auch zu ruhigen Abspielen nach 1. e4 über.

An seinem Stil fällt auf, daß er sogenannte geschlossene Spielweisen, wo es keine frühen Zusammenstöße gibt und die Entscheidung erst im Mittel- oder Endspiel fällt, für die damalige Zeit häufig anwandte. Nach ihm heißt 1. c4 noch heute die „Englische Eröffnung". Er behandelte sie zwar nach heutigen Maßstäben keineswegs immer meisterhaft, doch finden sich beachtliche Ansätze. Bei einem Test in den 70er Jahren, als Großmeister bestimmte Partien bestimmten Spielern zuordnen sollten, war auch eine Staunton-Partie dabei; und diese erkannte niemand, alle tippten auf moderne Strategen wie z. B. Larsen. Kein Geringerer als Bobby Fischer soll Staunton als Vorläufer von Steinitz und damit des modernen Schachs hoch gelobt haben.

Der Wettkampf, der Staunton an die Spitze brachte, fand Ende 1843 in Paris statt. Im Frühjahr hatte der französische Spitzenspieler St. Amant London besucht und dort ein kleines, wohl formloses Match mit Staunton (angeblich um den symbolischen Einsatz von einer Guinee) 3:2 bei einem Remis gewonnen. Danach verlangte Staunton Revanche im großen Stil: Ein Match mit je 100 Pfund Einsatz auf 11 Gewinnpartien, tituliert als „Großer Schachwettkampf zwischen England und Frankreich", wurde vereinbart. Zu Beginn plättete Staunton seinen Gegner förmlich. Aus acht Partien trug St. Amant nur ein mageres Remis davon. Später kam er besser ins Spiel, doch am klaren Sieg Stauntons war nicht mehr zu rütteln (11:6 bei vier Remis).

Die Partien dieses Matchs bieten einige interessante Einblicke. St. Amant war im Prinzip ein Mann des romantischen Stils; weil aber Staunton sich darauf nicht einließ, mußte auch der Franzose wohl oder übel versuchen, aus geschlossenen Eröffnungen „sein" Spiel zu finden. Das mißlang ihm zu Anfang völlig und verursachte das erwähnte Debakel. Besonders die erste Partie ist bezeichnend für Stauntons strategische Überlegenheit.

St. Amant – Staunton

1. e4 c5 2. f4 e6 3. Sf3 Sc6 4. c3 d5 5. e5 Sh6 6. Sa3 Le7 7. Sc2 f5 8. d4 0–0 9. Le2 Ld7 10. 0–0 Tc8

Ein Stellungstyp, den man heute als „Französisch" kennt. Staunton hat den schwarzen Aufbau im Prinzip tadellos angelegt: Der Königsflügel, wo die weißen Chancen liegen, wird möglichst blockiert und die c-Linie zum Gegenspiel benutzt. Freilich spielt auch Weiß bisher ganz ordentlich; nun muß er aber einen langfristigen Plan finden. Der angestrebte Vorstoß g4 ist an sich nicht übel.

11. Kh1 cxd4 12. cxd4

Ein moderner Meister würde d4 sicher lieber mit einer Figur besetzen, aber damals war es keine Frage, daß ins Zentrum Bauern gehörten.

12. ... Sf7 13. Tg1 Kh8 14. g4?

Ein schwerer Fehler, der zeigt, daß Weiß zwar die richtige Idee, aber keine allgemeinen strategischen Kenntnisse hat. Der Vorstoß wäre erst dann gut, wenn auf fxg4 der h-Bauer zurückschlagen kann. Die Kontrolle über f5 und die weißen Felder insgesamt gibt dem schwarzen Spiel jetzt gewaltig Auftrieb.

14. ... fxg4 15. Txg4 Sh6 16. Tg3 Le8!

Der „schlechte Läufer" ist für beide Seiten ein Hauptproblem dieses Stellungstyps, mit dem auch heute noch nicht jeder zurechtkommt. Staunton löst es hier mustergültig.

17. Ld3 Lh5 18. Dg1 Lh4 19. Sxh4 Dxh4 20. Se1 Sb4

Nun hebt das längst geplante Spiel am Damenflügel an; die Beseitigung des Ld3 verschafft Schwarz die völlige Kontrolle der weißen Felder.

21. Ld2 Sxd3 22. Txd3 Lg6 23. Dg3 Dh5 24. Tb3 De2 25. De3 Df1+ 26. Dg1 Le4+; hier wäre der rechte Moment zum Aufgeben gewesen, was Weiß aber noch einige Züge hinausschob. Eine Lehrstunde des Positionsspiels für den französischen Meister!

Natürlich hatte Stauntons Stil auch erhebliche Schwächen. Wenn er einmal in das Fahrwasser seines Gegners geriet, wenn es taktische Turbulenzen gab, erging es ihm meist schlecht.

Nach dem Sieg über St. Amant soll sich Staunton zuweilen schon als Weltmeister bezeichnet haben; er empfand aber vielleicht selbst, daß ihm dazu ein wirklich weltweiter Erfolg fehlte. Zwar gewann er 1846 Wettkämpfe gegen Horwitz und Harrwitz, die beide aus Deutschland stammten, aber trotzdem zur Londoner Schachszene gehörten. Dabei kann man speziell den Kampf gegen Harrwitz durchaus als Titelverteidigung gelten lassen. Dieser war ein sehr starker Matchspieler; er unterlag nur Staunton und später Morphy, erreichte aber gegen Anderssen ein 5:5 und gewann ein halbes Dutzend anderer Kämpfe. Der spätere Weltmeister Lasker sagte einmal über Harrwitz: „Die moderne Generation versäumt es, ihm gerecht zu werden. Er war ein großer Spieler."

Zu einer Revanche mit St. Amant kam es nicht. Hie und da heißt es, Staunton habe den Rückkampf verweigert. Dagegen sagen englische Quellen, ein solches Match sei für Oktober 1844 geplant gewesen, aber Staunton habe sich bei der Reise eine Lungenentzündung zugezogen, als deren Folge ihm eine dauernde Herzschwäche geblieben sei. Wenn dies stimmt, waren es nicht nur Ausreden, als er sich beim Londoner Turnier 1851 auf seine schwache Gesundheit berief.

Um sich endgültig als Nr. 1 seiner Zeit zu beweisen, nahm Staunton eine große Ausstellung in London zum Anlaß, dieses erste weltweite Turnier zu veranstalten. Dieser Plan konnte nicht ganz realisiert werden: Die namhaften Russen Petrow, Schumow und Jänisch (der erst gegen Schluß des Turniers ankam) fehlten, auch Harrwitz, der einem rivalisierenden Londoner Klub angehörte. St. Amant war Konsul in Kalifornien geworden und spielte kaum mehr Schach. Von der Lasa, für viele vor dem Turnier noch der stärkste deutsche Meister, nahm ebenfalls höchst selten an Wettkämpfen teil; er war mehr Wissenschaftler und Theoretiker als Spieler. Gleichwohl reichte die Besetzung, um als international zu gelten. Das Reglement sah vor, daß der Turniersieger sich einem Wettkampf mit dem ersten der Unterlegenen stellen mußte, der ihn herausforderte. Selbst wenn Staunton also wider Erwarten das Turnier nicht gewann, bot ihm das eine zweite Chance. Wäre er am Schluß Sieger geblieben, dann darf man getrost darauf wetten, daß er sich zum Weltmeister hätte ausrufen lassen.

Aber es sollte anders kommen...

II. Anderssen (1851–1858 und 1859–1866)

Adolf Anderssen (* 1818, † 1879)

„Der Komfort war nicht sonderlich; Tische und Stühle waren klein und niedrig; die großen Bretter ragten auf beiden Seiten über die Tischkanten hinaus; neben den Spielern wurde alle Räumlichkeit von einem Kopisten in Anspruch genommen; kurz, man hatte kein freies Plätzchen, um das sorgenvolle Haupt während des harten Kampfes zu unterstützen." (Anderssen, Dt. Schachzeitung 1851)

Es war noch nicht das, was man von heutigen Großmeisterturnieren gewohnt ist, als sich eine Anzahl führender Schachmeister in London 1851 zum ersten internationalen Turnier der Neuzeit versammelte. Einiges hatte man zwar seit dem Match La Bourdonnais – MacDonnell schon gelernt. Es gab keine lärmenden und aufdringlichen Kiebitze mehr (in den Turniersaal durften nur Spieler und Sekundanten), und auch die Spieler selbst hielten inzwischen so etwas wie Turnierruhe ein. Doch bei weitem nicht alle Probleme waren gelöst, als ärgstes blieb die unbegrenzte Bedenkzeit. Ein besonderes Übel, weil einige Spieler anscheinend dieses „Aussitzen" als bewußte Taktik anwandten; allen voran der Engländer Williams, laut einer Quelle der Erfinder des Sitzkriegs im Schach. Regelrechte Schlafpillen müssen seine Partien gegen einen gewissen Mucklow gewesen sein, der schachlich schwächer, in Sachen Schneckentempo aber ein kongenialer Partner war. Staunton machte seinem Unmut mit dem epochalen Verriß Luft: „Beide zeigten ... die gleiche ermüdende Umständlichkeit beim Herumschieben ihrer Steine. Es braucht kaum gesagt zu werden, daß diese Partien von der ersten bis zur letzten nur bemerkenswert sind durch ihre immer gleiche beispiellose Langweiligkeit." Wo er recht hatte, hatte er recht.

In einer Partie gab es dann einen Moment, der wohl einmalig in der Schachgeschichte dasteht. Bereits um die Mitte(!) einer Partie von 77 Zügen findet sich nach Staunton die „vielsagende Bemerkung des unglücklichen Protokollführers: Beide Herren schlafen bereits." Doch irgendwann muß auch diese unsägliche Partie weitergegangen sein. In der Schlußphase konnte aber selbst zunehmender Kahlschlag unter seinen Beständen Herrn Mucklow nicht zur Aufgabe bewegen. Gut zwanzig Züge hätte er sich sparen können. Die Gesamtzeit wurde offenbar nicht notiert, doch an anderer Stelle heißt es, daß sich Partien über zwölf, dreizehn, ja zwanzig Stunden hinschleppten ...

Gespielt wurde mit insgesamt 16 Teilnehmern im K.o.-System, wobei nicht nur eine Partie, sondern kleine Wettkämpfe über das Weiterkommen entschieden. Da die erste Runde auf nur zwei Gewinnpartien ging und offenbar „blind" gelost wurde, war dem Zufall Tür und Tor geöffnet. Zwei vermeintliche Mitfavoriten schieden aus, während unser Freund Mucklow einen offenbar noch schwächeren Gegner erwischte, in die 2. Runde und damit bereits in die Preisränge kam, so daß ihm sein Sitzfleisch immerhin 7 Pfund und 10 Schilling einbrachte. Trotz dieses wenig glücklichen Verlaufs brachte immerhin das Halbfinale (nun schon auf vier Gewinnpartien) jenes Treffen, das den Gang der Schachgeschichte bestimmen sollte: Anderssen gegen Staunton. Eine „Affäre" gab es bereits zuvor; freilich war es wohl eher viel Lärm um nichts: Als Anderssen auf den Ungarn Szen traf, hatten sie vereinbart, daß der Sieger, falls er den ersten Preis gewann, dem anderen ein Drittel des Preisgeldes abgeben sollte. Staunton nannte dies ein „unziemliches Abkommen", und im Turnierbuch ist die Darstellung so, daß unterschwellig der Verdacht der Schiebung erzeugt wird: „Ob diese Übereinkunft auf das spätere Spiel des Ungarn Einfluß gehabt hat, ist unmöglich festzustellen; aber ohne Frage sind seine letzten Spiele in diesem Match weit unter seinen besten Anstrengungen. Etwas Derartiges ist am Spiel Anderssens nicht auszusetzen, dessen Endspiele zu den besten Proben seiner Kunst gehören."

Heute reisen regelrechte „Teams" von Turnier zu Turnier, die alle gewonnenen Preise teilen. Unmoralisch ist daran auch nichts, denn es wurde ja keinerlei Ausgang abgesprochen, und beide behielten die genau gleichen Chancen.

Nun jedenfalls mußte die Entscheidung am Brett fallen; und sie fiel eindeutig. Anderssen gewann die drei ersten Partien und stand auch in der vierten überlegen, bis ... hören wir ihn selbst: „... So was kann einem auch bei solchen Gelegenheiten passieren!! Während ich schon im Begriff war, ihm den Todesstoß zu geben, sagt Staunton auf einmal, als ich gezogen hatte, ohne selbst erst zu ziehen: Scheckmät. Ein Donnerschlag für mich. Im Cigar Divan wartete schon alles auf die Nachricht vom vierten und letzten Siege, da komme ich an mit gesenkten Ohren und zeige meine Partie. Jedem war es einleuchtend, daß Staunton in wenig Zügen verloren war, wenn ich einen so grenzenlosen Fehler nicht gemacht hätte. Ein Matt nicht zu sehen! Scheußlich!!..."

Aber die nächste Partie ließ an Deutlichkeit der Überlegenheit Anderssens nichts zu wünschen übrig.

Anderssen – Staunton, 5. Partie
1. e4 e6 2. d4 g6 3. Ld3 Lg7 4. Le3 c5 5. c3 cxd4 6. cxd4 Db6 7. Se2

Bisher durchaus modern von Schwarz, der jetzt nach 7 ... Sc6 nicht übel stünde, da 8. d5 wegen Dxb2 nicht gut geht – aber wofür entscheidet sich Staunton?

7... Dxb2??

Ein krasser Fehler, der zeigt, wie es Staunton am Gefühl für dynamische Aspekte fehlt. Zwar kann man sich in geschlossenen Stellungen oft Zeitverluste leisten, doch hier nimmt der weiße Entwicklungsvorsprung infolge der offenen c-Linie und der Schwäche d6 bald dramatisches Ausmaß an.

8. Sbc3 Db6 9. Tc1 Sa6 10. Sb5 Lf8

Eine Bankrotterklärung, aber sonst drohte der Sb5 bereits nach d4-d5 auf d6 einzusteigen.

11. 0–0 d6 12. d5 Da5 13. Ld4

Überzeugender war wohl 13. dxe6, um Linien zu öffnen und sich auch den Bd6 zu betrachten.

13... e5 14. Lc3 Dd8 15. f4 f6 16. fxe5 fxe5 17. Da4 Ld7 18. Lb4 Sh6 19. Kh1 Sf7 20. Da3 Sc5

„Wie ein Kind gespielt! Diesen wichtigsten Bauer für nichts preiszugeben!" jammert Staunton im Turnierbuch. Aber in Wahrheit hat er den Bauer wohl bewußt zurückgeopfert, denn es gibt kaum vernünftige Züge: der Sa6 muß c7 decken, Lxb5 führt nach 21. Lxb5+Ke7 22. Df3 zur Katastrophe. So erleichtert Schwarz doch etwas seine Lage.

21. Sxd6+Lxd6 22. Lxc5 Lxc5 23. Dxc5 De7 24. Dc7 Sd6 25. Da5 h5?

Dieser völlig unsinnige Zug bringt seine Chancen aber praktisch wieder auf Null. Nach Tf8 steht Weiß weiterhin besser, aber müßte noch hart arbeiten.

26. Tc7 Tf8 27. Tfc1

Nun behält Weiß auf optimale Art beide Türme, was seinem Angriff sehr zustatten kommt.

27... a6 28. Sd4!

Die entscheidende Verstärkung: Der bisher passive Springer kommt gewaltig nach e6. 28... exd4 29. e5, drohend e6 bzw. falls 29... Dxe5 30. Te1, was für Schwarz nicht weniger trostlos wäre.

28... Tc8 29. Se6

Hier wurde die Partie, wie es heißt auf Wunsch von Staunton, unterbrochen. Laut Anderssen hatte sie schon acht Stunden gedauert! Wenn er schlecht stand, wandte Staunton offenbar das

Aussitzen, das er sonst so vehement bekämpfte, durchaus selbst an. Kieseritzky, ein anderer Turnierteilnehmer, beklagte im Bericht an seinen Verband auch die „außerordentliche Langsamkeit" einer Reihe von Staunton-Partien ...

29... Txc7 30. Txc7 Tf7 31. Db6 Tf6 32. h3 g5 33. Db2 Sb5

Staunton hätte im 32. Zug die Chance nutzen sollen, durch ein Qualitätsopfer den mörderischen Se6 zu beseitigen. Jetzt ist es schon zu spät, denn 33... Txe6 34. dxe6 Dxe6 35. Tc5 bringt weitere Verluste (Sf7 36. Lc4).

34. Lxb5 axb5 35. Dxe5 h4 36. Txb7 Tf1+37. Kh2 Df6 38. Tb8+Ke7 39. d6+Kf7 40. Tf8+Kg6 41. Txf6+Txf6 42. Dxg5+Kf7 43. Dg7+Kxe6 44. De7 matt.

In der deutschen Ausgabe des Turnierbuchs steht die Partie tatsächlich bis zum Matt; an sich hätte man längst die Aufgabe von Schwarz erwarten müssen.

Um Staunton gerecht zu werden: In der 2. und 3. Partie hatte er durchaus reelle Chancen (auch wenn das Turnierbuch ein bißchen arg in seinem Sinn übertreibt), demgegenüber aber steht Anderssens verschenkter Punkt in der 4. Partie. Der Sieg des deutschen Meisters geht insgesamt sicher in Ordnung.

Im Finale konnte der Engländer Wyvill trotz teilweise harten Widerstands Anderssen nicht gefährden. Dieser gewann mit 4:2 bei einem Remis den Endkampf und den 1. Preis von 183 Pfund. Staunton aber verlor im Duell um Platz 3 sogar noch ausgerechnet gegen Williams, über den er sich wegen des „Sitzkriegs" so geärgert hatte ...

Selbst wenn man einräumt, daß Staunton wirklich Gesundheitsprobleme hatte, kann das Anderssens Leistung nicht schmälern. Noch zwei aufschlußreiche Sätze des Siegers selbst: „Stauntons Entschuldigung, er sei nicht disponiert gewesen, wird sehr bespöttelt. Die Engländer jubilieren förmlich über meinen Sieg, da Staunton wenig beliebt ist."

Nach dem Turnier forderte Staunton gemäß Reglement Anderssen zum Match heraus, verlangte aber eine längere Erholungspause. Dabei blieb es – der Wettkampf kam nie zustande. Stauntons Karriere war praktisch vorbei. „Die einfache Erklärung, daß er die mit ihr (der Niederlage in London) verbundene narzißtische Kränkung nicht ertragen konnte, ist zweifellos die richtige" (Fine).

Anderssen aber tat gleich in London noch mehr für sein Prestige. Außerhalb des Turniers gelang ihm ein Kunststück, das als „Unsterbliche Partie" um die Welt ging. Es heißt, selbst der Verlierer Kieseritzky sei so begeistert gewesen, daß er alles tat, um die Partie publik zu machen. Wohl jeder Schachspieler, auch der Amateur, kennt sie; aber wenn man über Anderssen spricht, kann man sie einfach nicht auslassen. Hier also das Renommierstück in unkommentierter Kürze:

Anderssen – Kieseritzky
1. e4 e5 2. f4 exf4 3. Lc4 Dh4+ 4. Kf1 b5 5. Lxb5 Sf6 6. Sf3 Dh6 7. d3 Sh5 8. Sh4 Dg5 9. Sf5 c6 10. g4 Sf6 11. Tg1 cxb5 12. h4 Dg6 13. h5 Dg5 14. Df3 Sg8 15. Lxf4 Df6 16. Sc3 Lc5 17. Sd5 Dxb2 18. Ld6 Lxg1 19. e5 Dxa1+ 20. Ke2 Sa6 21. Sxg7+ Kd8 22. Df6+ Sxf6 23. Le7 matt

Die Dame, zwei Türme und noch eine Figur geopfert, von Bauern ganz zu schweigen – das galt nach damaligen Anschauungen als Nonplusultra. Der deutsche Meister stand nun endgültig als die Nr. 1 seiner Zeit fest.

Wer war dieser Adolf Anderssen (1818–1879)? Er erlernte das Schachspiel schon mit neun Jahren, aber erst nach Studium und Examen (1847), also mit etwa 30 Jahren, begann er große Wettkämpfe und Turniere zu spielen. Bis dahin tat er sich mehr als Komponist von Schachaufgaben hervor; auf bekannte Meister traf er nur selten (meist, wenn diese zufällig in seine Heimatstadt Breslau kamen); doch sammelte er gegen sie nicht viele Lorbeeren. Seine Partien aus dieser Zeit wirken wie urwüchsiges Kaffeehausschach; zum Teil schon brillante Einfälle, aber nicht selten inkorrekt und ohne positionelle Basis. Er selbst sah ein, man müsse erst für gute Vorbereitung sorgen, und selbstkritisch schrieb er seine Gewinne weniger dem eigenen Können als den Fehlern der Gegner zu.

Mit solchen Einsichten fing später auch Steinitz an, seine Theorie auszuarbeiten. Aber Anderssen war eine andere Natur. Obwohl durchaus arbeitsam und gründlich, blieb er geistig im Rahmen seiner Zeit und das romantische Opferspiel sein höchstes Ideal. Er verließ sich mit Vorliebe auf spontane Genieblitze; die Theorie kannte er, soweit es sie damals gab; in manchen Eröffnungen wie dem „Evans-Gambit" galt er als Experte; aber an allgemeingültige Gesetze oder gar eine Schachwissenschaft glaubte er offenbar nicht. Als waschechter Amateur (er blieb fast sein ganzes Leben Lehrer in Breslau und opferte dem Beruf manche Gelegenheit zu Turnieren und Wettkämpfen) sah er Schach wohl vorrangig als Spiel, weniger als Profession. Nach 1851 soll er kurzfristig an eine Profilaufbahn gedacht haben, aber das paßte nicht zu ihm. Er zog festen Boden unter den Füßen und ein Leben in geordneten Bahnen vor.

Die Ruhe und Sicherheit, die er dadurch gewann, wirkte sich für seine Mitwelt angenehm aus. Der junge Anderssen scheint, wie auf dem Schachbrett so auch im Leben, noch ungeschliffen gewesen zu sein. In der Biographie findet sich ein Satz Dr. Langes vom „noch wenig abgerundeten, im Zwiespalt von Stolz und Verlegenheit oft schroffen Benehmen" Anderssens, der aber später so beliebt wie kaum ein anderer Weltmeister wurde. Er stritt sich nicht und hatte keine offenkundigen Feinde. Zwar verstimmte ihn manche Niederlage nachhaltig, und er war sich seiner Position durchaus bewußt, so daß er auch imstande war, „sein Ansehen gegenüber voreiligen oder unbefugten Eingriffen oft durch kurze und drastische Äußerungen zu wahren", und wenn er eine Partie analysierte, „klangen einzelne Behauptungen sogar schroff, und nachhaltiger Widerspruch, besonders von ihm bekannteren Personen, deuchte ihm unleidlich" (Dr. Lange). Aber obwohl er also gewiß nicht ohne Ecken und Kanten und durchaus von sich überzeugt war, scheint dies nie unangenehm geworden zu sein. Er zog nie über Gegner her und suchte auch nicht nach Ausreden, selbst wenn sie sich anboten. Vor allem war er wohl ein aufrichtiger, geradliniger Typ, und das überzeugte. Viele Zeitgenossen schwärmten geradezu von ihm. „Nie habe ich Augen gesehen, die so viel Licht und Freundlichkeit ausstrahlten wie die seinen" (G.A.MacDonnell). „Nie habe ich einen großherzigeren Gentleman als Herrn Anderssen kennengelernt" (Edge, Sekundant Morphys).

Obwohl derart beliebt und eine durchaus stattliche Erscheinung, ist in seinem Leben nichts über Frauen bekannt. Nach

Max Lange konnte Anderssen in Gesellschaft durchaus charmant sein, „gewöhnlich aber suchte er dem gesellschaftlichen Umgange mit dem schönen Geschlecht, welches ihn nur vorübergehend interessierte, fernzubleiben." Daß es da eine Hemmung oder Aversion gab, zeigte sich manchmal an Kleinigkeiten. Nach seinem Londoner Triumph stellten seine Schüler im Klassenzimmer eine Statue der Siegesgöttin auf. Anderssen reagierte barsch: „Was soll denn das Weibsbild da?"

Nicht ganz unlogisch scheint da Fines Vermutung, daß hier vielleicht eine Sublimierung vorlag, die eine Hauptquelle von Anderssens Stärke im Schach gewesen sein mag: „... es bildete das wichtigste Ventil für seine libidinösen Energien." Man muß wohl ergänzen: und für alle sonstigen Aggressionen. Anderssen tobte sich buchstäblich am Brett aus, und das trug wohl dazu bei, daß er im alltäglichen Umgang so gewinnend sein konnte. Er ist das Musterbeispiel für einen extremen Gegensatz zwischen Charakter und Schachstil.

Vor dem Turnier von London 1851 trug Anderssen nur einen wichtigen Wettkampf aus: in Breslau 1848 gegen Harrwitz; dieser endete mit 5:5, wobei die Vorteile eher auf Harrwitz' Seite waren. Als Mitfavorit fuhr Anderssen bestimmt nicht nach London, aber er arbeitete für dieses Turnier hart. Von Jahresbeginn an reiste er des öfteren nach Berlin, um starke Gegner zu finden, und Ostern gab er sogar seine damalige Tätigkeit auf (als Hauslehrer in Pommern; die einzige längere Zeit fern von Breslau), um nur noch Schach zu spielen. Auch in London konzentrierte er sich ganz aufs Brett. Die berühmte Ausstellung, eigentlich Anlaß des Turniers, soll er nicht besucht haben; befragt, antwortete er, er sei gekommen, um Schach zu spielen.

Durch seinen Londoner Sieg wurde Anderssen mit einem Mal eine Art Nationalheld. Man krönte ihn gar zum „Schachkaiser". Wenn man einige deutsche Zitate vom „Sturm der Begeisterung" über die „nationale Tat" Anderssens liest, mißhagen manche Töne dieses chauvinistischen Brimboriums. Anderssen selbst kann man daran aber keine Schuld geben. Da er auf deutsche Großmannssucht verzichtete, blieb er auch im Ausland stets hoch angesehen.

Auch in den Jahren nach London blieben große Turniere seltene Ereignisse. Erst 1857 spielte Anderssen wieder international. Glanzpartien gelangen ihm freilich auch zwischendurch einmal. Eine davon, die „Immergrüne", wurde fast so bekannt wie die „Unsterbliche". Aus moderner Sicht hat sie größeren Wert, weil das Spiel des Gegners weniger fehlerhaft und die entscheidende Kombination, manchen Kommentaren zum Trotz, wohl objektiv korrekt ist.

Anderssen – Dufresne, Berlin 1852
1. e4 e5 2. Sf3 Sc6 3. Lc4 Lc5 4. b4 Lxb4 5. c3 La5 6. d4 exd4 7.0–0 d3 8. Db3 Df6 9. e5 Dg6 10. Te1 Sge7 11. La3 b5 12. Dxb5 Tb8 13. Da4 Lb6 14. Sbd2 Lb7 15. Se4 Df5 16. Lxd3 Dh5 17. Sf6+gxf6 18. exf6 Tg8 19. Tad1

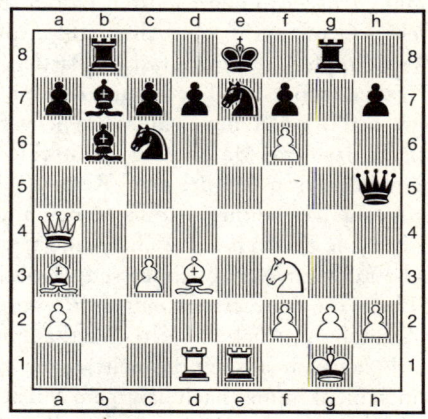

Anderssen – Dufresne, Berlin 1852

19... Dxf3 20. Txe7+Sxe7 21. Dxd7+Kxd7 22. Lf5++Ke8 23. Ld7+Kf8 24. Lxe7 matt

Viele versuchten, die Kombination mit 19... Txg2+oder 19... Tg4 zu widerlegen, aber immer wieder fand man dann auch für Weiß neue Ideen mit zum Teil phantastischen Varianten. Hier nur eine davon: 19... Txg2+ 20. Kxg2 Se5 21. Dxd7+!! Sxd7 (Kxd7 22. Lg6+Ke6 23. Lxh5) 22. Txe7+Kd8 (Kf8 23. Te5+) 23. Txd7+! Kc8 (schneller geht es bei Kxd7

24. Lf5++ und falls Kc6 25. Ld7 matt; bzw. 23... Ke8 24. Te7+ nebst einem tödlichen Abzugschach) 24. Td8+! Kxd8 25. Lf5+Ke8 26. Ld7+Kd8 27. Le7 matt (nach einer alten Analyse von Lipke).

Vielleicht ist die Debatte noch immer nicht zu Ende, doch zur Zeit neigt man der Ansicht zu, daß Anderssen mit seiner brillanten Idee recht hatte.

Trotz solcher Partien wirkten sich die langen Pausen zwischen ernsten Turnieren für Anderssen unvorteilhaft aus. In Manchester 1857 schied er im Halbfinale gegen Löwenthal aus (der das Turnier gewann), und ein Jahr später folgte die klare Niederlage gegen Morphy (siehe nächstes Kapitel). Offenbar dadurch motiviert, zu zeigen, daß er gleichwohl noch am Brett brillieren konnte, trug er in den nächsten Jahren sozusagen einen schachlichen Großangriff vor. Allein 1859 spielte er eine Reihe von Wettkämpfen, darunter fast 50 Partien(!) gegen einen gewissen Suhle in Breslau. Die Übung half. 1860 und 1861 kämpfte er zweimal mit dem neuen Stern am Schachhimmel Ignaz von Kolisch; das erste Match ging unentschieden aus, das zweite gewann Anderssen 4:3 bei zwei Remis. 1862 stellte er beim zweiten großen Londoner Turnier seinen alten Ruf endgültig wieder her. Die Zeiten hatten sich geändert, was die Spielbedingungen betraf: beim Match Anderssen – Kolisch 1861 war auf höchster Ebene die Zeitmessung eingeführt worden, anfangs oft noch mit Sanduhren. Auch das K. o.-Wettkampf-System bei Turnieren starb langsam aus; nun spielte jeder gegen jeden, wenngleich noch nicht immer nach heutigem Muster. Vor allem konnte man sich lange nicht mit Remis als vollgültigem Resultat anfreunden. Bis zum Beginn unseres Jahrhunderts kamen Veranstalter immer wieder auf die kuriosesten Ideen, um Unentschieden zu ächten oder gar auszurotten. Oft zählten Remisen gar nicht oder erst, wenn auch die zweite, ja dritte Partie derselben Spieler ohne Sieger blieb.

Anderssens Sieg in London war eindeutig: nur ein Verlust und ein Remis (das nicht zählte); er schlug auch den Zweiten Louis Paulsen, der zweimal verlor und zweimal remis spielte. Obwohl ein folgendes Match der beiden 3:3 (bei zwei Remis) ausging, galt Anderssen nun wieder als stärkster Spieler der Welt.

In den folgenden Jahren tat sich wenig; 1866 verlor Anderssen knapp gegen Steinitz (siehe Kapitel IV). Doch gab er sich diesem gegenüber längst nicht geschlagen. In Paris 1867 konnte er zwar mangels Urlaub nicht mitspielen (obwohl die Veranstalter sogar über den deutschen Botschafter versuchten, seine Teilnahme möglich zu machen), doch nach einigen kleineren Erfolgen bei deutschen Turnieren nahm er in Baden-Baden 1870 umfassend Revanche. Er gewann nicht nur vor Steinitz, sondern schlug ihn auch in beiden Durchgängen.

In seiner Bedeutung wog dieser Erfolg die knappe, unglückliche Niederlage im Match 1866 mindestens auf. Anderssen und Steinitz konnten in dieser Phase als etwa gleich stark gelten. Aber die Zeit arbeitete gegen Anderssen (er war schon über 50), während Steinitz erst den Höhepunkt seines Könnens erreichte. Beim nächsten großen Turnier in Wien 1873 drehte er bereits den Spieß um, wurde Erster und schlug nun selbst Anderssen zweimal. Immerhin war der 3. Platz für den 55jährigen Altmeister ehrenvoll. Obwohl Anderssen gespürt haben dürfte, daß seine ganz große Zeit nun vorbei war, blieb er bis an sein Lebensende aktiv. Groß gefeiert wurde er nochmals in Leipzig 1877 aus Anlaß seines 50jährigen Jubiläums als Schachspieler (bei diesem Kongreß wurde der Deutsche Schachbund gegründet). Paris 1878 war sein letztes internationales Auftreten; schon gesundheitlich angeschlagen, blieb ihm nur noch Platz 6. Am 13. März 1879 starb er in Breslau.

In die Schachgeschichte ist Anderssen als „der" Kombinationskünstler schlechthin eingegangen. Aber ganz so einseitig wie oft dargestellt war er auch wieder nicht. Wie früher angedeutet, zweifelte er ja schon in seiner Jugend am „Hurrastil pur", und auch Philidor gehörte damals zu seiner Standardlektüre. In der Tat gibt es durchaus Partien, die Anderssen gerade gegen die Stärksten im Positions- und Endspiel gewinnt! Beide seiner Siege über Morphy gehören dazu, und viele meinen, im geschlossenen Spiel hätte Anderssen gegen das amerikanische Genie besser abgeschnitten. Eine theoretisch-strategische

Grundlage wie Steinitz besaß er allerdings gewiß nicht; er stützte sich vor allem auf die Intuition. Aber gewisse angriffsträchtige Ideen, alles, was seine Steine zum Leben brachte, konnte er dank seines Gespürs auch in geschlossenen Stellungen finden; speziell Durchbrüche, Linien- und Diagonalöffnungen etc. Oft findet man, daß Anderssen in solchen Stellungen etwas ziellos umhertastet und von Zug zu Zug springt, bis ihm eine der erwähnten aktiven Ideen kommt; hat er diese einmal, dann führt er sie meist auch konsequent durch – selbst wenn er damit auf die Nase fällt. Denn wissenschaftliche Maßstäbe, ob solche Ideen gut oder schlecht waren, gab es für ihn kaum; er spielte das, was zu seinem Stil paßte – und womit er Erfolg hatte. Denn dank seines Talents und weil fast alle seiner damaligen Gegner positionell auch nicht besser Bescheid wußten, gewann er oft selbst mit objektiv weniger guten Ideen. Und wenn man aus heutiger Sicht diese pragmatische Einstellung betrachtet, zu spielen, was einem liegt, auch um den Preis eines gewissen Risikos (vgl. später z.B. das Kapitel Tal), dann muß man sagen: so unmodern, wie manchmal dargestellt, war Anderssen nun auch wieder nicht!

III. Morphy (1858)

Paul Morphy (* 1837, † 1884)

Der Stoff, aus dem Legenden gemacht werden: Ein Wunderkind taucht plötzlich fast aus dem Nichts auf und degradiert in einem beispiellosen Triumphzug, der kaum länger als ein Jahr dauert, alle führenden Meister zu Statisten. Auf dem Gipfel seiner Erfolge aber verfällt er einer rätselhaften psychischen Krankheit, gibt das Spiel auf und endet in geistiger Umnachtung...

Paul Charles Morphy (1837–1884) war zweifellos ein überragendes Naturtalent, und dies keineswegs auf Schach beschränkt. Genauso leicht und flott wie zur Weltmeisterschaft stürmte er durch seine Schul- und Studienzeit, sammelte Auszeichnungen und hatte mit kaum 20 Jahren schon alle Prüfungen zum Anwalt hinter sich gebracht. Berühmt war er für sein phänomenales Gedächtnis. Es heißt, daß er Schachbücher verschenkte, sobald er sie einmal gelesen hatte; das genügte, damit er nichts vergaß. Aber auch das Bürgerliche Gesetzbuch seines Staates Louisiana soll er auswendig gekannt haben. Interessant ist, daß Mathematik zu seinen schwächeren und wenig geliebten Fächern zählte; ein Zeichen, daß die Kombination Schach/Mathematik zwar häufig, aber fürs Schachkönnen keineswegs zwingend ist.

Morphy begann mit etwa acht Jahren, Schach zu spielen, und machte rasante Fortschritte. Schon im nächsten Jahr trat er öffentlich auf. Als General Scott, ein begeisterter und sehr von sich überzeugter Schachspieler, Morphys Heimatstadt New Orleans besuchte und ein paar Partien austragen wollte, nahm er sicher an, man werde ihm den besten Spieler der Stadt präsentieren. Es muß ein Bild für Götter gewesen sein, als der würdige ältere Herr, laut Zeitungsbericht „ein Mann von hünenhafter Gestalt", der zudem ungeheuer auf Etikette hielt, sich plötzlich einem kleinen Buben gegenübersah. Fast hätte es statt einer Partie einen Riesenskandal gegeben. Nur mühsam brachte man den Herrn General dazu, sich ans Brett zu setzen ... und nach zehn Zügen war er matt. Als er noch eine Partie verlor, muß er einen recht ungeordneten Rückzug angetreten haben. Wahrscheinlich kam ihm die Blamage schlimmer vor als eine verlorene Schlacht.

Spätestens jetzt war Morphy eine lokale Berühmtheit. Er fing schon bald an, blind zu spielen, und „blind" schlug er auch an seinem 12. Geburtstag seinen Onkel Ernest, der als der stärkste Spieler von New Orleans galt. Das trug erst recht zu Pauls Ruf als Wunderkind bei. Bald danach zog bereits Meister Löwenthal in freien Partien gegen ihn den kürzeren. Wegen des Studiums spielte er dann aber weniger; zudem gab es in Amerika noch keine großen Turniere. Das erste fand in New York im Oktober 1857 statt, und gerade rechtzeitig war Morphy mit seinen Prüfungen fertig. Er durfte aber aus Alters-, eigentlich treffender: aus Jugendgründen noch nicht als Anwalt arbeiten, und was bleibt einem normal entwickelten Jugendlichen dann schon außer Schach zu spielen? Bereits zuvor hatte seine Familie per Zeitungsinserat Wettkämpfe um 300 Dollar gegen jeden beliebigen Spieler Amerikas ausgelobt, doch mochte niemand darauf eingehen.

Das New Yorker Turnier fand genau nach dem Muster von London 1851 statt: 16 Teilnehmer, K.o.-System mit Mini-Wettkämpfen, unbegrenzte Bedenkzeit. Es war aber fast rein national besetzt. Morphy hatte nur einen ernsten Gegner: Louis Paulsen, der damals in den USA lebte, aber mit 24 Jahren auch erst am Anfang seiner Karriere stand. Wie zu erwarten, dominierten beide das Turnier, und im Finale trafen sie aufeinander. Einen größeren Kontrast am Brett als diese beiden kann man sich schwer vorstellen. Morphy spielte verblüffend schnell (er soll im ganzen Turnier nie mehr als zehn Minuten für einen Zug verbraucht haben), Paulsen um so langsamer. Er tat dies freilich nicht mit böser Absicht; er war ein wissenschaftlicher Grübler und Tüftler, etwas weltfremd dazu. Fama est, daß selbst Morphy, der die Höflichkeit in Person war, einmal seinen Gegner ansprach: „Entschuldigen Sie, aber warum ziehen Sie nicht mehr?" Paulsen: „Oh, bin ich wirklich am Zug?"

Anfangs leistete Paulsen harten Widerstand. Er verlor die erste Partie (das Finale ging auf fünf Siege), hielt aber die zweite remis (nach 15 Stunden!) und gewann die dritte (nach elf Stunden für nur 34 Züge). Nach einem weiteren Remis ging Morphy erst in der 5. Partie erneut in Führung. Die nächste, eine seiner berühmtesten, brachte die Entscheidung.

Paulsen – Morphy, 6. Partie
1. e4 e5 2. Sf3 Sc6 3. Sc3 Sf6 4. Lb5 Lc5

Heutzutage ungebräuchlich; man spielt Lb4 oder Sd4.

5. 0–0 0–0 6. Sxe5

Ein bekanntes Scheinopfer; nach 6. . . Sxe5 7. d4 erhält Weiß Übergewicht im Zentrum.

6. . . Te8 7. Sxc6?!

7. Sf3 gibt Weiß nach jetziger Ansicht Chancen auf Vorteil. Der Textzug hilft nur der schwarzen Entwicklung.

7. . . dxc6 8. Lc4 b5 9. Le2

Auf 9. Lb3 wäre Lg4 unangenehm.

9. . . Sxe4 10. Sxe4 Txe4 11. Lf3 Te6 12. c3?

Ein gravierender Fehler. Nach 12. d3 stand Weiß noch keineswegs schlechter.

12. . . Dd3!

Wie bringt Weiß jetzt seinen Damenflügel ins Spiel?

13. b4 Lb6 14. a4 bxa4 15. Dxa4 Ld7 16. Ta2?

Verliert ein lebenswichtiges Tempo; mit 16. Da6 war die weiße Stellung noch spielbar.

16... Tae8 17. Da6

Zu spät! Anscheinend sah Weiß nur die Drohung Dxf1+ nebst Te1 matt, die nun verhindert ist, aber Schwarz hat anderes vor...

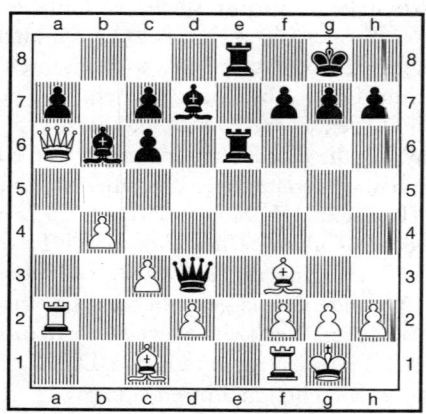

Paulsen-Morphy, New York 1857

17... Dxf3!! 18. gxf3 Tg6+ 19. Kh1 Lh3 20. Td1

20. Tg1 Txg1+ nebst Te1 matt verliert sofort. Der Turm muß aber f1 für den König räumen, weil Lg2+ nebst Lxf3 matt drohte.

20... Lg2+ 21. Kg1 Lxf3+ 22. Kf1 Lg2+

Schneller führt 22... Tg2 zum Matt, aber so ist es auch genug.

23. Kg1 Lh3+ 24. Kh1 Lxf2 25. Df1

Das Matt auf g2 war nicht mehr vernünftig zu decken.

25... Lxf1 26. Txf1 Te2 27. Ta1 Th6 28. d4 Le3 Weiß gab auf (29. Lxe3 Thxh2+ 30. Kg1 Teg2 matt).

Dieses Debakel raubte Paulsen den letzten Nerv, denn er verlor auch die nächsten beiden Partien, und Morphy gewann mit 5:1 bei zwei Remis das Turnier. Es war nun klar, daß er in Amerika keinen echten Gegner mehr hatte. Selbst als er Wettkämpfe mit Vorgabe von Bauer und Zug anbot, ging nur ein führender

Spieler (Stanley) darauf ein – und warf das Handtuch, als er von fünf Partien nur eine remis halten konnte. Es blieben nur Schaukämpfe und Blindsimultanspiele, wobei es Morphy allmählich bis auf sechs Gegner brachte; nach damaligem Maßstab eine Weltsensation. Aber eine sportliche Aufgabe war das nicht; die konnte Morphy nur noch bei den Meistern Europas finden.

Zuerst forderte er (bzw. der Schachklub von New Orleans) Staunton heraus. Dieser galt 1858 in Europa eindeutig nicht mehr als Nr. 1, aber in Übersee scheint sein Ruf noch hervorragend gewesen zu sein. Staunton antwortete mit einem höflichen Brief, in dem er offen erklärte, er sei nicht mehr aktiv, habe an Stärke nachgelassen und mit seinen anderen Arbeiten zu tun. Doch was er in seiner Zeitung schrieb, traf Morphys wundesten Punkt: Die europäischen Meister seien keine Profis, sondern hätten Berufe, die ihnen nicht so einfach erlaubten, für lange Zeit nach Amerika zu fahren. Wie schwer man Morphy mit dem Vorwurf, Profi zu sein, treffen konnte, zeigte sich später. Vielleicht ging er deswegen sofort „zum Angriff über" – er fuhr nach England.

Staunton dürfte nicht sehr erbaut gewesen sein, als der unbequeme Rivale plötzlich in London erschien. Vielleicht hatte er gehofft, dieser Kelch würde an ihm vorübergehen. Damit begann ein Katz-und-Maus-Spiel. Sich zu stellen kam für Staunton nur in Frage, wenn er an seinen Erfolg glaubte; aber öffentlich zu „kneifen", fürchtete er wie der Teufel das Weihwasser. Damit hätte er jeden Anspruch, der Beste zu sein, aufgegeben. So drehte und wendete sich Staunton wie ein Aal an der Angel. Beim ersten Treffen der beiden kam er auf die Idee einer Beratungspartie, um seine Chancen zu testen, ohne allzusehr das Gesicht zu verlieren. Das Team Morphy gewann zweimal gegen das Team Staunton. Vielleicht ein „taktischer Fehler" Morphys; um ein Match zu bekommen (wenn überhaupt), hätte er Staunton eine Siegeschance suggerieren müssen. Aber für solche Winkelzüge war Morphy zu ritterlich, er kämpfte mit offenem Visier.

Immerhin scheint Staunton zumindest mit dem Gedanken an ein Match gespielt zu haben. Trotz bereits erklärter Inaktivität stieg er noch einmal in die Arena und nahm am Turnier in Birmingham teil, wo auch Morphy eingeladen war, aber ein paar Tage zu spät kam. Doch Stauntons Comeback fiel ins Wasser. Er schied im K.o.-System in der 2. Runde aus und wurde Sechster.

Das war wohl das endgültige Aus für ein Match der beiden, wenn auch Staunton weiter beteuerte, er wolle spielen, könne es aber aus diesen und jenen Gründen leider nicht. Einstweilen nahm sich Morphy die übrige englische Schachelite vor. Wie in Amerika gewann er zum Teil sogar mit Vorgabe gegen führende Spieler. Das wichtigste Match trug er mit Löwenthal aus, der damals wohl seine stärkste Zeit hatte; trotzdem deklassierte ihn Morphy mit 9:3 bei zwei Remis.

Nachdem es in England keine renommierten Gegner zu bezwingen mehr gab, fuhr Morphy nach Paris. Dort muß er wie heute ein Film- oder Fernsehstar gefeiert worden sein. Obwohl von introvertiertem Wesen, ließ er sich anscheinend vom Trubel mitreißen. Sein Sekundant schrieb sogar, Morphy habe sich ins Nachtleben gestürzt und (vorsichtig umschrieben) die Nacht zum Tag gemacht. Das wäre ihm fast zum Verhängnis geworden, als er zum Match gegen Harrwitz antrat, der inzwischen als Lokalmatador im Café de la Regence gelandet war. Morphy verlor die zwei ersten Partien. Aber dann beschwor Harrwitz selbst seinen Untergang herauf. Schonberg schreibt: „Schließlich, als Morphy (die 2. Partie) aufgab, ließ Harrwitz seinen Blick in die Runde schweifen, beugte sich dann über den Tisch und fühlte Morphys Puls. „Nanu!" rief er aus. „Höchst erstaunlich! Sein Puls geht kein bißchen schneller als wenn er die Partie gewonnen hätte." Das war Harrwitz' Ende. Auf dem Rückweg zum Hotel bemerkte Morphy zu dem französischen Spieler Jules Arnoux de Riviere: „Werden die nicht erstaunt sein, wenn Harrwitz keine Partie mehr gewinnt?"

Beim Stand von 2:5 (dazwischen nur ein Remis) gab Harrwitz den Wettkampf auf.

Wie Morphys Bemerkung zeigt, litt er durchaus nicht an Selbstzweifeln. Er wußte ganz gut, daß er der Beste war. Schon in seiner College-Zeit schrieb er auf ein Staunton-Buch, auf dem dieser auch noch als Autor von anderen Werken bezeichnet wurde, per Hand dahinter: „... und von einigen verteufelt schlechten Partien." Auch als ihm sein erster Gegner in England anfangs einige Probleme bereitete, bemerkte Morphy nur kurz: „Ich kenne meinen Mann und werde ihn schlagen."

Wie er sich selbst und seine Gegner einschätzte, ließ er aber in der Regel nicht merken. Er galt als perfekter Gentleman mit tadellosen Manieren und höflicher Ausdrucksweise, egal ob er gewann oder verlor.

Den größten Triumph in Paris feierte Morphy mit einem Blindsimultan an acht Brettern. Als die Vorstellung vorüber war (sechs Siege für Morphy, nur zwei Remis), brach ein Begeisterungstaumel los. Mit Mühe schaffte es Morphy, den Spielsaal zu verlassen; doch auf der Straße ging der Tumult weiter. Bis am Ende die kaiserliche Garde anrückte, die an einen Aufruhr oder sonst etwas Schreckliches glauben mochte...

Als einziger Gegner blieb nur noch Anderssen, der ungekrönte Weltmeister. Er ging auch sofort auf Morphys Herausforderung ein, obwohl die Umstände alles andere als günstig für ihn waren. Das Turnier von Manchester im Vorjahr hatte seine fehlende Praxis deutlich gezeigt, und daß er für das Morphy-Match aus Urlaubsgründen nur wenig Zeit um Weihnachten aufbringen konnte, machte die Sache nicht eben besser. Aber Morphy und Anderssen mag man angesichts der späteren Intrigen und Schlammschlachten als die zwei „letzten Ritter" am Schachbrett bezeichnen. Sie überboten sich förmlich an Entgegenkommen. Anderssen wollte unbedingt spielen, bevor Morphy womöglich zurückfuhr; dieser schickte ihm dafür den Gewinn aus dem Harrwitz-Match als Reisekostenersatz. Als jedoch Anderssen in Paris ankam, war Morphy krank, wollte aber trotzdem das Match anfangen, damit Anderssen nicht mit der Rückfahrt in Zeitnot käme. Natürlich lehnte dieser ebenso strikt ab, womöglich gegen einen Kranken zu gewinnen. Schließlich verschob man das Match um einige Tage und trug es dann in Morphys Hotelzimmer aus, da dieser immer noch nicht ganz auf der Höhe war. Nach einer kurzen Partie spielte man manchmal noch eine zweite am Tag. Überflüssig zu sagen, daß ein Schiedsgericht bei diesen beiden gar nicht nötig gewesen wäre.

Nicht selten kam Morphy in seinen Wettkämpfen nur langsam in Schwung; wenn dies jedoch der Fall war, dann gab es kein Halten mehr. So auch diesmal. Anderssen gewann die erste Partie und remisierte die zweite – dann war für ihn das Ende der Fahnenstange erreicht. Das Endresultat lautete 7:2 bei zwei Remis für Morphy.

Wie erwähnt, hätte Anderssen gute Gründe gehabt, dieses fraglos zu hohe Ergebnis zu entschuldigen; aber das tat er nicht. Er erklärte unumwunden, das größere Talent habe triumphiert, lobte Morphys unfehlbare Berechnung und Solidität und schrieb schließlich die vielzitierten Sätze: „Wer mit Morphy spielt, lasse jede Hoffnung schwinden, daß derselbe in irgendeine noch so fein angelegte Schlinge gehen werde, sondern nehme an, daß sie so klar vor Morphys Augen liege, daß von einem Fehltritt gar nicht die Rede sein kann ... Am verderblichsten aber ist es Morphy gegenüber, bei einer selbst entschieden besseren Stellung und starkem Angriffsspiel sich des Sieges für gewiß zu halten ..."

Wie schaffte es Morphy, alle Meister seiner Zeit derart zu deklassieren? Golombek sieht Morphys Triumphe wie die Vernichtung prähistorischer Monster durch eine moderne Zerstörungswaffe; Fine fühlt sich an Boxweltmeister Joe Louis erinnert, „in einem Land, wo sein gefährlichster Gegner 1,65 groß ist und 135 Pfund wiegt."

Sicher, Morphy war ein glänzender Kombinationskünstler; aber das war Anderssen doch auch. Euwe kommt der Sache schon nahe, wenn er Morphy als „vollendeten Positionsspieler" bezeichnet. Aber erstens scheint uns dies doch übertrieben (wenn auch Morphy zweifellos in dieser Hinsicht seiner Zeit voraus war), und man darf es auch nicht streng im modernen Sinn verstehen. Morphy hat keine Theorie aufgestellt, keine Bücher geschrieben und überhaupt so wenig Verwertbares über sein Spiel gesagt, daß man vermuten darf, er konnte seine Überlegenheit selbst kaum rational erklären. Man darf zwar bei seinem introvertierten Wesen vermuten, daß er nicht alles sagte, was er wußte;

aber er dürfte doch wie auch die Romantiker ein hochgradig intuitiver Spieler gewesen sein. Zudem liebte er wie seine Zeitgenossen offene Stellungen. Woher also dieser Klassenunterschied?

Offenbar ging Morphys Intuition in einem entscheidenden Punkt weiter: Er spürte, daß die Grundprinzipien offener Stellungen wie Entwicklungsvorsprung, aktives Figurenspiel, freie Linien etc. nicht nur für die Durchführung von Angriffen gelten (worauf sich die Romantiker beschränkten), sondern generell. Deswegen folgt sein Partieaufbau meist einer „großen Linie"; er macht allgemein gute Züge gemäß diesen Prinzipien und stört sich nicht daran, wenn dabei relativ einfache Stellungen entstehen. Oft genug geht er speziell bei der Verwertung eines Vorteils sogar gern ins Endspiel über, während seine Zeitgenossen dann erst recht versuchten, dem Gegner nicht „langweilig", sondern mit Glanz und Gloria den Garaus zu machen. Er hat Eröffnungen versucht wie die „Französische Abtauschvariante", die als äußerst harmlos gilt, oder auch (mit Weiß) 1. e4 e5 2. Sf3 Sf6 3. Sxe5 d6 4. Sf3 Sxe4 5. De2, was nach 5. . . De7 6. d3 Sf6 7. Lg5 in der Regel zu schnellem Damentausch führt.

Zweifellos war Morphy auch von Philidor beeinflußt; er spielte nicht selten mit Schwarz die von diesem empfohlene verdächtige Variante mit 3. . . f5 (nach 1. e4 e5 2. Sf3 d6 3. d4 oder 3. Lc4). Vermutlich hat Morphy von Philidor jene Grundeinstellung übernommen, daß es überhaupt allgemeine Prinzipien im Schach gibt. Aber im Gegensatz zu diesem hielt er nichts von schwerblütigem Manövrieren. Im Grund versuchte er geschlossene Stellungen ähnlich anzugehen wie die ihm geläufigen offenen. Das sieht man recht deutlich an manchen seiner verfehlten Aktionen. Nicht selten drängte er allzu gewaltsam oder unbeholfen auf Öffnung, Durchbruch und Angriff. Zwar zeigte sich auch dabei oft sein Genie, und er gewann selbst noch mit fragwürdigen Ideen, aber in dieser Hinsicht erhob er sich nicht viel über Anderssen. Eine wissenschaftliche Behandlung à la Steinitz war auch Morphy noch fremd.

Die klarsten Punkte gegen Anderssen machte Morphy folgerichtig in offenen, aber einfachen Stellungen. Hier sieht man, wie Anderssen von Zug zu Zug, von einem spontanen Einfall zum nächsten sprang, um Ansatzpunkte für eine Aktion zu finden, die es in Morphys organisch gesunden Stellungen nur selten gab. Morphy dagegen folgte seiner großen Linie, sammelte kleinere oder größere Vorteile und gewann schließlich einfach und zweckmäßig.

Die psychologische Einstellung der beiden hat diesen Effekt wohl verstärkt. Anderssen selbst dazu: „Den Eindruck, den Morphy auf mich gemacht hat, kann ich nicht treffender schildern als wenn ich sage, er behandelt das Schach mit dem Ernste und der Gewissenhaftigkeit eines Künstlers; denn wenn uns die Anstrengung, die eine Partie kostet, nur eine Sache des Vergnügens ist, und sie bei uns auch nur so lange anhält, als sie Vergnügen gewährt, so ist sie ihm dagegen eine heilige Pflicht, und nie ist ihm eine Partie Schach bloßer Zeitvertreib, sondern immer ein würdiges Problem, immer gleichsam Berufsarbeit, immer gleichsam ein Akt, durch den er seine Mission erfüllt."

Also, Anderssen spielte letztlich aus Spaß an der ‚Freud', was sich mit seiner Vorliebe für spontane Geniestreiche deckt; wer dagegen wie ein Künstler oder Missionar an die Sache herangeht, will ein Gesamtwerk schaffen, wo ein Stein auf dem anderen aufbaut und das letztlich von Erfolg gekrönt sein soll. Auch das drückt der Stil Morphys von der klaren Linie im Aufbau über das Sammeln von Vorteilen bis zum zweckmäßigen Abschluß aus.

Sehen wir uns jetzt eine dieser „einfachen" Gewinnpartien an:

Morphy – Anderssen, 7. Partie

1. e4 d5 2. exd5 Dxd5 3. Sc3 Da5 4. d4 e5

Bezeichnend für Anderssen: Er öffnet sofort alle Zentrallinien, um sich freies Figurenspiel zu sichern. Daß er dabei einen objektiven Nachteil in Kauf nimmt (Entwicklungsrückstand infolge der vielen Damenzüge), scheint ihn nicht zu kümmern.

5. dxe5

Heute hält man 5. Sf3 für stärker, aber der Textzug entspricht Morphys einfacher, klarer Linie: er vertraut darauf, daß die schwarze Dame im Zentrum weitere Tempi verlieren wird.

5... Dxe5+ 6. Le2 Lb4 7. Sf3

Die Entwicklung ist wichtiger als ein Bauer; solche Gedanken kennt natürlich auch Anderssen, wie sein 12. Zug zeigt.

7. ... Lxc3+ 8. bxc3 Dxc3+ 9. Ld2 Dc5 10. Tb1 Sc6 11. 0–0 Sf6 12. Lf4 0–0

Gibt seinerseits den Bauern zurück, um die Entwicklung zu beenden.

13. Lxc7 Sd4! 14. Dxd4 Dxc7

Mit diesem günstigen Tausch ist Schwarz dem Ausgleich sehr nahe; nur den Lc8 muß er noch gut ins Spiel bringen.

15. Ld3 Lg4?

Richtig war b6 nebst Lb7. Kaum zu glauben, aber der Textzug ist ein Fehler, der fast schon die Partie verliert. Man kann sich gut vorstellen, daß Anderssen dabei nicht lang überlegte, nach dem Motto: Läufer raus und auf ein aktives Feld, das muß eigentlich gut sein. Aus solch einem Zug solch gewaltiges Kapital zu schlagen, hätte außer Morphy wohl kein damaliger Meister vermocht.

16. Sg5!

Plötzlich droht Sxh7, aber auch Se4, da nach Tausch auf e4 sowohl h7 (mit Matt), g4 und b7 hängen. Nach Großmeister Maroczy konnte Schwarz nur mit dem ziemlich gekünstelten 16. ... Lh5 17. Se4 Sg4!? versuchen, das Übel abzuwenden.

16. ... Tfd8?! 17. Db4 Lc8

Pariert zugleich alle Drohungen, aber solch ein trauriger Rückzug kann natürlich nicht gut gehen.

18. Tfe1 a5 19. De7!

Der Damentausch als Gewinnzug – typisch Morphy! Bestimmt hätten viele Romantiker versucht, mit einem Zug wie Dh4 auf Matt zu spielen.

19. ... Dxe7

Die Dame kann sonst nicht d8 und f7 gedeckt halten; Td7 20. De8+ würde das Leiden drastisch abkürzen.

20. Txe7 Sd5

Es geht mindestens ein Bauer in trostloser Stellung verloren; auf Tf8 folgt einfach 21. Lc4.

21. Lxh7+ Kh8 22. Txf7 Sc3 23. Te1 Sxa2 24. Tf4 Ta6 25. Ld3 Schwarz gab auf. Beide Türme hängen (der auf d8 mittels Sf7+).

Nach dem Sieg über Anderssen gab es für Morphy schachlich eigentlich nichts mehr zu tun. Er kehrte noch einmal nach London zurück und gab unter anderem eine Vorstellung, die an Kasparows heutige Spezialität erinnert, Nationalmannschaften simultan abzufertigen. Er nahm es mit fünf hochklassigen Gegnern (darunter sogar Löwenthal) zugleich auf und gewann 3,5:1,5. Der Wettkampf mit Staunton war natürlich inzwischen blanke Illusion, auch wenn sich der Streit darüber noch hinzog.

Im Frühjahr 1859 fuhr Morphy nach Amerika zurück und wurde wie ein Nationalheld empfangen. Es gab Festbanketts massenweise; alles mögliche wurde nach Morphy benannt, sogar von prominenten Leuten wurden Gedichte auf ihn geschrieben, und freilich blühte auch der Nationalismus, das Giftkraut sportlicher Erfolge. Ein Redner sah in Morphys Schachsiegen gar ein neues Kapitel der Unabhängigkeitserklärung, wie er auch immer darauf gekommen sein mag (vielleicht weil Morphy es den Engländern gezeigt hatte?).

Morphy war jetzt 22 Jahre alt – und doch war sein Leben in schachlicher Hinsicht fast schon gelebt. Er wollte nun endlich als Jurist arbeiten, aber daraus wurde nichts. Er war als Schachspieler abgestempelt wie ein heutiger Film- oder Fernsehstar durch eine bestimmte Rolle. Aber Schach spielen wollte er auch nicht mehr. Er scheint mehr oder weniger ziellos vor sich hin gelebt zu haben; er reiste nach Kuba und auch wieder nach Paris, traf persönliche Bekannte, die auch Schachspieler waren, und scheint im privaten Kreis noch hie und da zu den Figuren gegriffen zu haben. Doch öffentlich ließ er sich in Schachkreisen nicht mehr sehen und lehnte alle Einladungen ab. 1867 war er während des großen Turniers in Paris, ging aber nicht hin. Mit Steinitz traf er sich sogar noch 1883, machte aber, wie es heißt, zur Bedingung, daß über Schach nicht gesprochen werde. Er fing an, das Spiel regelrecht zu hassen; er machte es für den vermeintlichen Irrweg seines Lebens verantwortlich. Es gab immer mehr Anzeichen, daß er eine Persönlichkeitsveränderung durchlebte. Offenbar litt er an einer psychischen Krankheit, die später auch mit Wahnvorstellungen einherging.

Wie konnte es dazu kommen? Mit dem Phänomen Morphy haben sich viele Experten befaßt, ohne eine wirklich überzeugende Lösung zu finden. Klar scheint nur eins: In seiner Einstellung zu Schach und Beruf muß der Schlüssel liegen. Am schwersten traf ihn, wenn man ihn für einen Schachprofi hielt, und dies schon seit dem Beginn seiner steilen Karriere. Mit allen Mitteln versuchte er, selbst den geringsten diesbezüglichen Anschein zu vermeiden. Er scheint kaum jemals einen gewonnenen Geldpreis behalten zu haben. Einen gab er, wie schon erwähnt, an Anderssen ab; es kam auch vor, daß er seinem Gegner ein Geschenk machte oder den Preis an dessen Frau schickte. Genauso vehement lehnte er ab, sich unterstützen zu lassen; er zahlte seine Reisen grundsätzlich selbst. Finanziell war das zwar kein Problem (er stammte aus einer reichen Familie), aber gleichwohl bleibt es bemerkenswert. Sehr schnell konnte man es sich mit ihm verderben, wenn man den Punkt Geld oder Profitum auch nur aus Versehen berührte. Als dem Vorsitzenden des Morphy-Festkomitees in einer Rede solch ein falscher Zungenschlag unterlief, bekam er eine so massive Antwort des Gefeierten, daß er, wie Fine schreibt, sein Amt niederlegte. Dabei war Morphy doch sonst die Höflichkeit in Person – aber in dieser Sache brach alle Distinguiertheit weg.

Daß er Schach weder als Beruf noch auch nur als hauptsächliche Lebensaufgabe akzeptierte (er hätte ja weiter „Amateur" nach seiner bisherigen Art bleiben können), steht fest; aber warum? Sicher, man weiß, daß Profitum noch lange Zeit als „unanständig", sozial minderwertig, ja fast als eine Form finsterer Existenz galt. Aber konnte der gefeierte Nationalheld und Weltstar Morphy wirklich glauben, man stelle ihn auf eine Stufe mit Zokkern, Karten- und Glücksspielern? Wohl kaum. Durch viele Quellen geistert allerdings die Legende, eine Freundin, die er heiraten wollte, habe sich von ihm abgewandt, weil sie ihn als „Spieler" ablehnte. Dies alles sind jedoch düster-romantische Ausschmückungen. Gerade eine Reihe nach unserer Auffassung seriöser und kompetenter Quellen erwähnen dieses Histörchen gar nicht oder nur vage bzw. mit erkennbarer Skepsis. Sie verstünden sich auch schlecht zu dem Faktum, daß Morphys Einstellung zu Schach und Beruf ja gerade nicht plötzlich aufkeimte. Ein schlappes „post hoc ergo propter hoc" entspricht dem nicht; es ist die Erfindung einer Art von yellow press, die nichts mit dem differenzierten Verhältnis des Champions zu seinem Sport zu tun hat. Morphy hat selbst erklärt, daß Schach einen hohen moralischen und philosophischen Anspruch habe; nach seiner Meinung könnte man sogar die Sittlichkeit in der Gesellschaft durch Schach bedeutend heben. Als *unseriös an sich* betrachtete er es bestimmt nicht. Wenn er später sein Leben verfehlt, sinnlos und ähnliches nannte, so deswegen, weil er zu der Auffassung gelangt war, das Schach hätte ihn davon abgehalten, ein gelungenes Leben zu führen. Aber welche Vorstellungen er von Lebensinhalt und -glück hatte, gab er nie konkret zu erkennen. Über seine Kindheit schreibt Schonberg: „Er scheint ein stiller, verschlossener Junge gewesen zu sein; eins jener beängstigenden Kinder, die ihre Gedanken für sich behalten." Je weiter seine Krankheit fortschritt, desto mehr zog er sich in sich selbst zurück, entwickelte zwanghafte Manien und fixe Ideen, um die sich sein ganzes Denken und Handeln drehte. Sofern sie überhaupt nachvollziehbar waren, erwiesen sie sich als Wahn: daß ihn sein Schwager um sein Erbe bringen wolle, daß man ihn vergiften oder seine Garderobe, auf die er mit großer Eitelkeit bedacht war, zerstören wolle. Gewiß hat auch sein spezielles Verhältnis zu Frauen eine Rolle gespielt: Er pflegte auf der Straße Frauen anzustarren, in seinem Zimmer Frauenschuhe in einer bestimmten Ordnung aufzustellen und zu betrachten.

Dies alles mag schon sehr früh in ihm angelegt gewesen sein, wie Fine schreibt. Was erkennbar bleibt, ist die Tendenz, sich aus dem Leben zurückzuziehen, die er im intensiven Schachspiel für die Öffentlichkeit zunächst unmerkbar ausleben konnte; hinzu kommen ein paar etwas bizarr anmutende Eigentümlichkeiten, die wir nicht deuten können und dies auch nicht versuchen wollen. Mag sein, daß eine sachkundige Psychoanalyse (wenn es das damals schon gegeben hätte) vielleicht imstande gewesen wäre, Morphys fixe Ideen aufzuschlüsseln und ihre Wurzeln zu finden. So werden wir uns wohl damit abfinden müssen, daß das Schachgenie Morphy für immer ein Rätsel bleibt.

Morphy starb am 10. Juli 1884 vermutlich an einem Schlaganfall.

IV. Steinitz (1866–1894)

Wilhelm Steinitz (* 1836, † 1900)

Es ist natürlich Ansichtssache, wen man für den größten Schachmeister aller Zeiten hält. Aber bei der Frage, wer als Forscher und Denker den größten Beitrag zur Entwicklung des Spiels geleistet hat, scheint uns die Antwort klar: Wilhelm Steinitz (1836–1900). Seine Theorie ist später vielfach ergänzt und von Schwächen bzw. Übertreibungen befreit worden; noch eine ganze Reihe von Meistern mußte mithelfen, bis Schach so wurde, wie man es heute kennt. Aber eine Leistung von Steinitz ist einmalig und unwiederholbar: Er hat in einer Zeit, der daran überhaupt nichts lag, ja die ihn und seine Lehren erbittert bekämpfte, ganz auf sich gestellt die Grundlagen zur systematischen Erforschung des Schachs ausgedacht und in die Praxis umgesetzt. Leider hatte dieses „Wilhelm gegen den Rest der Welt" für seinen Charakter fatale Folgen. Je älter, erfolgreicher und berühmter er wurde, umso kräftiger hat er die Wut der anderen auf sich selber geschürt. Schonberg verleiht ihm gar den zweifelhaften Titel des „unbeliebtesten Schachmeisters aller Zeiten" – wir glauben, daß es da noch andere qualifizierte Anwärter gibt, aber weit vorn in solch einer Liste stünde Steinitz allemal.

Steinitz hatte es von Natur aus schwer. Äußerlich wirkte er wenig attraktiv. „Der Körper fast verkrüppelt klein" (etwa 1,50 nach manchen Quellen), „mit einem Riesenhaupt, das rötliches Kopf- und Barthaar in wirren Strähnen wild umwucherte" beschreibt ihn sein Biograph Dr. Hannak. Zudem ging Steinitz am Stock bzw. an Krücken, hatte eine merkwürdig aussehende Nase und ein, zwei weniger augenfällige Leiden. Zu den physischen Problemen kam ein ständiger Kampf ums finanzielle Überleben, und last not least bekam er anscheinend antisemitische Ressentiments zu spüren. Er trug sich ständig mit dem Gedanken, ein Buch über das letztere Thema zu schreiben, und zumindest eine kleinere Schrift hat er (wenn auch recht spät) offenbar wirklich herausgebracht. Seinen ursprünglich altjüdischen Geburtsnamen Wolf änderte er in Wilhelm (bzw. später in England und USA William).

Steinitz stammte aus einer jüdischen Familie in Prag, die nicht gerade wohlhabend war; es reichte aber, um ihm eine ordentliche Ausbildung zu verschaffen. Schach lernte er vom Zuschauen bei seinem Vater, der regelmäßig mit einem befreundeten Rabbiner spielte. Als dieser einmal, weil der Vater nicht da war, den kleinen Wolf herausforderte, bescherte ihm dieser prompt eine ordentliche Schlappe. Allein deswegen kann man Steinitz freilich gewiß nicht als Wunderkind bezeichnen. Seine qualitätvolle Spielpraxis begann erst nach seinem zwanzigsten Lebensjahr, und auch dann dauerte es noch, bis er ein wahrer Meister wurde.

1858 kam Steinitz nach Wien, angeblich um zu studieren; aber was tun die Studenten schon? Schachspielen! Man kennt die Brüder doch. Hannak führt einen zeitgenössischen Kronzeugen an, der meint, Steinitz habe gar kein Geld für ein Studium gehabt. Über Wasser hielt er sich mit Gelegenheitsjournalismus – und Schach, das heißt er spielte um Geld. Die erste Adresse war damals in Wien das Cafe Rebhuhn, und dort „bringt er die ganze Ordnung des Kaffeehauses durcheinander" (Hannak). Nicht nur in schachlicher Hinsicht. Einer seiner „Kunden" war der Bankier Epstein. Zu dieser Schachbekanntschaft weiß eine berühmte Anekdote, daß sich Steinitz einmal für einen Zug lange Zeit ließ, der Bankier ihn mit einem ungeduldigen Wort drängte, das sich wie „Na?" oder „Nüh?" angehört haben muß. Steinitz zog daraufhin; als jedoch kurz danach Epstein selbst länger überlegte, machte Steinitz auch „Nüh?". Der andere fuhr ihn an: „Wissen Sie überhaupt, wer ich bin?" Steinitz, ungerührt: „Natürlich – Sie sind der Bankier Epstein auf der Börse; aber hier bin ich Epstein!"

Da hatte er sicherlich recht; aber manch einer hätte sich vielleicht doch in dieser Situation etwas „diplomatischer" verhalten. Immerhin lebte Steinitz ja von Leuten wie Epstein, die sich ihr Hobby Schach etwas kosten ließen. Letztlich ist es allerdings sympathisch, daß er im Angesicht des Kapitalismus seine Würde nicht verkaufte. Das war zeitlebens seine Art: Wenn er glaubte, im Recht zu sein (und das war meistens der Fall), dann stritt er darum notfalls mit der ganzen Welt; die Folgen waren ihm egal. Er setzte lieber seine Existenz aufs Spiel als einen Fußbreit nachzugeben oder Kompromisse zu machen.

Kein Wunder, daß er in der Szene bald als „wüster Geselle" (Hannak) galt, was man wohl so verstehen muß, daß er sich als grober Klotz benahm und gern Händel pflegte. Schachlich kam er stetig, aber nicht stürmisch vorwärts. In drei Jahresturnieren der Wiener Schachgesellschaft (1859–61) arbeitete er sich vom dritten auf den ersten Platz vor. Als er das Turnier 1861 mit 30:1 Punkten gewonnen hatte, kam die Einladung zum Londoner Turnier 1862 nach Wien. Hannak formuliert vorsichtig, aber deutlich, daß die Schachgesellschaft nach Steinitz' klarem Erfolg „nicht umhin kann, ihre Abneigung zu überwinden und den wenigst Beliebten, aber den Würdigsten als ihren Vertreter... zu entsenden". Es scheint, als habe Steinitz in Wien schon einiges geboten.

Er belegte in London Platz 6 unter 14 Spielern. Nicht übel für einen unbekannten Neuling, aber Steinitz dürfte anders gedacht haben, obwohl er viel Lob bekam... für sein brillantes Kombinationsspiel. Der Gründer der Schachwissenschaft begann seine

Laufbahn im Stil der Romantiker. Anderssen nannte ihn den „österreichischen Morphy", was wiederum zeigt, daß man Morphy damals fälschlich nur als Kombinationsgenie sah.

Nach dem Turnier blieb Steinitz in London – was angesichts seiner „Beliebtheit" in Wien nicht sonderlich Wunder nimmt. Hannak nennt einen weiteren gewichtigen Grund für Steinitz' Entschluß: In der Londoner Schachszene wurde um höhere Einsätze gespielt. Auch gab es damals gerade keinen herausragenden englischen Spieler, so daß Steinitz es relativ leicht hatte, das Feld zu beherrschen. Nachdem er alles, was ihm in den Weg kam, tüchtig abgebürstet hatte, stieg sein Renommee so immens, daß man in London bereit war, ein Match mit Anderssen zu organisieren.

Es fand im Sommer 1866 statt und verlief ziemlich turbulent. Anderssen gewann die erste Partie, verlor dann vier in Folge und gewann wiederum vier. Dabei sind seine Siege mehr oder weniger sauber errungen, während er eine Partie in klarer Gewinnstellung geradezu wegwarf. Die scharfe Gangart (es gab kein Remis!) und das Wechselbad der Gefühle gingen bei dem 18 Jahre älteren Anderssen bestimmt stärker an die Substanz. Steinitz gewann die 10. und 11. Partie, so daß er wieder 6:5 führte. Anderssen mobilisierte die letzten Kräfte und glich nochmals zum 6:6 aus. Acht Gewinnpartien waren das Limit. Der nächste Sieg mußte also von ungeheurem Wert sein.

Anderssen – Steinitz, 13. Partie
1. e4 e5 2. Sf3 Sc6 3. Lb5 Sf6 4. d3

Bisher hatte Anderssen immer „Evans-Gambit" gespielt; in dieser Schlüsselpartie setzt er eine „Reservevariante" ein.

4. . . d6 5. Lxc6+?!

Wieder eine typische Anderssen-Variante: positionell fragwürdig, aber von ihm durchaus mit Erfolg praktiziert. Der Tausch hat in der Regel nur Sinn, wenn er einen Angriff auf e5 einleitet, d. h. wenn Weiß d4 spielen kann.

5. . . bxc6 6. h3

Nicht so schlecht, da es eventuell zur Vorbereitung eines späteren Angriffs mit g4 nebst Springerwanderung nach f5 dienen kann.

6. ... g6!
Schiebt dieser Idee einen Riegel vor und plant später selbst mit f7-f5 aktiv zu werden.

7. Sc3 Lg7 8. 0–0 0–0 9. Lg5 h6 10. Le3 c5 11. Tb1
Wie früher geschildert, hat Anderssen auch hier in der geschlossenen Stellung eine aktive Idee und verfolgt sie zielbewußt ... bis zum bitteren Ende. Denn diesmal ist es die falsche, und das zeigt eben doch, daß Anderssen weit mehr nach Gefühl als nach zuverlässigen positionellen Kriterien (wie Steinitz) spielte.

11. ... Se8 12. b4 cxb4 13. Txb4 c5 14. Ta4?
Nur begreiflich als Teil eines im 11. Zug begonnenen Gesamtplans. Anderssen meint offenbar, daß der Turm durch Druck auf den a-Bauern aktiv wirkt, während die anderen Schwerfiguren die b-Linie besetzen.

14. ... Ld7 15. Ta3 f5 16. Db1 Kh8 17. Db7 a5 18. Tb1
Der Aufmarsch ist nach Plan vollendet – und die Partie verloren. Die weißen Figuren stehen nur scheinaktiv; sie greifen nichts an und binden Schwarz nicht, der nun genüßlich zeigt, daß am Königsflügel die Musik tatsächlich spielt. Dort aber hat Weiß keine Verteidiger mehr zur Stelle.

18. ... a4 19. Dd5 Dc8 20. Tb6
Weitere Versuche am untauglichen Objekt.

20. ... Ta7 21. Kh2 f4 22. Ld2 g5 23. Dc4 Dd8 24. Tb1
Endlich, viel zu spät, erkennt Weiß, daß er die ganze Zeit auf dem Holzweg war.

24. ... Sf6 25. Kg1 Sh7 26. Kf1 h5 27. Sg1 g4 28. hxg4 hxg4 29. f3 Dh4 30. Sd1 Sg5 31. Le1 Dh2 32. d4
Verzweiflung; es drohte 32. ... gxf3 33. gxf3 Sxf3! 34. Sxf3 Lh3 matt, aber nun funktioniert es nur ein wenig anders.

32. ... gxf3 33. gxf3 Sh3! 34. Lf2 Sxg1 und nach **35. Lxg1** gewinnt Lh3+eine Figur. Weiß gab nach wenigen Zügen auf.

Diese Partie läßt schon Steinitz' neues Positionsspiel ahnen, obwohl er zu jener Zeit eher noch romantisch orientiert war. Er wandte im Anderssen-Match fünfmal „Königsgambit" an(!) und holte, wenn auch mit Hilfe des Gegners, vier Punkte(!). Dafür verlor er zweimal, als Anderssen auf „Sizilianisch" umstieg.

In der 14. Partie wehrte sich Anderssen nochmals zäh, vergab aber im Endspiel reelle Remischancen und unterlag somit 6:8.

Über den Stellenwert des Matchs ist man sich nicht ganz einig. Vereinzelt firmiert es bereits als erste WM. Die uns bekannten Quellen lassen vermuten, daß dies wohl nicht offiziell festgeschrieben war, daß aber Steinitz danach anfing, sich des öfteren Weltmeister zu nennen.

Das war ein kühner Anspruch, der bald auf ihn zurückfiel. War schon sein Sieg über Anderssen keineswegs ein eindeutiger Triumph, so zog dann bedrohliches Gewölk an Steinitz' Olymp auf. Zunächst hielt Steinitz nur mit Mühe und Not in einem Wettkampf den Engländer Bird nieder (7:5 bei sieben Remis), der einer seiner heftigsten persönlichen und schachtheoretischen Gegner war. Von Bird stammt das berühmte Zitat, der Stil von Steinitz sei so, als wenn man die Figuren in einen Hut lege und auf das Brett ausschütte. Dann konnte Steinitz selbst ein kleineres Turnier in Dundee 1867 nicht gewinnen; zum Tiefpunkt wurde schließlich Paris 1867. Nicht nur Kolisch, der damals seinen größten Erfolg errang (bevor er das Schach aufgab, um Börsenmillionär zu werden), ließ ihn um zwei Punkte hinter sich, sogar Winawer schob sich noch vor ihn. Jener war vor dem Turnier ein kaum bekannter polnischer Spieler und, wie es heißt, nur geschäftlich in Paris unterwegs, als er von dem Schachturnier erfuhr. Er ging hin, meldete sich an – und ließ den Weltmeister hinter sich, eine ausgewachsene Blamage für Steinitz, obwohl Winawer bald wirklich zur Elite aufstieg.

Etwas besser erging es Steinitz dann wieder in Baden-Baden 1870, obwohl der 2. Platz hinter Anderssen und der Verlust beider direkter Partien sicher überaus schmerzlich waren. Bis dahin hatte Steinitz seit 1866 nichts mehr geleistet, was weltmeisterlich anmutete. Es heißt über sein Spiel in dieser Phase, es habe einen unsicheren, zaudernden Eindruck gemacht. Das resultierte zum einen aus dem Erfolgsdruck, unter den er sich selbst gesetzt hatte, zum anderen aus dem stilistischen Zwiespalt, in dem er sich befand. Das Umdenken war zwar im Gang, aber längst noch nicht abgeschlossen. Steinitz selbst: „Die Turniere von Paris 1867 und Baden-Baden 1870, auf denen ich den erhofften ersten Preis nicht zu erringen vermochte, machten mich stutzig. Ich fand, daß mit dem Kombinationsspiel zwar ganz hübsche Einzelergebnisse, aber keine dauernden Erfolge zu erzielen waren ..." Das läßt nur den Schluß zu, daß Steinitz den entscheidenden Schritt zum neuen System frühestens Anfang der 70er Jahre tat (obwohl man bereits ab 1863 erste Partien wie die gezeigte gegen Anderssen findet, die auf eine Neuorientierung hinweisen).

Tatsächlich markiert diese Phase, wie bald die Ergebnisse zeigten, die Wende. Noch 1870 brachte er dem immer stärker werdenden Blackburne eine klare Niederlage bei (5:0 bei einem Remis). 1872 gewann er mit hundertprozentiger Punktausbeute ein Turnier in London und schneuzte den späteren Hauptrivalen Zukertort in einem Match kräftig mit 7:1 bei vier Remis. In Wien 1873 folgte dann auch endlich der große Turniersieg (wenn auch mit einigem Glück und erst nach Stichkampf gegen Blackburne), auf den Steinitz so lange gewartet hatte. Ein neues Match 1876 brachte ihm gegen Blackburne mit 7:0 (ohne Remis) einen satten Triumph. Steinitz war jetzt unzweifelhaft der Beste. Mit Ausnahme des Blackburne-Matchs zog er sich schon 1873 vom aktiven Spiel zurück, arbeitete seine Theorie aus und verbreitete sie in einer Schachkolumne in der Zeitschrift „The Field" ab 1874.

Zweifellos hat Steinitz in seinem System alles bis dato Dagewesene verarbeitet. Er griff Philidors Werk wieder auf; die Bauernstruktur war eins seiner zentralen Themen. Doch er behandelte nicht nur Schwächen und Stärken von Bauern an sich, sondern auch theoretische Probleme wie starke und schwache Felder, das Verhältnis Springer/Läufer, das je nach Bauernstruktur schwankt usw. Er demonstrierte als erster die systematische Nutzung des Läuferpaars.

Aber auch die Taktik kam nicht zu kurz. Steinitz' Grundidee, daß Kombinationen nicht vom Himmel fallen, sondern auf objektiven Ursachen beruhen, war zwar nicht neu. Doch Steinitz erforschte diese Ursachen und brachte sie mit seiner Positionslehre in Verbindung. So fand er, daß gleichartige Schwächen meist auch ähnliche, ja nicht selten identische Angriffe zur Folge haben. Solche organischen Schwächen sah er als wichtigste Grundlage für Kombinationen.

Die große Schwäche dieses wie auch jedes anderen Konzepts, die Steinitz später oft Mißerfolge eintrug, liegt darin, daß es „zufällige" Möglichkeiten, die keinem System folgen, nahezu ignoriert. In seinem System überwiegen eindeutig die statischen Kennzeichen einer Stellung. Am klarsten wird dies in der Verteidigung. Er glaubte, daß eine Stellung ohne organische Schwächen immer zu halten war, wie passiv und beengt sie auch sein mochte. Diese Doktrin befolgte er zuweilen bis zum Exzeß. Die folgende Stellung ist wohl ein Unikum in der Schachgeschichte.

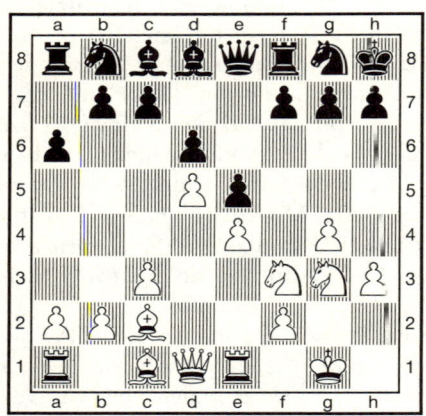

Lasker – Steinitz, Hastings 1895

Alle Figuren wieder auf der Grundreihe – Kommentar überflüssig. Natürlich ist Steinitz' These, in der Verteidigung Schwächen zu vermeiden, im Prinzip richtig, doch ganz darf man dynamische Elemente wie aktives Figurenspiel nicht außer acht lassen. Diese tragikomische Stellung hat er denn auch verloren, so groß er ansonsten als Verteidiger war.

Ähnlich erklärt sich nach unserer Ansicht (wie bei Philidor) die zunehmende Zahl taktischer Versehen, ja zünftigen Bockschießens bei Steinitz. Er suchte nur dann noch nach Kombinationen, wenn dies in sein System paßte. Traten sie zufällig auf, übersah er sie wohl vor allem deshalb, weil nicht sein kann, was nicht sein darf – nach seiner Theorie.

Gleichwohl war Steinitz seiner Zeit vor allem deswegen weit voraus, weil ihm sein System als erstem erlaubte, geschlossene Stellungen planvoll und zielbewußt zu behandeln. So spielte er auch meist gemäß dem Lehrsatz seiner grundlegenden Philosophie, der besagt: Man darf nicht von Anfang an angreifen, sondern muß positionell operieren, bis man genügend Vorteile gesammelt und das ursprüngliche Gleichgewicht zu seinen Gunsten gestört hat. Dann aber muß man angreifen, wenn kein anderer Weg zum Gewinn führt, sonst geht der errungene Vorteil wieder verloren.

Von 1873 bis 1882 setzte sich Steinitz indes mit seinen Gegnern meist nur per Zeitung auseinander... und darüber hinaus nur sehr persönlich. Sein Intimfeind Zukertort hielt ihm später ein ganzes Sündenregister seiner England-Zeit vor: aus einem Klub ausgetreten (offenbar um dem Hinauswurf zuvorzukommen), in einem anderen nur knapp dem Ausschluß entgangen, zeitweises Hausverbot im Londoner Schachtreff „Simpsons Divan", Abbruch der Beziehungen zu vielen anderen Meistern etc. Den Gipfel bildete ein Eklat mit Blackburne; diese Szene wird gerne und in schillernden Farben beschrieben, ist aber von reichem Legendenwerk umrankt. Angeblich spuckte Steinitz den anderen an und fand sich dann in der Auslage des Etablissements wieder. Wer anfing und warum, ist nicht sicher überliefert.

Steinitz' hitziges Naturell „verhalf" ihm 1882 zu einem wirtschaftlich fatalen Rückschlag. „Wie aus heiterem Himmel", so Hannak, begann er mit dem Herausgeber des „Field" einen Streit und warf seinen Posten weg „wie einen Pappenstiel". Seine gesicherte Existenz war dahin und mit schon 46 Jahren mußte er wieder, um zu überleben, Schach spielen.

Natürlich hatte sich in der Schachwelt inzwischen einiges getan. Zukertort, Winawer, immer noch Blackburne und ein neuer Mann, Tschigorin, waren jetzt Steinitz' Hauptgegner. Erstmals ging er wieder in Wien 1882 an den Start. Die fehlende Praxis machte ihm schwer zu schaffen; zwischendurch verlor er drei

Partien in Folge, kam eine Zeitlang nicht einmal über 50% der möglichen Punkte, aber bei der Marathondistanz von 34 Runden machte er den Rückstand noch wett. Trotzdem mußte er nach Stichkampf (1:1) den 1. Platz mit Winawer teilen, und die Blamage, die ihm der polnische Meister in Paris 1867 beigebracht hatte, kam wieder zu Bewußtsein ...

Aber im Vergleich zu dem nächsten Eliteturnier, London 1883, schrumpfte all das zur Bedeutungslosigkeit. Steinitz war gar nicht so schlecht in Form – aber Zukertort spielte alle seine Gegner in Grund und Boden. Er gab in 23 Runden nur einen Punkt ab (gegen Steinitz, den er aber im zweiten Durchgang bezwang) und verlor erst, als sein Sieg schon feststand, die drei letzten Partien. Trotzdem blieb er noch drei Punkte vor Steinitz. Casus belli! Als bei der Siegerehrung auf das Wohl des besten Spielers der Welt getrunken wurde, standen beide gleichzeitig auf ... Jetzt war der Showdown fällig. Die Helden lagen sich schon lange in den Haaren. Zukertort war selbst journalistisch äußerst aktiv; das Duell via Zeitung gestaltete sich fast aufregender als jenes am Brett. In punkto Egozentrik stand Zukertort dem Gegner in nichts nach. Was er über sein Universalgenie von sich gab, von Kenntnissen in 14 Sprachen über Heldentaten im Krieg bis zu allen möglichen Leistungen in Kunst und Wissenschaft, hätte Münchhausen die Schamröte ins gepuderte Gesicht getrieben; immerhin war er mit Sicherheit ein vielseitig gebildeter Mann. Insbesondere im Schach stellte er sein Licht nicht unter den Scheffel. Gleichwohl mag es eine Apokryphe sein, wenn erzählt wird, Zukertort habe einmal als Zeuge vor Gericht aussagen müssen und, befragt von einem Anwalt, ob er der beste Schachspieler Englands sei, „Ja" geantwortet und weiter: „Und der beste der Welt?" – „Ja." – „Wohl gar der beste des Universums?" – „Ich bin es!"

Nach der Verhandlung fragte ihn dann (so die Fama) ein Freund, ob er nicht gemerkt habe, daß ihn der Anwalt nur lächerlich machen wollte. Zukertort: „Ja, schon, aber ich mußte doch die Wahrheit sagen, ich stand unter Eid!"

Das große Match zu organisieren war nicht leicht – der Feindschaft wegen und weil Steinitz 1883 in die USA ausgewandert war. Dort scheint er anfangs mit Simultan-, Blindspielen und Wettkämpfen richtig wohlhabend geworden zu sein und konnte ab 1885 eine eigene Zeitung, das „International Chess Magazine", herausgeben. Jetzt brauchte er sich mit keinem Verleger mehr streiten... aber brauchte sich auch keinen Zwang mehr anzutun. Prompt erreichten seine Schmähungen ein beeindruckendes Ausmaß. Unter den Verbalinjurien, die Schonberg in einer einzigen Ausgabe des Steinitz-Magazins gesammelt hat, befinden sich „seltsamer literarischer Köter", „schwachsinniger Trottel", „elender Lackaffe" und „heimtückischer Schuft". Steinitz selbst bezeichnete sich im selben Atemzug als Mann der Vernunft.

So sollte es ihm bald gelingen, sich auch in der Neuen Welt viele Feinde zu gewinnen. Endlich kam das Match gegen Zukertort Anfang 1886 zustande, und nun ging es ganz offiziell um den Weltmeistertitel. Es muß ein wahres Spektakel gewesen sein, über drei Städte verteilt; Limit waren zehn Siege, bei 9:9 (nach späterer Vereinbarung während des Matchs schon bei 8:8) sollte der Kampf unentschieden enden.

Der Beginn in New York wurde ein Fiasko für Steinitz. Er gewann zwar die erste Partie, verlor aber dann vier in Serie. Einige seiner Schnitzer waren erschreckend.

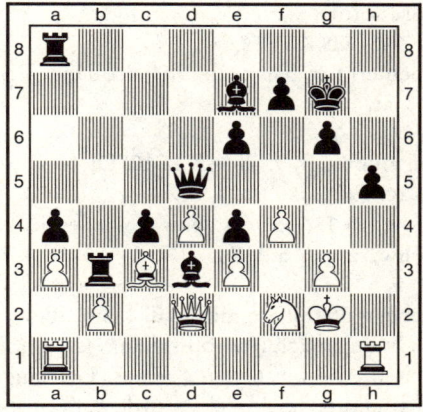

Zukertort – Steinitz, New York 1886, 3. Partie

Schwarz hat einen Bauern mehr und steht völlig überlegen. Selbst ein Kreisklassenspieler sollte diese Partie nie mehr verlieren. Steinitz aber schafft es in gerade zehn Zügen.

1. ... Ld8?!

Strategisch richtig: wenn der Lc3 weg ist, bricht Schwarz auf der b-Linie ein. Natürlich war Zeit genug (auch vorher schon), mit f5 jedes schüchterne Flämmchen eines Gegenangriffs auszublasen. Daß Steinitz dies unterläßt, zeigt, daß er keine Gefahr witterte.

2. g4 hxg4?

Schwarz macht wirklich ungefähr die einzigen Züge, die möglich waren, um die Partie noch zu verlieren. Gut wäre es z. B. gewesen, sofort La5 zu spielen, ohne sich um h5 zu kümmern.

3. Sxg4 La5?

Nach Kf8-e7 bleibt weiter die Frage, was Weiß hat. Aber jetzt ...

4. Th7+! Kf8

Nach 4. ... Kxh7 5. Sf6+Kg7 6. Sxd5 bekommt Schwarz diese Figur nicht: 6. ... exd5 7. Lxa5 bzw. 6. ... Lxc3 7. Sxc3.

5. Th8+

Eine unschädliche Zugwiederholung; 5. ... Ke7 6. Txa8 Lxc3 7. Ta7+ verlöre sofort.

5. ... Kg7 6. Th7+Kf8 7. Df2 Ld8

Jetzt erst bemerkt er, daß nach Dh4, drohend Th8+, Übles bevorsteht, zu spät.

8. Se5 Kg8

Auf Ta7 gewinnt z. B. 9. Th8+Ke7 10. Dh4+.

9. Tah1 Lf6 10. Txf7 Tf8

Nach 10. ... Lxe5 11. fxe5 ist der Tf7 wieder gedeckt.

11. Txf6 Schwarz gab auf. 11. ... Txf6 12. Dh4 bedeutet das Ende.

Es war sicher gut für Steinitz, daß beim Stand von 1:4 die Pause zum Umzug nach St. Louis kam. Er erholte sich und glich im zweiten Abschnitt zum 4:4 aus. Der längste und entscheidende Abschnitt des Matchs wurde dann in New Orleans ausgetragen. Nach 15 Partien schien bei 6:5 (vier Remis) für

Steinitz noch alles offen. Es folgte ein Sieg für Steinitz in der 16. Partie, doch in der 17. entging er nur mit Riesenglück dem Verlust. Die 18. brachte die Entscheidung. Immerhin wirkt auch sie noch, als sei Zukertort bei der Sache gewesen, obwohl er verlor; danach aber brach er völlig zusammen. Die 19. Partie ist sehr schwach, die 20. einer WM unwürdig. Damit war schon alles vorbei: 10:5 bei fünf Remis für Steinitz, ein verdienter Sieg, dessen Höhe aber über das wahre Kräfteverhältnis hinwegtäuscht.

Zukertorts Zusammenbruch ging über das Match hinaus. Er spielte noch einige Turniere und Wettkämpfe, war aber nur mehr Schatten seiner selbst. 1888 starb er mit nicht ganz 46 Jahren; die Legende überliefert die Diagnose: an „gebrochenem Herzen" – wegen der Niederlage gegen Steinitz. Zweifellos brachte ihm diese eine schwere Depression ein, doch für seinen Tod gibt es handfestere Gründe. Seine Gesundheit war zerrüttet. Mehrfach ist von einem alten Herzleiden die Rede, und es heißt, sein Arzt habe Zukertort davor gewarnt, zur WM überhaupt anzutreten. Laut Golombek nahm Zukertort zudem bereits beim Londoner Turnier 1883 „drugs" zu sich, wohl Aufputsch- und Durchhaltemittel, um während des Turniers einen körperlichen „Einbruch" zu vermeiden. Der kommt aber in solchen Fällen im Anschluß an die Belastung meist um so sicherer. So, wie die Dinge liegen, muß man feststellen, daß Zukertort offenbar alles, einschließlich der Gesundheit, auf die Karte Schachweltmeisterschaft setzte – und dieses Spiel verloren hat. Ob es ihm bei einem Sieg über Steinitz besser ergangen wäre, bleibt Spekulation.

Auf Steinitz warteten jetzt neue Rivalen. Als man ihm in Havanna, wo er bei einer Tournee 1887 großen Eindruck machte, ein WM-Match mit einem Gegner nach Wahl anbot, entschied er sich für Tschigorin. Auch dieses Mal bezeichnend für ihn: Er suchte kein Kanonenfutter, sondern vor allem den Hauptgegner seiner Lehren, um deren Gültigkeit im Wettkampf unter Beweis zu stellen. In diesem Punkt war Tschigorin in der Tat Steinitz' großer Widersacher, wenn es auch mit ihm nie zu einer so persönlichen Feindschaft wie mit Zukertort kam. Tschigorin war einerseits ein gewaltiger Kombinationsspieler und Gambitexperte, aber darüber hinaus ein origineller Kopf mit eigenen Ideen in allen Bereichen des Schachs. Er entwickelte zudem positionelle Systeme wie das nach ihm benannte der „Spanischen Partie" und „indische" Ideen. Etwa sein Zug 2. De2 gegen „Französisch", über den damals alles den Kopf schüttelte, führt meist zu einer Art „Königsindisch im Anzug".

Tschigorin war also weit mehr als ein bloßer Nachkomme der Romantiker; er lehnte auch keineswegs Steinitz' Theorie en bloc ab. Doch an einem Punkt mußten die beiden unweigerlich in Konflikt miteinander geraten: Tschigorin leugnete vehement eine allgemeingültige Systematik im Schach. Er meinte, jede Idee und jeder Plan müsse von der konkreten Stellung ausgehen und sei genauso individuell wie diese. An Steinitz schrieb er gleichwohl konziliant: „Wie Sie wissen, stimme ich nicht völlig mit Ihrer Theorie und Ihren Prinzipien überein, was mich aber nicht davon abhält, sie zu schätzen." Sein eigenes Credo liegt in dem Satz: „Überhaupt ist das Schachspiel viel reicher, als man es sich aufgrund der bestehenden Theorie vorstellen kann, die bestrebt ist, es in bestimmte enge Formen zu zwängen."

Mit dieser Auffassung und seinem Kombinationstalent spürte er genau die Dinge auf, die nicht in Regeln zu pressen sind – und traf damit die Schwachstelle von Steinitz. Schon als Newcomer hatte er dem Champion in Wien 1882 und London 1883 drei von vier Punkten abgenommen. Auch das erste Match in Havanna 1889 verlief lange Zeit „eng": Bis zum 7:6 für Steinitz (ohne Remis) hielt Tschigorin nahezu gleichwertig mit, doch zum Schluß war Steinitz trotz seiner fast 53 Jahre der Überlegene (10:6 bei einem Remis).

Aber die Geschichte ging weiter. Als Steinitz 1890 ein Lehrbuch herausgab, bestritt Tschigorin zwei darin gefällte Urteile über Eröffnungsvarianten. Die Reaktion von Steinitz, der in dieser Zeit finanziell nicht auf Rosen gebettet war, ist interessant. Das „International Chess Magazine" kostete ihn eine Menge Geld (es wurde im folgenden Jahr eingestellt), zudem hatte Steinitz Frau und Kind zu versorgen, wobei zu bemerken ist, daß wir über sein Privatleben – vielleicht besser so – nur wenig wissen. Nun war es Steinitz nicht weniger als 750 Dollar Einsatz wert, Tschigorin sofort zu einem Duell in den zwei umstrittenen Varianten zu fordern. Wie so oft stellte er seine Prinzipien über alles.

Das Match fand via Telegraph statt – damals keine alltägliche Aktion, die folglich großes Aufsehen erregte. Nur der Amtsschimmel war – woher kennen wir das? – nicht auf der Höhe der Zeit. Die Geschichte klingt etwas bizarr, wird aber überwiegend als wahr überliefert: Eines Tages kam einem Telegraphenbeamten, der sicher kein Schach spielte, die für Laien in der Tat rätselhafte Zugnotation verdächtig vor. Verschlüsselte Mitteilungen etwa? Die Polizei rückte an und nahm Steinitz als Spion fest. Er soll einen Tag „gesessen" haben, bis es Freunden gelang, die Sache aufzuklären. Daß auch Schachspielen, wie fast jede Form intensiven Nachdenkens, etwas potentiell Staatsfeindliches hat, gilt spätestens seit Wladimir Iljitsch Uljanow, vulgo Lenin, als erwiesen.

Schließlich verlor Steinitz beide Partien, sogar in glänzendem Stil Tschigorins. Daß Steinitz die Sache selbst so hoch gespielt hatte, wurde nun zu einem Bumerang. Am Anfang der Partien tönte er noch voll Siegesgewißheit; selbst als er in einem Fall schon schlecht stand, bot er noch Wetten an, daß er nicht verlieren würde. Doch bisweilen schlief auch der weise Homer. Zwar hatte Steinitz inzwischen einen weniger bedeutenden WM-Kampf gegen Gunsberg 6:4 bei neun Remis gewonnen, aber sein Nimbus galt in der öffentlichen Meinung als erschüttert. Er brauchte einen neuen Sieg über Tschigorin und zudem dringend Geld. So begann an Neujahr 1892 in Havanna der Rückkampf. In Rußland muß damals das Schachfieber ausgebrochen sein; wie schon beim ersten Match kamen aus dem ganzen Land Spenden für Tschigorins Reisekosten, und sogar der berühmte Lew Tolstoi (selbst Schachspieler) bekannte sich als Tschigorin-Fan: „Ich kann den Schachpatriotismus in mir nicht unterdrücken und wünsche, daß ein Russe der beste Schachspieler der Welt sei."

Fast wäre es so weit gekommen – durch Steinitz' Dickschädel. Der Weltmeister wollte auch jetzt noch beweisen, daß seine Ansicht über das „Evans-Gambit" (mit dem er die eine Kabelpartie verlor und das bereits im ersten Match zur Debatte gestanden hatte) richtig war. Das kostete ihn einige Punkte. Freilich glückte ihm auch eine seiner berühmtesten Partien, die seine Lehren über Grundlagen und Durchführung eines Angriffs glänzend illustriert.

Steinitz – Tschigorin, 4. Partie
1. e4 e5 2. Sf3 Sc6 3. Lb5 Sf6 4. d3 d6 5. c3 g6 6. Sbd2 Lg7 7. Sf1 0–0 8. La4 Sd7 9. Se3 Sc5 10. Lc2 Se6

Bisher ein Manövrierkampf ganz nach Steinitz' Geschmack. Das zeitraubende schwarze Springermanöver hat seine Schattenseiten, wie der nächste Zug zeigt.

11. h4! Se7 12. h5 d5 13. hxg6 fxg6?!

Besser wohl doch hxg6. Nun kann h7 notfalls auf der 7. Reihe geschützt werden, aber die Diagonale a2-g8 wird anfällig. Das ist eine jener organischen Schwächen, die Steinitz zur Grundlage für einen Angriff erklärte. Sofort ändert sich sein Verhalten: Er macht Schluß mit dem Lavieren und geht energisch daran, diese Diagonale zu „säubern" und zu besetzen, um dort auch den K. o. anzubringen.

14. exd5 Sxd5 15. Sxd5 Dxd5 16. Lb3 Dc6 17. De2 Ld7 18. Le3 Kh8 19. 0–0–0 Tae8 20. Df1!

Hier muß Steinitz die Schlußkombination schon vor Augen gehabt haben. Zunächst aber will er mit d4 das Zentrum öffnen, um an den Se6 heranzukommen, der als letzter die Diagonale schützt.

20. . . a5?

Ein sinnloser Zug, denn zu a4 kommt Schwarz nicht mehr. Seine Lage war aber ohnehin schwierig.

21. d4! exd4 22. Sxd4 Lxd4

Nach 22. . . Sxd4 wäre das gleiche passiert: 23. Txh7+ Kxh7 24. Dh1+. Auf 22. . . De4 wäre 23. Sf3 gefolgt, was d7 angreift und Lxe6 nebst Sg5 bzw. Txh7+ droht. Schließlich kann auch 22. . . Da6 23. Lc4 Da8 nicht das Wahre sein.

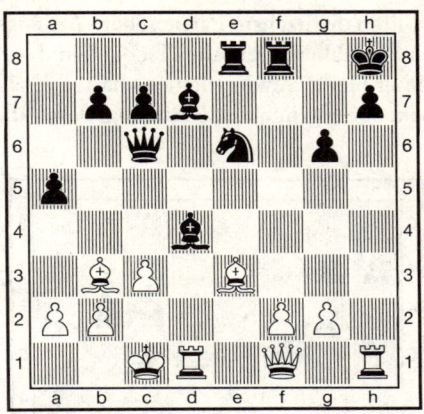

Steinitz – Tschigorin, Havanna 1892

23. Txd4! Sxd4

Nicht erzwungen, aber ohne den Lg7 wäre die schwarze Stellung angesichts von Ideen wie Tdh4 kaum lange zu halten gewesen. Nun kommt eine herrliche Kombination.

24. Txh7+! Kxh7 25. Dh1+Kg7 26. Lh6+Kf6 27. Dh4+Ke5 28. Dxd4+Kf5 29. Df4 matt

Steinitz meinte zu dieser Partie: „Im allgemeinen bin ich kein gefährlicher Angreifer zu Beginn der Partie, aber ich entdeckte eine Schwäche am feindlichen Königsflügel, und man darf mir auch in meinem Alter nicht den Finger in den Mund stecken, sonst beiße ich zu."

Seitdem sind wohl Hunderte von Partien gespielt worden, in denen immer dieselbe Schwäche immer zum selben Ende (Beherrschung der Diagonale a2-g8 plus Opfer auf h7) führte. Dieser quasi gesetzmäßige Ablauf beweist klar die Richtigkeit von Steinitz' Theorie.

Trotzdem brachte ihn das „Evans-Gambit" im Match immer mehr in die Bredouille. Fast ständig lief er einem Rückstand nach. Erst fünf vor zwölf kam er zur Besinnung, stellte sein Eröffnungsrepertoire um und ging mit 9:8 in Führung. 10 Punkte waren das Ende; bei 9:9 sollte es Stichkampf geben. Fast 2000

Zuschauer wollten die nächste Partie sehen. Anfangs stand Steinitz gut, doch allmählich übernahm Tschigorin das Kommando. Gerade als dieser reelle Gewinnchancen hatte ... schoß er einen kapitalen Bock, der einzügig die Partie und damit die Titelchance wegwarf!

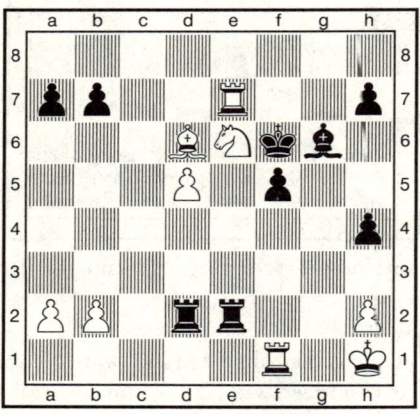

Tschigorin – Steinitz, Havanna 1892

1. Lb4??? Txh2+ 2. Kg1 Tdg2 matt!

Selbst Steinitz sprach von einem Pyrrhus-Sieg. Er war zwar noch einmal davongekommen; aber nun folgte ein langsamer Abstieg. Die tragische letzte Phase begann mit dem Tod seiner Frau – Steinitz sollte noch einmal heiraten – und seiner Tochter. Dann verlor er 1894 das WM-Match gegen Lasker (siehe nächstes Kapitel). Aber obwohl er auf die 60 zuging und die Gesundheit ihm immer mehr zu schaffen machte, konnte er sich mit dem Sturz vom Schachthron nicht abfinden. Er verdrängte die Realität immer mehr und träumte vom großen Comeback. Manche neuen Erfolge bestärkten diese Illusion. So etwa beim Turnier von Hastings 1895, einem der bedeutendsten, die es je gab, gelang ihm seine schönste Partie, und dies nicht in „typischem" Stil, sondern in dem seiner Jugend.

Steinitz – v. Bardeleben

1. e4 e5 2. Sf3 Sc6 3. Lc4 Lc5 4. c3 Sf6 5. d4 exd4 6. cxd4 Lb4+ 7. Sc3 d5 8. exd5 Sxd5 9. 0–0 Le6 10. Lg5 Le7 11. Lxd5 Lxd5 12. Sxd5 Dxd5 13. Lxe7 Sxe7 14. Te1 f6 15. De2 Dd7 16. Tac1 c6 17. d5! cxd5 18. Sd4 Kf7 19. Se6 Thc8 20. Dg4 g6 21. Sg5+ Ke8

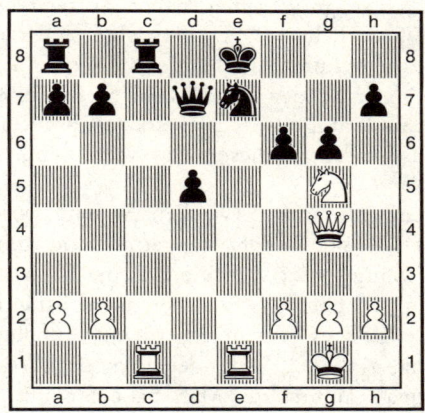

Steinitz – v. Bardeleben, Hastings 1895

22. Txe7+!! Kf8!

Falls Dxe7? 23. Txc8+ bzw. Kxe7 23. Te1+ Kd6 (Kd8 24. Se6+) 24. Db4+ Kc7 (Tc5 25. Te6+) 25. Se6+ Kb8 26. Df4+ mit Gewinn. Aber nun hängen sämtliche weißen Figuren, und auf c1 droht Matt!

23. Tf7+ Kg8 24. Tg7+!!

Schwarz gab auf – das heißt, er verschwand aus dem Saal und ward nicht mehr gesehen. Nach einigen Quellen ließ er seine Aufgabe später durch einen Boten mitteilen. Der Schluß wäre gewesen: 24.... Kh8 (Kxg7 25. Dxd7 mit Schach bzw. Kf8 25. Sxh7+) 25. Txh7+ Kg8 26. Tg7+ Kh8 27. Dh4+! Kxg7 28. Dh7+ Kf8 29. Dh8+ Ke7 30. Dg7+ Ke8 31. Dg8+ Ke7 32. Df7+ Kd8 33. Df8+ De8 34. Sf7+ Kd7 35. Dd6 matt.

In Hastings wurde Steinitz nur Fünfter, aber im Kandidatenturnier St. Petersburg 1896 errang er noch einmal den zweiten Platz, nur hinter Weltmeister Lasker, aber vor dem Sieger von Hastings, Pillsbury, den er in den sechs Durchgängen dieses Turniers mit 5:1(!) schlug. Damit erwarb er das Recht, eine WM-Revanche zu fordern, und das wurde sein Untergang. Seinen Seelenzustand in dieser Phase beschreibt Hannak als „Rausch, in der ihn wie religiöser Fanatismus durchglühenden Überzeugung seiner nahen Auferstehung, seiner glorreichen Wiederkehr ..." Er versuchte sich mit aller Gewalt durch Kneippkuren und andere Therapien fit zu machen, spielte am laufenden Band, sogar Simultanvorstellungen (trotz Gehbehinderung und Krücken) und, und, und ... Der Realitätsverlust nahm in dieser Zeit wohl schon krankhafte Züge an.

Es folgte ein grausames Erwachen. Steinitz verlor den Revanchekampf (Moskau 1896/97) vernichtend mit 2:10 bei fünf Remis. Wenig später wurde er in eine Irrenanstalt eingeliefert. Warum, ist ebenfalls eins der nie vollständig gelösten Rätsel. Fine erklärt es ganz nüchtern mit Anfällen von Geistesverwirrung, z. B. der Wahnidee vom drahtlosen Telefon, die hier erstmals auftauchte. Man habe Steinitz beobachtet, wie er aus dem Fenster sprach und sang und auf Antwort wartete. Der amerikanische Konsul (Steinitz war schon lange Bürger der USA) habe dann persönlich die Einweisung veranlaßt.

Man kennt auch die Version einer wildromantischen Liebesgeschichte mit einer jungen Russin, die angeblich Steinitz heiraten wollte; als dieser ablehnte, habe sie, um der Kompromittierung zu entgehen, ihn als wahnsinnig dargestellt und alle Schuld auf ihn geladen. Diese Darstellung beruht anscheinend aber nur auf Briefen von Steinitz selbst und ist daher mit größter Vorsicht zu beurteilen. Von einer Frau berichtet z. B. Fine gar nichts; bei anderen ist sie eine Sekretärin oder Botschaftsangestellte ohne persönliche Beziehung zu Steinitz. Wir werden es wohl nie erfahren ...

Hannak berichtet schon über frühere Anfälle von Steinitz (aber nichts über Symptome), die immer in Streßsituationen – positiver wie negativer Art – auftraten. Steinitz selbst läßt erkennen, wie schlimm es schon beim zweiten Tschigorin-

Match mit seinen Nerven stand: „Ich habe stundenlang dagelegen, mit weit offenen Augen, die wie Feuer brannten, und der Schlaf wollte nicht kommen. Am Ende des Wettkampfs war ich nervlich so strapaziert, daß ich mich noch Wochen danach nicht unter Kontrolle hatte und mich mit Champagner oder sonstigen Stärkungsmitteln aufrecht hielt, die mir künstlich Kraft gaben." Es muß, nebenbei bemerkt, ein „hochprozentiges" Match gewesen sein: Steinitz trank auf Anraten des Arztes Champagner für die Nerven; auf der anderen Seite stand bei Tschigorin angeblich die Brandyflasche neben dem Brett.

Man kann sich unschwer vorstellen, daß Steinitz, gerade nachdem er sich vor der WM-Revanche so aufgeputscht hatte, danach erst recht zusammenklappte. Die Diagnose der russischen Ärzte, die sinngemäß auf schweren Nervenzusammenbruch mit Geistesverwirrung als Folge lautete, dürfte gar nicht so falsch gewesen sein. Dazu kommt aber bestimmt ein tiefenpsychologischer Aspekt. Alle Steinitzschen Wahnideen wie das drahtlose Telefon oder seine berühmte Herausforderung an Gott, den er mit Vorgabe von Bauer und Zug schlagen wollte, haben mit Fähigkeiten zu tun, die gewöhnlichen Sterblichen fehlen. Fine deutet sie darum durchaus schlüssig als Wunschkompensation, ausgelöst durch den Verlust gegen Lasker. Nur Allmachtsphantasien in einer Wahnwelt konnten Steinitz vergessen lassen, daß er im wirklichen Leben nicht mehr Weltchampion war.

Dazu würde sogar passen, daß Steinitz in seinen letzten Jahren als umgänglicher denn je beschrieben wird; eher als schrulliger, aber liebenswerter alter Herr. Seine Aggressionen könnten sich mit dem Rückzug in seine Wahnwelt durchaus gelegt haben, weil er nun im Leben keinen Rang mehr zu erobern oder zu verteidigen brauchte.

Nach seiner Entlassung erholte er sich zeitweise erstaunlich gut. Bei seiner Rückkehr wurde er anscheinend sogar in den USA, obwohl er früher so unbeliebt war, herzlich empfangen – freilich nur, soweit es nichts kostete; in einem Spendenfond für seine Altersversorgung kam bei weitem nicht genug zusammen, so daß er als armer Mann starb. In Wien 1898 feierte er mit dem 4. Platz bei einer Marathondistanz von 36 Runden noch einen schönen Achtungserfolg. Auch im anschließenden, freilich schwächeren Kölner Turnier hielt er als Fünfter ganz gut mit. Dann ließen seine Kräfte rapid nach. In London 1899 erreichte er keine 50% der Punkte mehr. Es war sein letztes Turnier; am 12. August 1900 starb er in einem Sanatorium in New York.

V. Lasker (1894–1921)

Emanuel Lasker (* 1868, † 1941)

Viele Weltmeister waren als Charaktere umstritten, manche wegen ihrer Theorien wie Steinitz; aber ihr schachliches Können wurde selbst von den schärfsten Gegnern meist anerkannt. Nicht so bei Emanuel Lasker (1868–1941). Die meistgebrauchte Vokabel zur Beschreibung seines Spiels hieß „Glück"; manche unterstellten ihm gar Hypnose, und Bobby Fischer nannte ihn schlicht einen Kaffeehausspieler, der von Eröffnungen und Positionsspiel keine Ahnung gehabt habe. Lasker konnte nach zehn Zügen „im Hemd stehen" und trotzdem gewinnen; er hatte die vielleicht meisten Verluststellungen aller Weltmeister – aber er saß 27 Jahre auf dem Thron und zählte noch mit fast 70 zu den Besten der Welt. Nach einer Umfrage war er im Ausland der bekannteste Deutsche neben Wilhelm II. Selbst vielen ihm Wohlgesonnenen galt er als Rätsel. Aber auch er war nur seiner Zeit voraus, freilich auf einem Gebiet, von dem man bis dahin nicht glaubte, daß es mit Schach etwas zu tun hätte ...

In der Tat begann seine Laufbahn im Kaffeehaus; aber wie wir wissen, befand er sich da in traditionell guter Gesellschaft. In der Provinz geboren (Ende 1868 in Berlinchen), kam er mit 11 Jahren zu seinem älteren Bruder Berthold nach Berlin. Dieser brachte ihm während eines Krankenhausaufenthalts zum Zeitvertreib Schach bei. So kämpften bald beide in den Cafés um die Aufbesserung ihrer knappen Haushaltskasse. Lasker selbst sagte später, oft sei das Ziel nur gewesen, „als Abendessen einen Kaffee und ein Hörnchen zu verdienen, eine Hoffnung, die sich nicht immer erfüllte."

In der Schule ging es zunächst besser. Lasker muß großes mathematisches Talent besessen haben. Es heißt, daß er schon mit fünf Jahren schwierige Rechnungen im Kopf löste; später wurde er mit einer Prüfungsaufgabe in knapp einem Drittel der vorgegebenen Zeit fertig, das Ergebnis war korrekt. Schach scheint damals bei ihm keineswegs bereits die Hauptsache gewesen zu sein. Erst mit 20 Jahren gelang ihm ein lokaler Erfolg: Ein erster Platz im Hausturnier des Café Kaiserhof mit 20 Punkten aus 20 Partien; aber wer weiß, was für Gegner dabei waren? Jedenfalls trat Lasker nun zum nächsten deutschen Qualifikationsturnier 1889 in Breslau an. Nur der Sieger bekam den Meistertitel und die Chance auf eine internationale Karriere. In der Vorrunde kam Lasker noch glatt durch; doch im Finale wurde es eng. Sein Hauptkonkurrent war der später gänzlich unbekannt gebliebene von Feyerfeil. Von ihm erzählt man sich eine zwar groteske, aber durchaus nicht ganz unglaubhafte Episode: Demnach hatte von Feyerfeil eine Hängepartie, die für ihn schlechter, aber wohl haltbar stand. Bei Wiederaufnahme vergaß man jedoch, einen seiner Bauern aufzustellen. Der war zunächst nicht so wichtig, so daß die Spieler nichts merkten – aber zum Schluß entschied er die Partie. Hierauf kam Lasker punktgleich mit von Feyerfeil ins Ziel und gewann den Stichkampf ...

Trotzdem galt Lasker in Breslau damals nur als Randfigur. Gefeiert wurde Tarrasch, der überzeugend das Großmeisterturnier gewann – der erste so bedeutende Sieg eines Deutschen seit Anderssens Tod. Noch ahnte niemand, daß gerade Lasker und Tarrasch als Rivalen bald 20 Jahre die Schachwelt in Atem halten sollten.

Erst nach ein paar Jahren Praxis in kleineren Turnieren und Wettkämpfen (meist, aber nicht immer erfolgreich) wurde Lasker international ein Begriff. Doch seine Erfolge verblaßten gegenüber Tarrasch, der die Spitzenturniere dieser Jahre überlegen beherrschte. Nach dem Turnier von Dresden 1892 forderte Lasker Tarrasch zu einem Wettkampf heraus. Das war gewiß ein wenig unverfroren, denn der andere galt für viele schon als bester Spieler der Welt. Daß Tarrasch die Herausforderung ablehnte, dagegen ließ sich nichts sagen – nur gegen die Art, wie er es tat: „Der junge Mann soll erst durch größere Siege in internationalen Turnieren den Nachweis erbringen, daß er das Recht hat, mit einem Mann wie mir zu spielen."

Aber diese Arroganz wurde Tarrasch zum Verhängnis, und gerade die besagte Bemerkung führte ihn in eine psychologische Falle, aus der er nie mehr herausfand. Tarrasch war für einen Schachspieler mit vielen guten Eigenschaften wie Fleiß, Gründlichkeit, Perfektionismus und Korrektheit gesegnet, aber auch mit weniger schönen: ungehemmt dröhnende Selbstgerechtigkeit in Verbindung mit dem wilhelminischen „Ehrbegriff", der nur dem äußeren Schein und der formellen Würde galt (Anfang des 20. Jh. forderte in Deutschland tatsächlich ein Schachspieler seinen Gegner wegen „geringschätzigen Benehmens am Brett" zum Duell, auch wenn es zu guter Letzt soweit nicht kam). Von diesem Ungeist war auch Tarrasch infiziert, sehr zu seinem Schaden, denn er zögerte und zauderte stets, etwas zu riskieren, was im Fall des Mißlingens seinem Status in der Schachwelt hätte schaden können. Als Charaktere hatten beide wenig gemeinsam: Lasker war ein Weltbürger im Vergleich zu dem nationalkonservativen Tarrasch; Lasker war offen und ehrlich dem schnöden Mammon zugetan, er scheute sich nie, für damalige Verhältnisse immense Forderungen zu stellen und nicht zu spielen, wenn sie nicht erfüllt wurden, während Tarrasch für Ehre und Vaterland kämpfte (als gutsituierter Arzt war er auch nicht von Schachpreisen abhängig). Von allem übermäßig Geregelten, Geordneten oder gesellschaftlichen Konventionen hielt Lasker nichts. „Sein Privatleben war chaotisch", schreibt Schonberg. „Selten ging er vor drei Uhr morgens zu Bett. Nie trug er eine Uhr bei sich; er aß halt, wenn er Hunger verspürte, und schlief, wenn er müde war." Auch am Brett tat Lasker, was ihm zweckmäßig schien und nicht, was irgendeine Theorie verlangte. Hatte er etwas als richtig oder chancenreich erkannt, dann griff er entschlossen zu, ohne Scheu davor, daß es auch schiefgehen konnte.

Schon beim jeweils ersten Griff nach dem Titel stach der unterschiedliche Charakter von Lasker und Tarrasch hervor. Nach dem zweiten Steinitz-Tschigorin-Match war Tarrasch zwei Jahre lang international der würdigste Bewerber. Hätte er Steinitz herausgefordert, wäre er zu 99 % Weltmeister geworden – aber er tat es nicht. Er gab an, daß er seine ärztliche Praxis nicht so lange im Stich lassen wollte; doch 1893 spielte er ein genauso umfangreiches Match ... in St. Petersburg gegen Tschigorin. Man glaubt denn auch allgemein, daß Tarrasch, der zuvor nie einen großen Zweikampf absolviert hatte, gemäß seinem Charakter den Angriff lieber doppelt und dreifach vorbereiten als ein Scheitern riskieren wollte. Vielleicht wollte er das Ergebnis gegen Tschigorin auch als Omen für das WM-Match selbst nehmen. Wenn dem so war, dürfte er kaum schlauer geworden sein, denn der Kampf endete 9:9 (vier Remis).

Ganz anders Lasker. Nachdem er bei Tarrasch nicht weiterkam, ging er direkt Steinitz an. Er fuhr nach Amerika und Kuba, räumte dort 1893 gewaltig auf (u.a. gewann er ein Turnier in New York mit 13 aus 13!) und erlangte auf diese Weise die Reputation, um den Weltmeister herausfordern zu können. Über die Modalitäten des Zweikampfes wurde man rasch einig. Er fand von März bis Mai 1894 statt; sein Verlauf war, wie allgemein erwartet: Der alte Steinitz war strategisch immer noch auf der Höhe, doch seine körperliche Verfassung reichte für die Strapaze nicht mehr aus. Nach anfänglichem Gleichstand gewann Lasker fünf Partien in Folge und insgesamt schließlich 10:5 bei vier Remis. Lasker spielte keine großen Partien, sondern nützte nur entschlossen die Schwächen und Patzer des Gegners; das genügte.

Weil sich Tarrasch für stärker als Lasker hielt, brachte er es nun erst recht nicht übers Herz, auf den anderen zuzugehen. Was ihn umtrieb, sagte er deutlich erst Jahre später nach seinem Sieg über Marshall: „Nach dieser meiner neuesten und größten Leistung habe ich keine Veranlassung, irgend jemand in der Schachwelt als über mir stehend anzuerkennen ... Ich bin bereit, unter billigen Bedingungen einen Wettkampf mit Lasker zu spielen, aber herausfordern werde ich ihn nicht; das tut der, der das geringere Renommee und geringere Erfolge hat ... An der Schachwelt ist es, diesen Wettkampf, wenn sie Interesse daran hat, zustande zu bringen." Tarrasch wollte ein Match von oben herab diktieren, durch das Gewicht seiner eigenen Erfolge. Als er dann endlich ans Ziel kommen sollte, würde er schachlich über seinen Zenit hinaus sein ...

Eine große Chance hätte er 1895 in Hastings gehabt. Der Sieger dieses Turniers galt nach allgemeiner Ansicht als wahrer Weltmeister; er hatte zumindest den moralischen Anspruch auf ein Match mit Lasker. Aber zur größten Verblüffung siegte ein Newcomer: der Amerikaner Pillsbury. Zweiter wurde Tschigorin, den viele schon abgeschrieben hatten; erst dann folgten Lasker, Tarrasch und Steinitz.

Das Durcheinander war nun perfekt. Alle, die einen WM-Anspruch hatten (Lasker, Tarrasch, Steinitz, Pillsbury und Tschigorin) wurden zu einem Turnier nach St. Petersburg eingeladen, sechsmal jeder gegen jeden. Tarrasch sagte erneut ab und bereitete in Nürnberg, wo er lebte, ein eigenes Spitzenturnier vor. Die anderen vier traten an, und nun machte Lasker, der in Hastings gerade von einer schweren Krankheit genesen war, reinen Tisch. Er siegte mit zwei Punkten Vorsprung, obwohl er gegen Pillsbury mit 2,5:3,5 den Kürzeren zog. Immerhin schlug er diesen in seiner wohl hochwertigsten Partie überhaupt.

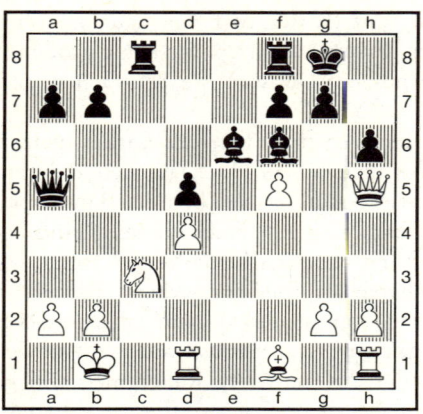

Pillsbury – Lasker, St. Petersburg 1896

(Nach dem 17. Zug von Weiß)

17... Txc3!! 18. fxe6

Die Verwicklungen dieser Partie würden hier völlig den Rahmen sprengen. Nach 18. bxc3 Dxc3 gibt Lasker z. B. zwei Hauptvarianten an: 19. fxe6 Db4+ 20. Ka1 (nach 20. Kc2 Tc8+ 21. Kd3 Dxd4+ geht es Weiß auch schlecht) 20... Tc8! und nun droht einfach Tc2 oder effektvoll Lxd4+ 22. Txd4 Tc1 matt bzw. umgekehrt Tc1+ 22. Txc1 Lxd4+. Schachs auf f7 bringen Weiß nichts. Die zweite Möglichkeit ist 19. Df3 Db4+ 20. Db3 Lxf5+ 21. Ld3 Dxb3+ 22. axb3 Lg4 23. Td2 Lxd4 24. Lc2 Lf6 25. Txd5 Le6 und mit zwei Bauern plus Läuferpaar für die Qualität steht Schwarz besser (Lasker).

18... Ta3!! 19. exf7+ Txf7 20. bxa3 Db6+ 21. Lb5

Auf 21. Ka1 folgt Lxd4+ 22. Txd4 Dxd4+ 23. Kb1 De4+ nebst Tf2.

21... Dxb5+ 22. Ka1 Tc7 23. Td2 Tc4 24. Thd1 Tc3

Die weiße Mehrqualität fällt wegen der passiven Türme nicht ins Gewicht; um so mehr die offene Königsstellung.

25. Df5 Dc4 26. Kb2 Txa3! 27. De6+ Kh7 28. Kxa3 Dc3+ 29. Ka4 b5+ 30. Kxb5 Dc4+ 31. Ka5 Ld8+ und Matt im nächsten Zug.

Ein wenig Glück freilich hatte Lasker trotzdem: da Steinitz

überraschend Zweiter wurde, bekam der Weltmeister den wohl ungefährlichsten Gegner für ein neues WM-Match. Wie dieses endete, wissen wir bereits.

Bevor es aber soweit war, wurde noch Nürnberg 1896 gespielt, Tarraschs letzte Trumpfkarte, und sie sollte wieder nicht stechen. In dem Turnier, das kaum schwächer besetzt war als jenes in Hastings, kam der vormals „Unbesiegbare" nur auf Platz 3 (geteilt mit Pillsbury); der Turniersieg ging erneut an Lasker. Dafür kam nun die Redeweise von Laskers „Glück" auf. Im Turnierbuch rechnete Tarrasch vor, wie viele Punkte die Spitzenreiter nach seiner Meinung von den Gegnern geschenkt bekamen. Das Ergebnis kann man sich denken: Nach dieser Rechnung buchte Lasker fünf Glückspunkte (Tarrasch nur einen); der Weltmeister hätte also im Mittelfeld enden müssen und jedenfalls weit hinter Tarrasch . . .

Betrachten wir einen solchen „Glücksfall", einen entscheidenden Moment des Turniers, wonach Tschigorin (der bis dahin hart um die Führung mitkämpfte) den Faden verlor, während Lasker sich abzusetzen begann.

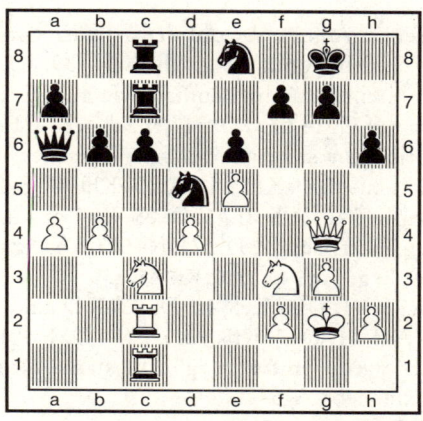

Lasker – Tschigorin, Nürnberg 1896

(Nach 28 Zügen)
Es ist klar, daß Weiß am Damenflügel nichts mehr zu melden

hat und zumindest bald einen Bauern verliert. Gibt es dafür irgendeine Kompensation? Immerhin ist das Brett noch ziemlich voll, und Weiß hat die Dame am Königsflügel, während die schwarze weit vom Schuß steht. Ein Angriff auf „alles oder nichts" scheint also die einzige Chance. Aber Lasker trifft eine ganz andere, auf den ersten Blick völlig paradoxe Wahl: Er geht mit Minusbauer ins Endspiel!

29. Sxd5 cxd5 30. Txc7 Txc7 31. Txc7 Sxc7 32. Dh4 Dxa4 33. De7

Was will die einsame Dame da? Der Springer hat keine Felder, über die er zu Hilfe kommen könnte. Schwarz braucht also nur seinen Mehrbauern laufen zu lassen – oder nicht? Aber gerade für diesen Fall hat Lasker eine Fortsetzung in petto, die so langsam erscheint, daß sie wohl kaum ein Normalsterblicher überhaupt in Betracht gezogen hätte. Das ist die Falle, in die Tschigorin ahnungslos hineinmarschiert.

33... Dc2? 34. h4 a5 35. bxa5 bxa5 36. h5 a4 37. g4 Dc1

Bereitet a3 vor und auf 38. g5? zugleich Df4!, drohend Dg4+ mit Figurgewinn. Noch scheint Schwarz auf dem richtigen Weg...

38. Kg3!!

In aller Gemütsruhe – obwohl der a-Bauer einmarschbereit steht! Auf 38... a3 folgt nun 39. g5 (droht g6) 39... hxg5 40. Sxg5 und da sowohl ein Grundreihenmatt wie auch Dxf7+ drohen, muß Schwarz mit Dg1+ usw. Dauerschach geben. Entweder war dies Tschigorin zu wenig, oder er hat übersehen, daß er nach 40. Dd8+ nicht mit 40... Kh7? 41. Sxg5+Kh6 42. Sxf7+ verlieren muß, sondern mit 40... Se8! 41. Dxe8+Kh7 gewinnt (es droht wieder Df4+), selbst nach 42. Dxf7 Df4+! 43. Dxf4 gxf4+ nebst a2.

38... g5? 39. hxg6 fxg6 40. Dd8+Kf7 41. g5!

Schlecht wäre 41. Df6+Ke8 42. Dxg6+Kd7 und der a-Bauer entscheidet. Auf 41. Dd7+Kf8 42. Dxa4 (42. Dd8+? Se8) aber hätte Schwarz wieder mit 42... g5! die starke Drohung Df4+. Jetzt droht gxh6 nebst Sg5+.

41... h5 42. Dd7+Kf8 43. Dxa4

Nun hat Schwarz diesen schönen Bauern für nichts verloren; die Partie konnte er vielleicht sogar noch halten, aber die plötzliche Wendung war bestimmt zu viel für ihn.

43. ... h4+? 44. Kg4 Dh1 45. Dd7 Dg2+46. Kf4 Se8 47. Dxe6 Dxf2 48. Dxg6 Dg3+49. Ke3 Dg4 50. e6 Sd6 51. Df6+Ke8 52. Dh8+Ke7 53. Dg7+Schwarz gab auf (53. ... Kxe6 54. Df6+Kd7 55. Se5+ mit Damengewinn).

Wie kann es zu solch einem Umschwung kommen? Zum einen sicher durch objektive Stärken Laskers wie gute Nerven, Kaltblütigkeit und sein vorurteilsloses Denken, mit dem er auf Ideen kam, auf die andere nie verfallen wären. Aber noch etwas spielt natürlich mit – die Psyche des Gegners. Tschigorin war, wie wir wissen, zwar kein bloßer Angreifer, aber erst recht kein Defensivspieler. Er verteidigte sich nur, wenn es ihm unbedingt nötig schien und er eine konkrete Gefahr sah. Genau die hatte Lasker aber so gut hinter einer äußerlich harmlosen Fortsetzung maskiert, daß er hoffen konnte, sie werde Tschigorin bei dessen aktivem Denken nicht auffallen – und als jener sie dann sah, war der Schock so groß, daß er regelrecht einbrach.

Das war Laskers Erfolgsrezept: Er bezog den Gegner als Person, mit allen Stärken und Schwächen, in sein Spiel ein. Das war völlig neu, ja geradezu revolutionär, undenkbar. Im System von Steinitz hatte der Mensch keinen Platz. Der Meister selbst erklärte, sein Gegner spiele überhaupt keine Rolle, es könne genausogut ein Abstraktum oder ein Automat sein. Wichtig sei nur die Suche nach der objektiven Wahrheit, dem „besten Zug".

Schachlehrer Tarrasch baute auf Steinitz' Lehren auf, entwikkelte sie aber auch positiv weiter, wobei er vor bissiger Kritik nicht zurückschreckte. Über eine Eröffnungsidee von Steinitz schrieb er: „Von solchen abscheulichen Manövern war er ein großer Freund, und merkwürdigerweise glückte es seinem Eigensinn auch sehr oft, sich damit durchzusetzen ..." Tarrasch legte viel mehr Wert auf Dynamik als Steinitz: „Ich habe oft genug betont, daß es meiner Ansicht nach viel mehr auf die gute Stellung der Figuren als auf die der Bauern ankommt." Freies Spiel war ihm – ein durchaus moderner Gedanke – eine statische Schwäche oder sogar Materialverlust wert. Er verstand es auch, einfache und griffige Regeln aufzustellen, die jeder sich merken konnte; viele davon sind zeitlos gültig. Als Pädagoge und Selbstdarsteller war er zweifellos viel begabter als Steinitz, und so bestimmten seine Werke lange das schachliche Denken seiner Zeit. Wenn nur seine unerträgliche Dogmatik und Rechthaberei nicht gewesen wäre! Was immer er fand oder zu finden glaubte, erklärte er sogleich zur absoluten Wahrheit, die aber auch wiederholt zugunsten neuer „Wahrheiten", die er entdeckt zu haben glaubte, wechselte; selbstverständlich pochte er auch dort auf seine Prinzipien, wo ihre konsequente Befolgung zu krudem Unsinn führte. In der Auffassung, in jeder Stellung *müsse* es die objektive Wahrheit geben, und es sei nur oft schwer, unter mehreren gut aussehenden Zügen den „besten" zu finden, ähnelte und übertraf er bisweilen sogar Steinitz. Der Gegner als Mensch und Charakter hatte in dem Weltbild beider nichts zu suchen.

Kein Wunder, daß in der von diesen Lehren geprägten Schachwelt lange niemand Laskers Spiel begriff. Der erkannte eine solch objektive Wahrheit nur dann an, wenn die diskutierte Stellung eine zwingende, berechenbare Lösung enthielt. Ansonsten, meinte Lasker, gebe es vor allem im Hinblick auf die Eröffnung und die Strategie im Mittelspiel so viele gute Züge wie verschiedene Gegner. „Dieser Zug ist gegen Tarrasch sehr gut; gegen Janowski wäre er ein grober Fehler" soll er einmal gesagt haben. Prompt versuchte er immer das aufs Brett zu bringen, was nach seiner Ansicht dem Gegner am unbequemsten war und dessen Schwächen ausnutzte. Es ging ihm also nicht um den „wissenschaftlich" richtigen, sondern den konkret unangenehmsten Zug für sein jeweiliges Gegenüber.

So einfach, wie sich das anhört, ist diese Maxime aber beileibe nicht umzusetzen. Um sich auf jeden Gegner einstellen zu können, muß man zunächst einmal selbst alle Stilarten beherrschen. Normal ist, daß ein Spieler Stellungen anstrebt, die ihm selbst liegen; der Gegner kommt erst in zweiter Linie. Laskers Markenzeichen war aber gerade, daß er eigentlich keinen eigenen Stil oder Vorlieben hatte; wie ein Chamäleon paßte er sich stets dem Gegner an. Den Ausdruck „psychologisch" sah er selbst übrigens für sein Spiel nicht gern verwendet; sein Lieblingswort war der „Kampf", Schach als Spiegelbild des Lebens.

Dabei schreckte er nicht vor der äußersten Konsequenz zurück: Er spielte, wie Reti später etwas überspitzt formulierte, oft „absichtlich schlecht". In der Eröffnung suchte er gewöhnlich aus den bekannten Bahnen herauszukommen, damit der Gegner nach eigenem Kopf spielen und dabei seinen Charakter zeigen mußte. Um diesen zu erkennen, nahm Lasker die eine oder andere Null in Kauf. Während seines Matchs mit Tarrasch, als er 3:1 führte, mit acht Gewinnpartien als Ziel, schrieb er: „Wie sich einer im Glück und Unglück verhält, wie in Bedrängnis oder in bequemen Lagen, wie, wenn die Hoffnung rege wird und wie, wenn sie weicht – alles dies macht die Spielstärke aus. Sie ist nicht bloß ein meßbares Ding wie etwa die Temperatur, sondern aus mehreren solchen Dingen zusammengesetzt. Und daher bedarf die Erkundung der psychologischen Stärkeverhältnisse einer Reihe von Partien, in denen die Gegner sich in den verschiedensten Lagen gegenüberstehen. Die Etappe von drei Points bedeutet, daß das Werk der Erkundung vorbei sein müsse. Sie ist der Punkt, bis wohin der eine den anderen fast ohne Gefahr gelangen lassen kann, wofern er nur dessen Eigenart dabei erkannt hat." Also, Lasker hielt es sogar für gerechtfertigt, dem Gegner notfalls „Punkte vorzugeben", um seinen Charakter herauszubekommen! Vielleicht wundert es jetzt weniger, wieso er so relativ oft auf Verlust stand...

Nicht nur in diesem Punkt dachte Lasker anders als gewöhnliche Spieler. Er schreibt mehrfach sinngemäß, wenn man überzeugt sei, das Richtige zu tun, brauche man nicht unzählige Varianten zu berechnen. Man könne sich darauf verlassen, daß die guten Züge im gegebenen Moment da seien; nur müsse man sie dann auch finden. Aber „wer erst richtig spielt und dann sucht, wird immer finden", erklärte er.

Wir werden noch praktische Beispiele sehen; doch im Moment sind wir wieder im Jahr 1896, da sich Lasker endgültig als Weltmeister etabliert hatte. Danach zog er sich erst einmal zurück, und auch das war typisch für ihn. Lasker hat nie sehr viel gespielt – angeblich in seiner langen Laufbahn nur etwa 600 ernste Partien; ein moderner Meister bringt das in wenigen Jahren zustande. Lasker aber pflegte außer Schach eine Fülle anderer

Interessen. So leistete er außer im Schach Beachtliches auch auf dem Gebiet der Mathematik. Darüber hinaus schrieb er gemeinsam mit seinem Bruder ein Theaterstück, befaßte sich mit verschiedenen Karten- und Brettspielen, brachte sogar ein eigenes heraus und versuchte sich mit großem Ehrgeiz als Philosoph. Er wollte aus dem Schach eine allgemeine Kampftheorie ableiten, die den Krieg ablösen und beseitigen sollte; später wollte er aus den Denkmethoden des Schachspielers die „Gesellschaft der Zukunft" (Buchtitel) entwickeln. Doch mag zwar Schach ein Spiegelbild des Lebens sein, aber deswegen läßt sich umgekehrt das Leben noch lange nicht wie eine große Schachpartie behandeln. Auch Einstein, der zu Laskers Bekannten zählte, stellte fest, daß jener „den Geist dieses Spiels nie ganz loswerden konnte, auch wenn er sich mit philosophischen und menschlichen Problemen beschäftigte". In diesem Punkt ist Lasker gerade an seinem schachorientierten Denken gescheitert.

Wie viele hochgeistige Menschen war Lasker im praktischen Leben oft recht hilflos. Einige seiner geschäftlichen Unternehmungen scheiterten kläglich – bisweilen aus erstaunlich einfachen Gründen. Laut Schonberg probierte er als Taubenzüchter lange vergeblich, männliche Tiere zu paaren, bis ihm ein Licht aufging. Nach dem Ersten Weltkrieg legte er sein Geld in Reichsmark an und wurde wie Millionen anderer erfolgreich vom Staat betrogen. Es gibt eine Fülle von Anekdoten, die ihn als „zerstreuten Professor" erscheinen lassen; von kleinen Zetteln mit Tips, die ihm seine Frau auf Reisen zur Orientierung im Alltag mitgeben mußte, bis zu der traurigen Begebenheit, da er sein Hotel nicht wiederfand und einen Freund telegrafisch bat, ihm die Adresse mitzuteilen. Leider vergaß er dabei im Telegramm anzugeben, wo er gerade zu erreichen war...

Aber zurück zum Schachgeschehen. Während Lasker pausierte, sorgte Tarrasch für Schlagzeilen, als er das Riesenturnier Wien 1898 (36 Runden plus Stichkampf) gewann. Danach griff Lasker wieder ein. In London 1899 und Paris 1900 feierte er Triumphe, die auch Fischer oder Kasparow kaum hätten überbieten können: einmal mit 23,5 Punkten aus 28 Partien (4,5 Zähler vor dem Zweiten), im zweiten Fall sogar 14,5 aus 16, wenn auch diesmal „nur" mit zwei Zählern Vorsprung. Dann aber zog er sich erneut zurück, für fast vier Jahre. In dieser Zeit machte er seinen Doktor und siedelte nach Amerika über, wo er eine Schachzeitschrift herausgab, die allerdings bald einging. In schachlicher Hinsicht schadete ihm die lange Pause. 1904 nahm er am Turnier von Cambridge Springs teil, dem seit langem bedeutendsten in den USA. Außer Übung, gelang es ihm nur mit größter Mühe, gerade noch den 2. Platz mit Janowski zu teilen, während der neue Stern Marshall mit zwei Punkten Vorsprung triumphierte. Hier geriet übrigens Lasker in die Fallstricke einer Hausanalyse Pillsburys, der die Eröffnung ihrer Partie von 1896 verbessert hatte, und verlor vernichtend – der letzte große Erfolg Pillsburys, der bereits 1906 starb.

Nun regte sich Laskers Konkurrenz. In den USA wollte man natürlich ein Match Marshall – Lasker sehen, und auch Tarrasch, der 1903 in Monte Carlo wieder ein großes Turnier gewonnen hatte, erhob seinen Anspruch. Da er schon über 40 und zudem fast sieben Jahre älter als Lasker war, sah er wohl ein, daß er sich beeilen mußte, wenn er noch zu einem WM-Kampf kommen wollte. Aber diesmal verhinderte höhere Gewalt ein Zustandekommen des Matchs: Tarrasch erlitt einen Unfall, und die Verhandlungen scheiterten dadurch schon im Anfangsstadium.

Apropos Verhandlungen. Sie wurden ein Dauerthema der nächsten Jahre, und Laskers Verhalten in solchen Fragen brachte die Öffentlichkeit in Rage. Er stellte nicht nur, wie früher erwähnt, horrende Geldforderungen, er zermürbte auch die Herausforderer durch Bedingungen über Bedingungen, was Spielort, -zeit, Länge des Matchs und Zahl der Siege anbelangte. Ein Schachschreiber wütete, Lasker wolle womöglich noch in einem Ballon oder in einer Kohlengrube spielen. Man kann diese Verhandlungen wohl kaum mehr rekonstruieren, doch der häufig pauschal geäußerten Ansicht, er habe Wettkämpfe und damit die Gefahr einer Niederlage grundsätzlich verhindern wollen, möchten wir uns nicht anschließen. Selbst Tarraschs Schilderung der Ereignisse vor dem Match 1908 läßt erkennen, daß Lasker schließlich Entgegenkommen zeigte, nachdem seine Forderungen die Grenze des Machbaren erreicht hatten.

Zudem gab es jahrelang keinen wirklich eindeutigen Rivalen. Marshall ließ seinem Triumph von Cambridge Springs zunächst kein vergleichbares Resultat mehr folgen und verlor 1905 ein Match gegen Tarrasch mit 1:8 bei acht Remisen. Danach hielt Tarrasch jene früher zitierte Rede, in der er Lasker auch mit der Äußerung attackierte, es sei gewiß schwerer gewesen, den jungen Marshall als den alten Steinitz zu schlagen. Aber 1906 erlitt Tarrasch selbst eine schwere Niederlage, die er in seiner Schilderung der Dinge mit vornehmem Schweigen übergeht: Ausgerechnet in Nürnberg wurde er nur 9.–11. unter 17 Spielern und erreichte nicht einmal 50 %, während Marshall mit Vorsprung gewann. Lasker verhandelte in dieser Zeit mit einem anderen Anwärter, dem Ungarn Maroczy; doch die Verhandlungen scheiterten im Laufe des Jahres 1906.

Schließlich gab Lasker dem öffentlichen Druck nach, schraubte zunächst seine Forderungen gegenüber Marshall herunter und trug immerhin in knapp vier Jahren vier Titelkämpfe aus. Mit Marshall hatte er wenig Probleme. Dessen Schwächen und Stärken waren so handgreiflich, daß man kein großer Psychologe sein mußte, um sie zu erkennen. Marshalls Selbsteinschätzung war durchaus richtig: „Ich glaube, ich spiele etwa so, wie Jack Dempsey boxte" – das heißt, er drosch von Anfang an auf den Gegner ein und ließ ihn möglichst gar nicht zur Besinnung kommen. Zwar war Marshall positionell weiter entwickelt als die früheren Romantiker – die Steinitz-Schule machte sich bezahlt –, und er hätte vielleicht gar keinen schlechten Strategen abgegeben, doch sein Sinn stand nicht danach. Sein größtes Vergnügen war es, mit dubiosen Angriffen und Opfern den Gegner zu „beschwindeln" – dieses Wort ging ihm voraus, wo immer er auftrat; und, man möchte fast sagen zu seinem Unglück, gelangen ihm seine „Schwindeleien" so oft, daß er seine Spielweise auch nicht ändern konnte, wenn es gegen die Stärksten ging. Die aber ließen sich nicht beschwindeln. Lasker deklassierte Marshall Anfang 1907 mit 8:0 bei sieben Remis, und als nächstes stand endlich der „Kampf der Giganten" auf dem Programm. Denn im gleichen Jahr gelang Tarrasch der Coup, der seiner „Ehre" Genüge tun sollte: Ostende veranstaltete ein „Champion-Turnier", dessen Sieger sich Turnierweltmeister nennen durfte. Ein leerer Titel natürlich, und nur sechs Spieler traten an, darunter der fast 60 jährige Burn und der schwer kranke Tschigorin; er starb im nächsten Jahr. Aber Tarrasch gewann, nahm frohlockend den Titel an und jubilierte in seiner Vorgeschichte zum WM-Match: „Damit war ich offiziell als Laskers ebenbürtiger Nebenbuhler um die Weltmeisterschaftswürde anerkannt worden..." Jetzt konnte er es mit seiner Ehre vereinbaren, auf Lasker zuzugehen und sogar in den Verhandlungen Konzessionen zu machen.

So kam es im August 1908 endlich zu dem längst überfälligen Treffen. Die Begrüßung erledigte Tarrasch mit einem berühmt gewordenen Satz: „Für Sie, Herr Dr.Lasker, habe ich nur drei Worte: Schach und Matt." Sprach's und verlor gleich die beiden ersten Partien. Die zweite ist eine der typischsten Laskers, besonders wenn man Tarraschs Kommentare dazu liest. Sie beschreiben exakt, wie Laskers Spiel auf ihn wirkte und wie er es doch nicht begriff.

Tarrasch – Lasker, 2. Partie
1. e4 e5 2. Sf3 Sc6 3. Lb5 Sf6 4. 0–0 d6 5. d4 Ld7 6. Sc3 Le7

Lasker wählt eine solide, aber passive Spielweise; nach seinen Kommentaren zu schließen, weil er sehen wollte, wie Tarrasch auf den Verlust der 1. Partie reagiert.

7. Te1 exd4 8. Sxd4 0–0 9. Sxc6 Lxc6 10. Lxc6 bxc6 11. Se2!

Inzwischen ist klar, daß Tarrasch keinen Angriff auf Biegen und Brechen, sondern ein Druckspiel ohne Risiko anstrebt, und das macht er sehr gut. Der Springer soll über d4/g3 nach f5 kommen; nimmt Schwarz auf e4, erlangt Weiß durch Sd4 augenblicklich eine Gewinnstellung, und g7-g6 macht die Wirkung des später nach b2 kommenden Läufers noch gewaltiger. Schwarz droht in einer perspektivlosen Defensive zu landen, und solche Stellungen „heimzuschieben" gelang Tarrasch meist unfehlbar.

11... Dd7 12. Sg3 Tfe8 13. b3 Tad8 14. Lb2 Sg4!?!

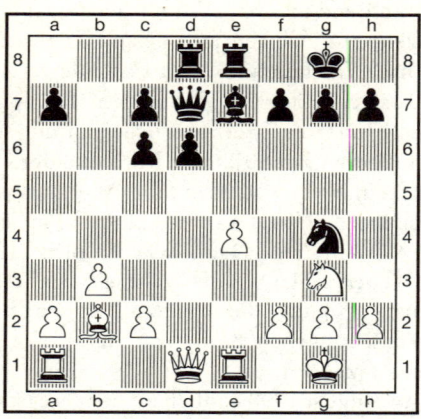

Tarrasch – Lasker, Düsseldorf 1908

Nach Tarrasch schlicht ein Versehen. Es kam ihm bestimmt nie in den Sinn, daß Lasker dies absichtlich gespielt haben könnte. Objektiv hat Tarrasch recht: Der Zug ist nicht gut. Aber hier erleben wir, wie Lasker „absichtlich schlecht" spielt.

15. Lxg7! Sxf2

Hoffnungslos wäre Kxg7 16. Sf5+ nebst Dxg4. Jetzt hat Weiß folgende Alternativen: 16. Dd4 Sg4 17. Sf5 oder zunächst 17. Tf1 mit starkem Angriff oder 16. Kxf2 Kxg7 17. Sf5+Kh8 18. Dd4+ mit Gewinn des Ba7. Der erste Weg war wohl der beste, Tarrasch wählte den zweiten. Hören wir die Spieler:

Lasker: „Hätte er (Tarrasch) mit kühnem Wagemut ... den kleinen materiellen Vorteil verschmähend, sich auf das Meer der großzügigen Angriffskombination eingeschifft – er hätte wohl den Sieg errungen. Freilich, gefahrlos, ohne Kompensation, den materiellen Vorteil nach Hause zu bringen, das ging nicht an. Diese Alternative hatte ich ihm gestellt. Er fehlte..."

Tarrasch: „Aber da trat die Nachwirkung der vorhergegangenen Verlustpartie bei mir ein. Ich war im 16. Zuge unschlüssig, ob ich auf Fortsetzung des Angriffs oder auf Bauerngewinn spielen sollte, und zog die letztere Chance vor, weil ich mir sagte, daß der Angriff möglicherweise doch abgeschlagen werden könnte und ich es dann bereuen würde, nicht ganz einfach den Bauern mitgenommen ... zu haben. Hätte ich die erste Partie nicht verloren, so hätte ich sicherlich lieber auf Angriff gespielt..."

Lasker hatte also genau den wunden Punkt des Gegners erwischt. Konnte er Tarraschs Seelenzustand erraten? Wir glauben schon. Tarraschs Eröffnung zeigte klar, daß er „ruhig" gewinnen und keinesfalls noch einmal verlieren wollte. Da die Partie genau auf dem Weg dahin war, mußte Lasker um jeden Preis dieses Konzept des Gegners durchkreuzen. Der 14. Zug garantierte ihm, daß Tarrasch, wenn er den „besten" Weg wählte, in eine Art Spiel geriet, die nicht zu seiner Einstellung paßte, und daraus ergab sich ferner die große Chance, daß Tarrasch den weniger starken Zug vorziehen würde.

Wer will, mag das ein Va-banque-Spiel nennen; wir halten es für die subjektiv beste Chance. Bei „normalem" Verlauf hätte Lasker mit ziemlicher Sicherheit verloren, zumal er selbst sagte, daß Tarrasch in der Ausnutzung kleiner Vorteile besonders stark und ihm selber wohl überlegen sei.

Aber noch steht die Partie für Weiß ja keineswegs verloren – sehen wir weiter.

16. Kxf2 Kxg7 17. Sf5+ Kh8 18. Dd4+ f6 19. Dxa7 Lf8 20. Dd4 Te5!

Wie Tarrasch schreibt, riß ihn dieser Zug aus seinen Illusionen. Er glaubte offenbar an keine Kompensation für den Bauern. Aber nun droht d6-d5, was den Be4 und den Sf5 aushebelt, oder auch ein Aufmarsch in der e-Linie. Die Erkenntnis, nun auf der Hut sein zu müssen, statt bequem den Punkt einzustecken, dürfte Tarrasch sehr verunsichert haben. Der beste „Verteidigungszug", der wohl den weißen Vorteil behauptet hätte, wäre g2-g4 gewesen, um den Sf5 zu stützen – ein scheinbar schwächender und riskanter Zug. „Aus einer unbestimmten Furcht", so Tarrasch, konnte er sich dazu nicht entschließen. Es war aber nichts anderes als dieselbe Unsicherheit, die ihn schon beim 16. Zug dazu trieb, den Spatz in der Hand zu nehmen. Wenn er sich dort in günstiger Lage nicht anzugreifen traute, wie sollte er jetzt, erschrocken an Verteidigung denkend, einen so mutigen Zug wie g2-g4 machen?

Der Rest ist rasch erzählt. Tarrasch spielt weiter wie das Kaninchen vor der Schlange, kommt zu allem Überfluß auch noch in Zeitnot und geht sang- und klanglos unter.

21. Tad1 Tde8 22. Dc3 Df7 23. Sg3 Lh6 24. Df3 d5 25. exd5 Le3+ 26. Kf1 cxd5 27. Td3 De6 28. Te2 f5 29. Td1 f4 30. Sh1 d4 31. Sf2 Da6 32. Sd3 Tg5 33. Ta1 Dh6 34. Ke1 Dxh2 35. Kd1 Dg1+ 36. Se1 Tge5 37. Dc6 T5e6 38. Dxc7 T8e7 39. Dd8+ Kg7 40. a4 f3 41. gxf3 Lg5 **Weiß gab auf.** (42. Txe6 Txe6 nebst evtl. Lh4 und K. o. auf e1).

Tarraschs Kommentare zeigen, daß er von Psychologie im Schach überhaupt keine Vorstellung hatte. Es ging einfach über sein Begriffsvermögen, wie er solch eine Partie verlieren konnte. Selbst so aparte Begründungen wie das „Seeklima" des Spielorts Düsseldorf mußten zur Erklärung herhalten. Als man später aber nach München umzog und es auch dort nicht besser ging, vermissen wir den Föhn in der Ursachenforschung Tarraschs.

Lasker gewann das Match mit 8:3 bei fünf Remis. Sicher wurde Tarrasch, rein schachlich betrachtet, damit unter Wert geschlagen. Zum Zeitpunkt des Matchs war er auch nicht mehr der Jüngste (46) – daß es freilich erst so spät zum Kampf kam, ist zum guten Teil seine eigene Schuld.

Aber auch Lasker überschritt nun die 40 und hatte immer härter mit den Nachrückenden zu kämpfen. In St. Petersburg 1909 lieferte ihm Rubinstein ein Kopf-an-Kopf-Rennen und gewann die direkte Partie; zum Schluß teilten beide den 1. Platz.

Schließlich fand sich sogar einer, der gegen Laskers Spiel immun schien: der Österreicher Schlechter. Nach mehreren Turniersiegen war er zweifellos ein würdiger WM-Kandidat. Aber das Geld für ein großes Match kam nicht zusammen, und so spielten Lasker und Schlechter Anfang 1910 nur insgesamt zehn Partien. Leider gibt es keine völlige Klarheit, was die schachlichen Bedingungen anbelangt. Aber am plausibelsten klingt (auch im Hinblick auf die später erwähnte ominöse letzte Partie), was einige Quellen berichten: nämlich daß Schlechter nur, wenn er mit zwei Punkten Vorsprung das Treffen gewann, als Sieger gelten sollte (eine ähnliche Forderung stellte Lasker später auch gegenüber Capablanca). Es wäre fast absurd, wenn Schlechter sich bei so wenigen Partien darauf wirklich eingelassen hätte; aber ganz auszuschließen ist es natürlich nicht. Schlechters herausragender Charakterzug war eine immer gleichmütige Bescheidenheit. Das wirkte sich unmittelbar auf seine Spielweise aus. Strategisch hervorragend, besaß er entgegen verbreiteter Meinung auch Kombinationstalent; jedoch ging er fast nie aus sich heraus. Dafür ließ er sich allerdings auch durch nichts erschüttern. Ob er gewann oder verlor, angriff oder verteidigte, schön oder trocken spielte, sein Seelenzustand schien immer derselbe. Viele Partien machte er remis. Trotz aller Erfolge erhob er nie auf etwas Anspruch. Derselbe Wesenszug wurde ihm im Krieg zum Verhängnis: Er fand sich mit Hunger und zu vielen Entbehrungen widerstandslos ab, bis er bereits 1918 mit nur 44 Jahren starb. Was auch immer die direkte Todesursache war, einige Quellen sprechen von Lungenentzündung, der Hauptgrund wird eine allgemeine Entkräftung gewesen sein.

Ein solcher Spielertyp war ungefähr der einzige, den Lasker fürchten mußte. Ihn konnte er weder provozieren noch durch Drohungen erschrecken; es gab bei Schlechter so gut wie keine Ansatzpunkte für ein psychologisches Spiel. Tatsächlich zeigte Lasker bei jenem Match im Jahre 1910 selbst Nerven. Nach vier Remisen stand er in der 5. Partie sehr gut, aber er wurde ungeduldig, vergab seine Chance, und schließlich übersah er auf der Suche nach dem entschwindenden Gewinn eine Falle des Gegners. Schlechter ging in Führung und hielt die vier nächsten Partien remis. In der letzten ging es also um alles. Sie ist eine der bekanntesten Laskers; aber man kann sie nicht sinnvoll besprechen, wenn man die Bedingungen und damit die psychologische Lage nicht genau kennt. Jedenfalls spielte Lasker nach günstiger Eröffnung überscharf weiter, geriet an den Rand des Abgrunds, doch nachdem Schlechter seinen Vorteil ungenutzt ließ, versäumte er auch ein Dauerschach, das so offenkundig war, daß er es wohl bewußt verschmäht haben muß. Lasker gewann die Partie schließlich noch und zog sich mit 1:1 bei acht Remis mühsam aus der Affäre.

Wie eine Erholung muß ihm danach sein nächster WM-Kampf Ende 1910 gegen Janowski vorgekommen sein. Der war ein Haudegen wie Marshall, aber noch viel egozentrischer und damit unobjektiver sowohl in der Einschätzung von Stellungen als auch seiner eigenen Fähigkeiten. Zudem besaß er den Hang zum Hasardspiel, den er auch abseits vom Brett in Spielcasinos auslebte. Aber er verfügte über einen reichen Mäzen, der ihn nicht nur auslöste, wenn er trotz eines Turniersiegs schon am nächsten Tag wieder mit leeren Taschen dasaß, sondern auch die Schwierigkeiten aus dem Weg räumte, sich finanziell mit Lasker zu einigen. 1909 spielten sie in Paris zunächst nur vier zwanglose Partien, die 2:2 endeten. Prompt verlangte Janowski ein großes Match, bei dem es anscheinend aber noch nicht offiziell um den Titel ging. Ein gewisses Anrecht hatte er: Zwischen 1901 und 1905, seiner besten Zeit, gewann er drei erste Preise sowie einige zweite und dritte. Aber gegen Lasker gab es für ihn keine Chance, nachdem sich dieser einmal auf ihn eingestellt hatte. Der Weltmeister gewann mit 7:1 bei zwei Remis. Aber auch Janowski meinte, oft genug auf Gewinn gestanden zu haben, und erhöhte als echter Zocker den Einsatz. Er forderte Lasker erneut heraus, und diesmal sollte es um die Weltmeisterschaft gehen; er wurde mit 8:0 bei drei Remis abgefertigt.

Aber es kündigten sich für Lasker neue und stärkere Gegner an: Capablanca 1911 mit seinem ersten großen Turniersieg (siehe nächstes Kapitel), und Rubinstein, der 1912 vier erste Preise in einem Jahr gewann. Wieder begannen Verhandlungen. Panows Capablanca-Biographie beschreibt Laskers Forderungen so: Neben dem gewohnt fürstlichen Honorar mußte der Herausforderer das Match mindestens mit zwei Punkten Vorsprung gewinnen, um Weltmeister zu werden; außerdem bestand Lasker auf einer völlig absurden Spielzeit – eine Stunde pro Spieler für 12 Züge, täglich nur vier Stunden mit einer Pause nach zwei Stunden. Als Capablanca sich darüber verärgert zeigte und Laskers Bedingungen „offenkundig unfair" nannte, brach jener die Verhandlungen ab.

Trotzdem kam es bald zum großen Treffen. 1914 brachte man in St. Petersburg wieder ein Spitzenturnier zustande. Wegen der politischen Lage fehlten zwar die Meister aus Österreich/Ungarn, aber die wichtigsten WM-Kandidaten waren am Start.

Aus einer Vorgruppe kamen die fünf Besten mit ihren Punkten in ein doppelrundiges Finale. Ob das organisatorisch klug war, scheint zweifelhaft; es ging drunter und drüber: Rubinstein schied aus, selbst Lasker drohte nach einer bei ihm seltenen Schwäche, dem Verlust einer überlegenen Stellung gegen Bernstein durch einen groben Schnitzer, der vorzeitige K. o. Souverän zeigte sich nur Capablanca, der mit 1,5 P. vor Lasker und Tarrasch sowie 2 P. vor Aljechin und Marshall ins Finale ging.

Dort bot Lasker eine Glanzleistung. Er erreichte 7 von 8 Punkten und gewann die Entscheidungspartie gegen Capablanca, als dieser im zweiten Durchgang immer noch mit einem Punkt führte. Auch hierzu gibt es eigentümliche Kommentare des Verlierers; in diesem Zusammenhang ist bemerkenswert, daß auch Capablanca erklärtermaßen nichts von Psychologie im Schach hielt. So wurde auch er nichtsahnend ihr Opfer.

Lasker – Capablanca

1. e4 e5 2. Sf3 Sc6 3. Lb5 a6 4. Lxc6 dxc6 5. d4 exd4 6. Dxd4 Dxd4 7. Sxd4

Lasker hatte ein Faible für diese Variante, die schon damals als harmlos galt. Das schwarze Läuferpaar wiegt die bessere weiße Bauernstruktur mindestens auf – aber um ein Läuferpaar zu verwerten, muß man aktiv spielen, und hier wollte Capablanca ja nur ein Remis. Eine echt Laskersche Kalkulation, obwohl sie sich hier nicht direkt bemerkbar macht.

7. . . Ld6 8. Sc3 Se7 9. 0–0 0–0 10. f4 Te8 11. Sb3 f6 12. f5!?

Wieder ein psychologischer Zug. Gleich ob gut oder schlecht – er kompliziert die Lage und bringt ungewohnte Bilder aufs Brett. Schwarz muß jetzt viele konträre Merkmale abwägen: der rückständige Be4 und das schwache Feld e5 sind zwei Minuspunkte für Weiß, dagegen stehen aber die potentielle Schwäche e6 sowie die eingeengten Figuren auf c8 bzw. e7. Zudem will Weiß mit Lf4 das schwarze Läuferpaar halbieren. Capablanca, der klare Konzepte liebte (erst recht in diesem Moment des Turniers!), steht nun vor einer zweischneidigen, unklaren Lage.

12. . . b6 13. Lf4 Lb7?!

Richtig war 13. . . Lxf4.

14. Lxd6 cxd6 15. Sd4

„Merkwürdigerweise hatte ich diesen Zug übersehen, als ich 13. . . Lb7 zog, sonst hätte ich richtig 13. . . Lxf4 gespielt" (Capablanca). Einen so naheliegenden Zug übersieht normalerweise selbst ein Amateur nicht. Wenn dies stimmt, ist es ein klares Indiz, daß Capablanca bereits unsicher geworden war.

15. . . Tad8 16. Se6 Td7 17. Tad1 Sc8

„Ich hatte hier die Absicht, c5 mit nachfolgendem d5 zu spielen, was meiner Ansicht nach das Remis sicherstellte. Plötzlich packte mich der Ehrgeiz (?!), und ich glaubte . . . Sc8 spielen zu können mit der Idee, später auf e6 die Qualität gegen einen Bauern zu opfern, wonach der vereinzelte e-Bauer sehr schwach bleiben würde" (Capablanca). Man kann durchaus fragen, ob c5 nebst d5 wirklich ein „sicheres Remis" war; ebenso, was mit „Ehrgeiz" gemeint ist, denn ein sicheres Remis hätte Capa in diesem Moment bestimmt mit beiden Händen ergriffen. In Wahrheit stand er vor einer schweren Wahl: Ein Riesenroß auf e6 macht viele nervös, aber ein Qualitätsopfer ist auch ein verpflichtender Entschluß. Man spürt förmlich, wie Lasker die Psyche des Gegners untergräbt, indem er gegen dessen Grundeinstellung anspielt und ihm ständig komplizierte, schwerwiegende Entscheidungen aufzwingt.

18. Tf2 b5 19. Tfd2 Tde7 20. b4 Kf7 21. a3 La8?!

Hier hätte Schwarz natürlich, wie er sagt, konsequenterweise zu Txe6 greifen müssen. Aber dieses Verhalten ist nicht untypisch, wenn man sich unsicher fühlt: man steuert auf einen kritischen Moment los, doch wenn er da ist, bekommt man „kalte Füße".

22. Kf2 Ta7 23. g4 h6 24. Td3 a5 25. h4 axb4 26. axb4 Tae7 27. Kf3 Tg8 28. Kf4 g6 29. Tg3 g5+ 30. Kf3 Sb6 31. hxg5 hxg5 32. Th3 Td7 33. Kg3 Ke8 34. Tdh1 Lb7

Während Schwarz auf der Stelle tritt, hat Weiß weitere Vorteile gesammelt, und nun ist die Lage reif für den K. o.

35. e5! dxe5

Auch fxe5, wonach mindestens g5 fällt und Weiß verbundene Freibauern erhält, ist trostlos.

36. Se4 Sd5 37. S6c5! Lc8

Es drohte auch Sxb7 nebst Sd6+.
38. Sxd7 Lxd7 39. Th7 Tf8 40. Ta1 Kd8 41. Ta8+Lc8 42. Sc5 Schwarz gab auf. Es droht Td7+ bzw. Se6+.

„Mein ganzes Spiel hatte einen schwankenden Charakter" sagt Capablanca zum Schluß. Das stimmt und ist um so auffälliger, als es für seine sonstige Spielweise ganz untypisch war. Lasker scheint ihn doch gehörig aus dem Gleichgewicht gebracht zu haben. Dafür spricht auch die Schwäche, die Capablanca in der nächsten Partie gegen Tarrasch zeigte: er stellte eine Figur ein und verlor wiederum. Damit war der Weg frei für Lasker, der mit einem halben Punkt Vorsprung das Turnier gewann.

Trotzdem blieb Capablanca nach Rubinsteins völligem Ausfall Laskers Rivale Nr. 1. Da es beim Abschluß des Turniers eine zumindest formelle Versöhnung gab, hoffte man auf ein baldiges Match zwischen den beiden. Aber dies sollte der Krieg verhindern.

Der brachte aber tatsächlich noch einmal Lasker und Tarrasch zusammen. Jedoch können die sechs Partien, die sie in Berlin 1916 spielten, kaum als WM-Kampf gelten. Tarrasch dürfte selbst nicht mehr geglaubt haben, daß er Weltmeisterstärke besaß. Vielleicht hatte er deswegen sogar mit Lasker seinen Frieden gemacht, denn er lobte ihn jetzt manchmal geradezu über den grünen Klee. Etwa: „Lasker hat für seine Mitwirkung am Turnier (d. h. St. Petersburg) vom Komitee eine Riesensumme erhalten: über 4000 Rubel. Ich finde das nicht zu hoch. Wenn man solche Partien spielt!"

Über die 5,5 : 0,5-Schlappe, die Tarrasch 1916 kassierte, dürfte er trotzdem wenig erfreut gewesen sein. Auch ein kleines Viererturnier 1918 gewann Lasker. Mehr war im Krieg kaum möglich.

Doch danach begannen sofort wieder die Verhandlungen zwischen Lasker und Capablanca. Einmal erklärte der Weltmeister gar, er trete kampflos den Titel ab. Wollte er damit Druck machen, um mehr Honorar aufzutreiben, oder spürte er die kommende Wachablösung? Natürlich nahm Capablanca das „Geschenk" nicht an; statt dessen bot er für ein Match in Havanna 1921 20.000 Dollar, davon mindestens 11.000 für Lasker.

Das war die bis dahin größte Summe für einen Schachwettkampf. Und weil Laskers Finanzen dahingeschmolzen waren, konnte er kaum anders, als dieses Traumangebot anzunehmen. Doch nach 14 Partien gab er, klar im Rückstand, das Match auf (siehe nächstes Kapitel).

Lasker machte zwar seine durch das Klima angegriffene Gesundheit verantwortlich, respektierte aber den Gegner. Er schrieb, Capablanca habe ihn vor Aufgaben gestellt, „die die Kräfte eines Jüngeren überstiegen hätten", und eine ungleich bessere Technik als 1914 bewiesen. Lasker gab auch Schwächen in seinem Spiel zu und erklärte den Kubaner unumwunden zum verdienten Weltmeister. In der Tat war dieser in seiner Glanzzeit ein Spielertyp, an dem Laskers psychologische Kampfführung ähnlich wie an Schlechter abprallte.

Lasker hat anscheinend nie ernstlich versucht, den Titel zurückzugewinnen. Doch zu beweisen, daß er nach wie vor der Beste war, reizte ihn schon noch. Nach dem Sieg 1923 in einem starken, aber noch nicht erstklassigen Turnier in Mährisch Ostrau trat er 1924 in New York wieder gegen Capablanca, den aufkommenden Aljechin und einen Großteil der übrigen Elite an. Trotz seiner 55 Jahre gewann er mit sagenhaften 16 von 20 Punkten, 1,5 vor Capablanca und schon vier vor dem Dritten Aljechin! Daß er wieder ein paarmal „auf Verlust" stand, war nichts Besonderes mehr; allerdings wurden jetzt auch andere Töne laut. Bei einem späteren Streit hielt ihm der Organisationschef Lederer ein ganzes Arsenal unsauberer Tricks vor: Er blase den Gegnern Rauch ins Gesicht, gegen Janowski habe er schon nach zweimaliger, statt regelgerecht nach dreimaliger Zugwiederholung Remis reklamiert, um den Gegner zu irritieren, und gegen Maroczy habe er justament immer dann laut „Ruhe!" gerufen, wenn der Gegner am Zug war. Man muß diese Vorwürfe mit Vorsicht bewerten, da beide Seiten in diesem Moment arg über Kreuz lagen, aber es gibt durchaus Anhaltspunkte, daß Lasker in seine Kampftheorie zuweilen auch diese Art psychologischer Sperenzien einbezog.

Gleichwohl glänzte er durchaus auch schachlich; so fand er in diesem Turnier gegen seinen Namenskollegen Eduard Lasker in einem scheinbar völlig verlorenen Endspiel mit Springer gegen Turm plus Bauer eine Remisstellung, die es in der Theorie bis dahin nicht gab. Im Jahr darauf bestätigte er seinen Erfolg in Moskau, wo er zwar hinter Bogoljubow, doch wieder vor Capablanca Zweiter wurde. Danach zog er sich vom Schach zurück – und es sah diesmal danach aus, daß es für immer sein sollte. Doch als die Nazis an die Macht kamen, mußte er wie ein großer Teil der geistigen und kulturellen Elite wegen seiner jüdischen Abstammung aus Deutschland fliehen, dadurch verlor er auch erneut seinen Besitz. Nach neun Jahren Pause, mit 65, trat er in Zürich 1934 wieder zu einem Turnier an. Gleich zu Beginn traf er (noch dazu mit Schwarz) auf Euwe, damals ein heißer WM-Kandidat. Kein Mensch auf der Welt hätte wohl eine müde Mark auf Lasker gesetzt. Aber er spielte den Gegner in Grund und Boden; hier der Höhepunkt der Partie.

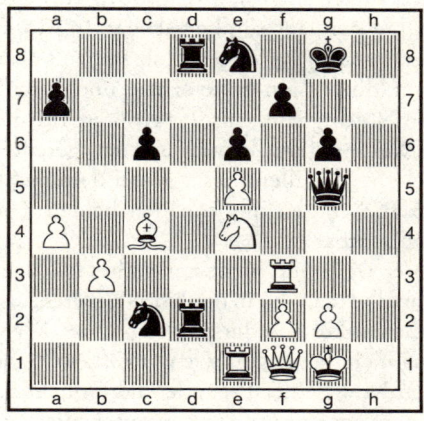

Euwe – Lasker, Zürich 1934

(Nach dem 35. Zug von Weiß)

35... Dxe5!!

Dieses positionelle Damenopfer stürzt Weiß aus allen Angriffsträumen, die er mit seinem letzten Zug Se4 noch gehabt haben mag.

36. Sf6+ Dxf6 37. Txf6 Sxf6 38. Tc1
Objektiv besser war nach Euwe **38. Te2 Td1 39. Txc2 Txf1+ 40. Kxf1**, aber in schlechter Stellung spielt man meist lieber mit einem „dynamischen Ungleichgewicht" (verschiedenartigen Figuren) als mit einem glatten Minusbauer.
38... Se4 39. Le2 Sd4 40. Lf3 Sxf2 41. Dc4 Sd3 42. Tf1 Se5 43. Db4 Sexf3+ 44. gxf3 Se2+ 45. Kh2 Sf4+ 46. Kh1 T2d4 47. De7 Kg7 48. Dc7 T8d5 49. Te1 Tg5 50. Dxc6 Td8! Weiß gab auf. Gegen das Matt auf h8 ist nichts Vernünftiges zu ersinnen.

Natürlich hielt Lasker in diesem Stil nicht das ganze Turnier durch; doch sein 5. Platz war sehr ehrenvoll, und in Moskau 1935 trumpfte er nochmals ganz groß auf. In 19 Runden blieb er ungeschlagen nur einen halben Punkt hinter den Siegern Botwinnik und Flohr; hätte er diesmal tatsächlich nur ein wenig „Glück" gehabt, so hätte er im Vorteil gegen Botwinnik Partie und Turnier gewonnen.

Auch 1936 nahm er noch an zwei großen Turnieren teil, doch das Alter machte sich langsam bemerkbar. In Moskau (10 Teilnehmer, doppelrundig) lag er bei Halbzeit mit 5 aus 9 wieder gut im Rennen, doch dann holte er nur noch drei Punkte und fiel zurück. In Nottingham, eins der größten Turniere aller Zeiten mit fünf Weltmeistern, kam er auf den geteilten 7/8. Platz unter 15 Spielern. Das allerdings war bei dem dichtgedrängten Feld, nur 1,5 P. trennten ihn von den beiden Erstplazierten, durchaus noch achtbar.

Privat kam er weiterhin nicht zur Ruhe. Nach seinem Moskauer Erfolg wollte man ihn in der UdSSR halten, als Schachlehrer und Mathematiker für die Akademie der Wissenschaften. Aber dies ging nicht lange gut; wie es heißt, soll eine Stalinsche Säuberung den Kreis seiner Freunde und Gönner getroffen haben. Da bald die Lage in Europa insgesamt kritisch wurde, mußte der alte Lasker schließlich nach Amerika auswandern. Dort verdiente er seinen Lebensunterhalt weiterhin mit Schachauftritten, Lehrstunden, Zeitungsbeiträgen – und auch mit Bridge, ein Spiel, in dem er ebenfalls Experte war. Am 13. Januar 1941 starb der „Supermann der Schachwelt", wie ihn Fine nennt, in New York.

VI. Capablanca (1921–1927)

José Raoul Capablanca (* 1888, † 1942)

Es war gegen Ende des 1. Weltkriegs, als ein renommierter Meister einem 12jährigen hochtalentierten Mädchen Schachunterricht geben wollte. Obwohl er schon auf die 30 zuging, befaßte er sich, wie er schreibt, zu diesem Zweck erstmals im Leben mit Eröffnungstheorie. Dabei stellte er fest, daß er alle wichtigen Prinzipien, die in den Büchern stehen, schon vorher von sich aus gefunden hatte . . .

Dieser Meister war José Raúl Capablanca y Graupera (1888–1942). Obwohl die Geschichte wie Aufschneiderei klingt – passen würde sie zu ihm, denn sie zeigt gleich mehrere Seiten seines Wesens und seiner Spielauffassung auf einmal.

Zunächst war Capablanca ein herausragendes Naturtalent – bei aller Vorsicht, wenn man an Morphy, Fischer und andere denkt, vielleicht das begnadetste aller Zeiten. Mit vier Jahren begann er zu spielen, nachdem er seinen Vater dabei beobachtet hatte. Als dieser einmal einen regelwidrigen Zug machte, griff der Kleine ein und zeigte dem Herrn Papa, wie die Figuren ziehen. Dabei hatte ihm angeblich niemand die Regeln beigebracht; er hatte sie beim Zuschauen gelernt. Dann gewann der Knirps nicht nur gleich gegen seinen alten Herrn, sondern auch im Schachklub gegen einen Lokalmatador (wenn auch mit Damenvorgabe).

„Trotzdem" wurde Capa erst einmal in die Schule geschickt, bevor die Schachkarriere weiterging. An schnellen Fortschritten hinderte ihn das nicht. Etwa um 1900, die Quellen gehen in dieser Frage um volle zwei Jahre auseinander, schlug er den kubanischen Meister Corzo in einem Match 4:2 bei einigen Remis. Man darf das nicht überbewerten, da Kuba damals keine herausragenden Spieler besaß; aber die folgende Partie hält schon dem Vergleich mit anderen „Wunderkindern" stand.

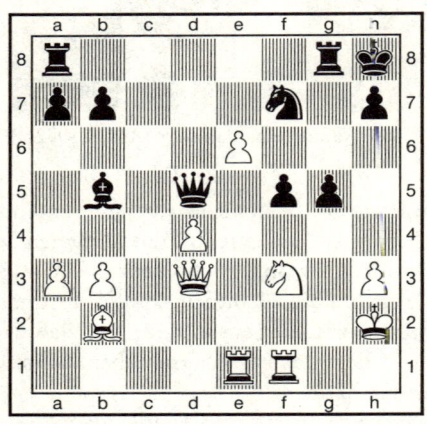

Capablanca – Corzo, Havanna 1902 (?)

(Nach 28 Zügen)
29. Dxb5!!

Später merkte Capablanca an, daß 29. Dd2 Lxf1 30. exf7 einfacher gewesen wäre, aber das tut der Brillanz seiner Idee keinen Abbruch.

29... Dxb5 30. d5+Tg7 31. exf7 h6

Es drohte Sxg5 nebst Se6, aber nun kommt das Verhängnis von der anderen Seite.

32. Sd4 Dxf1

Sonst Sxf5 oder wieder Se6.

33. Txf1 Txf7 34. Txf5 Txf5 35. Sxf5+ Kh7

Das Endspiel ist gewonnen für Weiß, aber technisch nicht so leicht. Wie viele junge Durchschnittsspieler hätten wohl den Sieg noch verkorkst?! Daß Capablanca so souverän zu Ende spielt, ist vielleicht sogar das Erstaunlichste an der Partie.

36. Se7 Tf8 37. Kg2 h5 38. d6 g4 39. hxg4 hxg4 40. Le5 Kh6 41. d7! Td8 42. Sg8+! Txg8

Eine elegante Abwicklung; Schwarz muß nehmen, sonst folgt Sf6 und Lc7.

43. Lf6 Kg6 44. d8D Txd8 45. Lxd8 b5 46. Kf2 Kf5 47. Ke3 Ke5 48. Kd3 Kd5 49. Kc3 g3 50. Lh4 g2 51. Lf2 a5 52. b4 Ke4!

Plötzlich gibt es trotz Mehrfigur noch Probleme – der „falsche Läufer"! Nach 53. bxa5?? Kd5 hält Schwarz remis, indem er einfach in die Ecke a8 läuft.

53. Lb6 Kd5 54. Kd3 Kc6 55. Lg1 Kd5 56. Lh2 Kc6

Endlich kann Weiß den Vormarsch seines Königs erzwingen, der den Bb5 erobern soll. Das ist der einzige Gewinnweg.

57. Kd4 a4 58. Ke5 Kb6 59. Kd5 Ka6

Schwarz hat noch eine hinterhältige Falle entdeckt: 60. Kc6?? g1D! 61. Lxg1 patt! Aber Capablanca spielt genau bis zum letzten Zug.

60. Kc5 Schwarz gab auf.

Doch erst als der Kubaner Jahre später zum Studium in die USA kam, machte er sich international einen Namen. Eine auffällige Parallele zu Lasker: Von Capablanca gibt es praktisch genau dieselbe Geschichte, nämlich daß er bei der Universitäts-Aufnahmeprüfung die mathematische Arbeit in weniger als der halben Zeit löste. Obwohl er später, anders als Lasker, auf diesem Gebiet kein Interesse mehr zeigte, spricht dies doch für ein insgesamt ungewöhnliches Talent.

Seinen ersten großen Schachcoup landete er 1908/09, als er sein Studium schon abgebrochen hatte. Eine Tournee durch die USA, die wohl überwiegend aus Simultan- und Schaukämpfen bestand, erregte so viel Interesse, daß man ein Match mit Marshall organisierte, der nach seinen Schlappen gegen Tarrasch und Lasker zwar nicht mehr als WM-Kandidat, doch weiter als nationale Nr. 1 galt. Zumindest das Ausmaß von Capablancas Triumph schlug daher wie eine Bombe ein: 8:1 bei 14 Remis. Das war ein Ergebnis der Lasker/Tarrasch-Kategorie. Laut Panow prophezeite Lasker übrigens in einer russischen Zeitung schon vor dem Match nicht nur Capas Sieg, sondern daß der Kubaner auch bald um die WM kämpfen werde.

Aber erst 1911 meldete sich Capablanca erstmals zu einem Eliteturnier, in San Sebastian. Als Qualifikation wurde mindestens ein erster Platz oder zwei vierte in bedeutenden Turnieren verlangt. Capa hatte aber nur den Sieg über Marshall vorzuweisen. Das Komitee ließ ihn zu, doch zwei Meister, Nimzowitsch und Bernstein, protestierten dagegen. Ausgerechnet diese beiden traf Capablanca vor Turnierbeginn bei einer freien Partie. Kaum hatte er einen Ton zu der Stellung gesagt, fuhr ihn Nimzowitsch an, unter Meistern habe er nichts mitzureden. Worauf der gekränkte Capa den Rivalen erst einmal beim Blitzspielen „verdrosch". In der ersten Turnierrunde traf er gleich auf Bernstein ... Der schien daraus nichts gelernt zu haben und „fraß" zwei ziemlich vergiftete Bauern, so als nähme er den Kubaner noch immer nicht für voll. Als sich zeigte, daß dieser sich mit den beiden Bauernopfern etwas gedacht hatte, wirkte Bernstein total perplex und verlor widerstandslos, obwohl er zumindest noch zäh hätte kämpfen können.

Capablanca trumpfte auch weiter stark auf, doch das Turnier hätte eigentlich Rubinstein gewinnen müssen. Er schlug den Kubaner, machte aber aus einigen Gewinnstellungen nur Remisen. So überholte ihn Capablanca um einen halben Punkt.

Es folgte der erste Kontakt mit Lasker, der, wie schon bekannt, ein abruptes Ende nahm. Nach zwei Jahren mit Turnieren in den USA und Kuba trat Capablanca in St. Petersburg 1914 an. Bis zu der legendären Partie mit Lasker beherrschte er das Feld. Vor allem Nimzowitsch und Bernstein waren jetzt seine besten „Kunden" und verloren mit schöner Regelmäßigkeit gegen ihn; für ein Angstgegner-Verhältnis ist meist das erste Treffen entscheidend.

Offenbar bescherte Capablancas Dominanz ihm schon in Ansätzen jene Gemütslage, die ihm später so sehr zu schaffen machte: eine selbstgefällige Bequemlichkeit, die das süße Leben allem anderen vorzog. Vor der Partie mit Lasker feierte er mit Freunden „bis spät in den Abend hinein" (Panow), anstatt sich auf einen schweren Tag einzurichten. Von Laskers psychologischem Spiel hatte er offenbar keine Vorstellung, wurde daher um so härter getroffen und von der immer stärker aufkommenden Unsicherheit mitgerissen.

Aus der argen Enttäuschung ergaben sich auch nützliche Folgen. Capa fand sich wieder auf dem Boden der Tatsachen und war zugleich doch unbestrittener Hauptgegner Laskers. Wegen des Krieges wäre es wohl auch dann nicht früher zum WM-Match gekommen, wenn der Kubaner in St. Petersburg gewonnen hätte.

Obwohl in den Kriegsjahren für Capablanca nur kleinere Turniere in den USA und Kuba blieben, scheint er die Zeit gut genutzt zu haben. Um 1920 stand er auf dem Gipfel seines Könnens. Wie sieht das Bild Capablancas in dieser Glanzzeit aus, und wodurch kam danach die Wende zum Negativen?

Zweifellos lebte er von seinem Naturtalent, sprich einer unglaublich schnellen und präzisen Auffassung, so daß selbst sein Erzrivale Aljechin später zugab, nie habe er bei einem anderen Spieler so etwas angetroffen. „Was andere in einem Monat nicht entdeckten, sah er auf den ersten Blick", meint Fine. Dabei verließ sich Capa mit nachtwandlerischer Sicherheit völlig auf seine Intuition; theoretische Begründungen für seine Züge gab er, wenn überhaupt, erst nachträglich. „Ich weiß nicht, warum ich diesen Zug mache, aber ich weiß, daß er gut ist", sagte er selbst. Am besten trifft es wohl Reti, der Schach als „zweite Muttersprache" Capablancas bezeichnete; es war ihm in Fleisch und Blut übergegangen, ohne daß er sich damit noch bewußt auseinanderzusetzen brauchte. Hier besteht eine Gemeinsamkeit mit Karpow, dessen Vorbild Capablanca war und der sich selbst auch als eher „faul" bezeichnet.

Damit, daß er wenig über Eröffnungen wußte, wurde der Kubaner gut fertig, indem er, wie erwähnt, einfache, solide Systeme wählte, die nicht unverhofft durch spektakuläre Neuerungen aus den Angeln zu heben waren. Wenn er zu Beginn einer Partie nur gleich oder etwas schlechter stand, machte ihm das nicht viel aus. Mit seiner Präzision und Technik konnte er „mikroskopisch" die Lage verbessern, selbst wenn auf dem Brett nicht viel zu passieren schien. Manch einer, der gegen ihn verlor, wußte noch lange danach nicht, wo er einen Fehler gemacht haben sollte (wieder eine Parallele zu Karpow). Capa schreckte darum auch nie vor Abtausch zurück – im Gegenteil. So nachlässig er in Sachen Eröffnungstheorie sein mochte, so soll er aber, wie es heißt, über tausend Turmendspiele analysiert haben. Nach seinem Credo war das Endspiel der Urgrund des Schachs. Er meinte, man könne Mittelspiel und Eröffnung ohne Kenntnis der Endspiele, die daraus hervorgingen, nicht beherrschen – ein durchaus moderner Gedanke.

Doch anfangs war dieses ungeheure Naturtalent durchaus universell. Capa gewann diverse Schönheitspreise; ja, in seiner frühen Zeit zog er manchmal sogar das elegante Spiel dem praktischen vor. Einen einzigartigen Beweis seines Könnens lieferte er in folgender Partie, dem Debüt des „Marshall-Gambits". Diese Variante ist so kompliziert und gehaltvoll, daß man bis heute zu keinem klaren Urteil gekommen ist. Marshall hatte sie damals angeblich jahrelang präpariert, den ersten Einsatz aber für einen großen Anlaß aufgehoben. Der alte „Schwindler" am Brett wollte sich das Vergnügen machen, damit unverhofft einen der Besten hereinzulegen. In New York 1918 hatte er sich Capablanca als Opfer ausgeguckt. Und so nahm das Spektakel seinen Lauf ...

Capablanca – Marshall
1. e4 e5 2. Sf3 Sc6 3. Lb5 a6 4. La4 Sf6 5. 0–0 Le7 6. Te1 b5 7. Lb3 0–0 8. c3 d5!?

Marshalls Geheimwaffe! Aber Capa wollte es wissen. Er schreibt: „Ich überlegte eine Weile, bevor ich das spielte (d. h. den nächsten Zug), denn ich wußte, ich würde mich damit einem schrecklichen Angriff aussetzen, dessen sämtliche Varianten meinem Gegner natürlich bekannt waren. Aber meine Kampfeslust war geweckt ... Ich kam zu dem Schluß, ich sei es gewissermaßen meiner Ehre schuldig, den Bauern zu nehmen."

9. exd5 Sxd5 10. Sxe5 Sxe5 11. Txe5 Sf6

Heute wird nur noch 11. ... c6 gespielt, was mehr auf langfristig-positionelle Kompensation abzielt. Marshall aber wollte, seinem Temperament gemäß, möglichst schnell über den Gegner herfallen.

12. Te1 Ld6 13. h3 Sg4!? 14. Df3

Nach 14. hxg4 Dh4 dringt der schwarze Angriff wohl durch, wie umfangreiche Analysen zeigten.

14. ... Dh4 15. d4 Sxf2!?

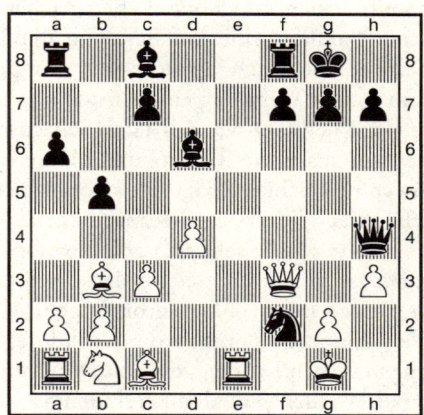

Capablanca – Marshall, New York 1918

Die eigentliche Pointe. Nach 16. Dxf2? stellt sich Schwarz zwar mit 16. ... Lg3? 17. Dxf7+! Txf7 18. Te8 matt selbst ein Bein, aber 16. ... Lh2+! 17. Kf1 Lg3 bringt entscheidenden Angriff, da nun 18. Dxf7+ an Txf7+ (selbst mit Schach!) scheitert.

16. Te2!?

Diese Stellung gilt heutzutage als günstig für Weiß, wenn auch 16. Ld2 hier das Beste wäre. Trotzdem schier unglaublich, daß Capablanca auf Anhieb in dieser wilden Variante die nahezu stärkste Verteidigung fand.

16. ... Lg4?!

Hier gibt 16. ... Sg4 nach Meinung der Theorie Schwarz Remischancen.

17. hxg4 Lh2+ 18. Kf1 Lg3 19. Txf2 Dh1+ 20. Ke2 Lxf2?

Besser 20. ... Dxc1, aber nach 21. Dxg3 Dxb2+ 22. Kd3 Dxa1 23. Kc2 ist Weiß auch im Vorteil.

21. Ld2! Lh4 22. Dh3 Tae8+ 23. Kd3 Df1+ 24. Kc2 Lf2 25. Df3 Dg1 26. Ld5 c5 27. dxc5 Lxc5 28. b4 Ld6 29. a4 a5 30. axb5 axb4 31. Ta6 bxc3 32. Sxc3 Lb4 33. b6 Lxc3 34. Lxc3 h6 35. b7 Te3 36. Lxf7+! Txf7 37. b8D+ Kh7 38. Txh6+! und Schwarz wird matt: gxh6 39. Dxf7 bzw. Kxh6 39. Dh8+ und Dh5.

Aber nicht nur im Schach schien Capablanca alles zu gelingen; auch sonst konnte er sich ein schönes Leben machen. Er stammte aus einer reichen Familie; seine Anfangszeit in den USA fiel ihm zwar etwas schwer, doch nach seinen Schachtriumphen erhielt er schon vor dem Ersten Weltkrieg eine Anstellung im diplomatischen Dienst – das heißt, er war nur noch Schachspieler. Er sah ausgesprochen gut aus, hatte Bildung und Manieren – sein Weg zum Salonlöwen und Schürzenjäger war vorgezeichnet. Er war zweimal verheiratet, die erste Ehe anscheinend nicht gerade glücklich, die zweite wurde sehr spät geschlossen. Obwohl ihm bestimmt manches nur angedichtet wurde, so heißt es doch häufiger, er habe an den meisten Turnierorten gebrochene Herzen zurückgelassen. Einmal, so erzählt die Anekdote, entdeckte er plötzlich seine in fernen Landen gewähnte Frau im Turniersaal; und da er gerade wieder einmal auf fremden Spuren wandelte, stellte er vor Schreck eine Figur ein. Dafür soll die einflußreiche Familie seiner ersten Frau nach der Scheidung furchtbare Rache genommen haben: Er wurde einen Rang zurückgestuft und mußte erstmals ein wenig im Büro arbeiten ...

Glück und Erfolg brachten noch andere Schwächen Capablancas zutage. Seine Selbstgefälligkeit nahm ein erstaunliches Ausmaß an. Als er ausgerechnet zuhause in Havanna in einem Turnier gegen Marshall auf Verlust stand, war ihm die Niederlage so peinlich, daß er angeblich vom Bürgermeister das Publikum aus dem Saal komplimentieren ließ, bevor er aufgab. Solange ihm der WM-Titel noch fehlte, hielt sich dieses Problem aber in Grenzen; solange war er auch noch motiviert und aktiv eingestellt. Im Match gegen Lasker spielte er seine Vorzüge aus: Er war ausgereift, konzentriert, ehrgeizig und selbstbewußt genug, um sich von Laskers Spiel nicht mehr wie 1914 erschüttern zu lassen. Das Ergebnis spricht Bände. Von 14 Partien in Folge gegen denselben Gegner gewann Lasker nicht eine – und das, obwohl er, wie seine Kommentare verraten, den Kubaner durchaus zutreffend einschätzte. Es war auch nicht so, daß er keine Chancen gehabt hätte; doch Capablanca war immer die berühmte Nasenlänge voraus. Daß Lasker keine Ansatzpunkte für sein Spiel fand, gibt ein Zitat nach den ersten Partien zu: „In ihm (dem Schach) verschwinden Elemente des Spiels und der Ungewißheit ... Früher war es möglich, reizvolle Abenteuer zu suchen, aber in unserer Zeit ist der Reiz des Unbekannten nicht mehr da." Dieses etwas spekulativ-abenteuerliche subjektive Element aber brauchte Lasker, damit seine Psychologie wirkte. Trotzdem wehrte er sich nach Kräften. Von den ersten neun Partien verlor er nur eine durch einen groben Fehler, als er durchaus noch Remischancen hatte; die anderen blieben unentschieden. Erst ein Doppelschlag in der 10. und 11. Partie machte ihm den Garaus. Die 11. ist ein klassisches Beispiel für Capablancas Stil.

Capablanca – Lasker

1. d4 d5 **2.** Sf3 e6 **3.** c4 Sf6 **4.** Lg5 Sbd7 **5.** e3 Le7 **6.** Sc3 0–0 **7.** Tc1 Te8 **8.** Dc2 c6 **9.** Ld3 dxc4 **10.** Lxc4 Sd5 **11.** Lxe7 Txe7 **12.** 0–0 Sf8

Ungewöhnlich passiv; üblich ist Dxe7, gefolgt von e5. Offenbar will Lasker den Gegner kommen lassen.

13. Tfd1 Ld7 **14.** e4 Sb6 **15.** Lf1 Tc8 **16.** b4 Le8 **17.** Db3 Tec7 **18.** a4 Sg6 **19.** a5 Sd7

Weiß hat riesigen Raumvorteil, aber noch steht Schwarz solide, ohne Schwächen, und lauert darauf, daß der Gegner überstürzt anrennt. Unzählige Spieler haben sich gegen Lasker und auch Steinitz so „umgebracht". Aber Capa war aus anderem Holz geschnitzt.

20. e5

Ein verständlicher Plan: ein weißer Sd6 muß noch wirksamer sein als ein schwarzer Sd5.

20. ... b6 21. Se4 Tb8 22. Dc3 Sf4 23. Sd6 Sd5 24. Da3 f6 25. Sxe8

Typisch Capablanca! Sein oberstes Prinzip ist, jedes Gegenspiel (Lh5) und damit jedes Risiko zu vermeiden, wenn nur dabei etwas in der Stellung bleibt, womit man weiter Druck machen kann. Dieses „etwas" liefert hier der Zug f6.

25. ... Dxe8 26. exf6 gxf6

Nach Sxf6 wäre e6 isoliert und Feld e5 schwach. Aber auch jetzt kränkeln die Bauern auf der 6. Reihe, und der schwarze König steht etwas offen.

27. b5 Tbc8 28. bxc6 Txc6 29. Txc6 Txc6 30. axb6 axb6 31. Te1

Wieder stört sich Capablanca nicht an Vereinfachungen, solange das, worin sein Vorteil besteht, in der Stellung bleibt.

31. ... Dc8 32. Sd2 Sf8 33. Se4 Dd8 34. h4 Tc7?!

Laut Lasker war f5 vorzuziehen.

35. Db3 Tg7 36. g3 Ta7 37. Lc4 Ta5 38. Sc3

Wieder Vereinfachung mit sinnvollem Motiv: der starke Sd5 muß weg.

38. ... Sxc3 39. Dxc3 Kf7 40. De3 Dd6 41. De4 Ta4?

Noch immer ist nichts Konkretes passiert, aber durch das ständige Defensivspiel zermürbt, verliert Lasker die Nerven und begeht nach eigenen Worten „Selbstmord". Mit Ta7 konnte er sich weiter verteidigen.

42. Db7+ Kg6 43. Dc8 Db4 44. Tc1

Bereitet nach z. B. De8+ und Kg7 einen Mattangriff via 7. Reihe vor.

44. ... De7 45. Ld3+ Kh6

Oder f5 46. Lxf5+! exf5 47. Dc6+ bzw. Kxf5 47. Dc2+ mit Turmgewinn.

46. Tc7 Ta1+ 47. Kg2 Dd6 48. Dxf8+ Schwarz gab auf (Dxf8 49. Txh7 matt).

Kleine Vorteile sammeln, jedes Gegenspiel ausschalten und schon einen einzigen Fehler dann unerbittlich ausnutzen – das war das Spiel Capablancas.

Die 14. Partie wurde für Lasker endgültig verhängnisvoll: Er beging in ganz guter Stellung einen schweren Fehler, der auf der Stelle die Qualität kostete. Danach sprach er von Atemnot, Kopfschmerzen und anderen Beschwerden, die er auf das Klima zurückführte. Nach Konsultation zweier Ärzte verlangte er, den Kampf in einer anderen Weltgegend fortzusetzen. Als Capablanca darauf nicht einging, gab Lasker den auf 24 Partien geplanten Kampf auf. Vermutlich waren seine gesundheitlichen Probleme nicht vorgeschoben, erklären aber nur zum Teil den Ausgang des Matchs. Ganz überwiegend lagen die Gründe im Spiel Capablancas.

Weiter fegte er über die Bretter seiner Gegner. In London 1922, seinem ersten Turnier als Weltmeister, siegte er ungeschlagen mit 13 aus 15 und mit deutlichem Vorsprung. In all den Jahren von 1916 bis 1924 verlor er nicht eine ernste Turnierpartie. Sicher kein Zufall, daß diese Jahre in etwa mit seiner Glanzzeit zusammenfallen. Natürlich jubelte man solch einem scheinbar perfekten Spieler zu, der zudem so viel äußere Vorzüge hatte. Capablanca wurde als „Schachmaschine" vergöttert, wie ein unfehlbares Phänomen aus einer anderen Welt. Er erregte Aufsehen wie heute ein Film- oder Fernsehstar – und so benahm er sich auch. Sein Abstieg begann aber wohl bereits in dem Moment, als er Lasker entthronte. Er hatte jetzt kein Ziel mehr vor sich; er wollte nur noch das Leben genießen und das Nötigste tun, um der Größte zu bleiben. Das war nach seiner Meinung nicht allzu viel, weil er selbst sich zu vergöttern begann. Er brachte es fertig, von sich im pluralis maiestatis zu schreiben. Wie ein echter Monarch regelte er auch per Dekret die Bedingungen für kommende WM-Kämpfe. Sie wurden im „Londoner Protokoll" beim Turnier von 1922 niedergelegt; zwar unterschrieben auch mehrere führende Rivalen dieses Papier, doch viel Einfluß auf den Inhalt konnten sie wohl kaum nehmen. Schachtechnisch waren Capablancas Bedingungen gar nicht so verschieden von heutigen, aber die finanziellen Forderungen! Der Herausforderer mußte den Preisfond beschaffen, mindestens 10.000 Dollar zuzüglich Reise und Aufenthalt. Sechs Jahre lang scheiterten alle Rivalen an dieser Klausel, und hätte nicht Aljechin mit seiner fanatischen Energie ganz Argentinien einschließlich des Präsidenten mobilisiert, dann wäre Capablanca vielleicht bis zum Tod unangefochten auf seinem Thron geblieben. Nachdem er sah, daß er Aljechins Herausforderung nicht mehr umgehen konnte, soll er sich dann freilich mächtig ins Zeug gelegt haben, um den Preisfond möglichst in die Höhe zu treiben.

Mit seinem Schachstil ging eine ungünstige Veränderung vor sich. Er wich immer mehr Komplikationen aus, übertrieb das Vereinfachungsspiel und schreckte vor schnellen Remisen mit starken Gegnern nicht zurück, in der Hoffnung, dank seiner Technik durch eine hohe Erfolgsquote gegen die Schwächeren genug Punkte zu machen. Aljechin kritisierte später mit Recht, daß diese Bequemlichkeit allmählich Capablancas „lebendigen Geist tötete", den er früher bewiesen hatte.

Das blieb nicht ohne Folgen. In New York 1924 wurde der Kubaner bereits nur Zweiter hinter Lasker, was besonders ärgerlich für ihn war, er konnte aber darauf verweisen, daß er in seiner schwachen Anfangsphase krank war und im zweiten Durchgang Lasker besiegte. 1925 in Moskau hatte er für Platz 3, hinter Bogoljubow und wieder Lasker, keine Entschuldigung mehr. Dabei lag diese bis dahin größte Enttäuschung bestimmt nicht an schachlichem Unvermögen. Er schlug Bogoljubow sowie den Vierten und Fünften, verlor aber gegen zwei weniger starke sowjetische Meister und machte zu viel Remisen. Wie Panow berichtet, leistete er sich die Eskapade, an einem freien Tag in Leningrad simultan zu spielen, wofür er zwei Nächte (hin und zurück) im Zug unterwegs war. Am nächsten Tag verlor er dann grausam gegen den kaum bekannten Werlinski. Auch machte ihm der Starkult sicher zu schaffen. Panow: „Verließ er das Brett, umgab ihn eine ganze Schar von Verehrerinnen ... am Schluß des Turniers besaß er 200 Bonbonnieren." Sogar ein Film „Schachfieber" wurde über das Turnier gedreht, in dem Capablanca eine Rolle spielte, nämlich sich selbst. Doch Showstar zu sein und zugleich erstklassige Leistung zu bringen, gelang selbst ihm nicht.

In diese Schwächeperiode platzte Aljechins Herausforderung Ende 1926. Da sie dem Londoner Protokoll entsprach, konnte sie Capablanca eigentlich nicht ablehnen. Aber nun wurde plötzlich ein Kandidatenturnier in New York 1927 angekündigt, dessen Sieger oder der Zweite, falls Capablanca Erster wurde, WM-Kandidat werden sollte. Auf Aljechins wütenden Protest hin wurde dies zwar gestrichen; aber wer weiß, was passiert wäre, hätte ein anderer den ersten bzw. zweiten Platz belegt. Zudem fehlte nicht nur Lasker, sondern z. B. auch Rubinstein, der damals wohl einzige, der gegen Capablanca eine positive Bilanz aufzuweisen hatte. All das machte den Eindruck, als habe der Weltmeister Regie geführt, um einen möglichst bequemen Gegner zu bekommen.

Wie auch immer, Capablanca gewann dieses für ihn maßgeschneiderte Turnier noch einmal ungeschlagen im alten Stil mit 2,5 P. Vorsprung. Aber bei der ungleichen psychologischen Lage – der Weltmeister stand nicht annähernd so unter Druck wie die anderen, die um eine vielleicht einmalige Chance kämpften – war dieses Resultat trügerisch. Aljechin jedenfalls wurde Zweiter und damit das WM-Match endgültig perfekt.

Niemand zweifelt mehr daran, daß es gerade der billige Sieg von New York war, der einen durch seine Mißerfolge wachgerüttelten Capablanca erneut einlullte. Gerade daß er eine Partie gegen Aljechin kinderleicht gewann, während die drei anderen remis endeten, trug dazu bei. Zuvor sah es ja aus, als habe Capa Aljechin ausweichen wollen, als habe er einigen Respekt vor ihm gehabt; jetzt aber meinte der Kubaner wieder, es müsse ein Wunder geschehen, damit er den Titel verliere. Er soll gar gesagt haben, nicht in hundert Jahren werde dieser Aljechin auch nur eine Partie gegen ihn gewinnen.

Dabei schätzte er den Gegner völlig falsch ein: „Wir(!) glauben, daß er nicht den richtigen Kampfgeist besitzt. Überdies ist er äußerst nervös, und diese Eigenschaften dürften sich in einem langen Kampf mit einem kaltblütigen, gewandten Gegner nachteilig für ihn auswirken." Doch es war Capablanca, der unter dem nicht mehr gewohnten Wettkampfstreß zusammenbrach. Vom Matchverlauf und von den Querelen um einen Rückkampf, den es nie geben sollte, wird das nächste Kapitel erzählen.

Schachlich gesehen verfiel Capablanca, als er den Titel verloren hatte, fast in einen Spielrausch: acht Turniere in gut zwei Jahren (früher im Schnitt höchstens eins pro Jahr), darunter auch schwächer besetzte. Hoffte er, wie einst Tarrasch gegen Lasker, ein Revanchematch durch den Druck seiner Erfolge zu erzwingen? Wenn ja, dann ging die Rechnung nicht auf: Der Kubaner gewann zwar fast immer den ersten Preis, jedoch in den zwei wichtigsten Turnieren gerade nicht. In Bad Kissingen 1928 war er nur Zweiter hinter Bogoljubow, was Aljechin einen guten Grund gab, diesen als WM-Gegner vorzuziehen. In Karlsbad 1929 teilte Capablanca wieder „nur" den zweiten Platz mit Spielmann. Natürlich zählte er weiter zu den ganz Großen, aber er war schon den anderen, geschweige denn Aljechin, nicht mehr klar überlegen.

Da ihm aufgegangen war, daß wegen der Feindschaft mit letzterem vorerst an ein neues Match nicht zu denken war, zog er sich von 1931 bis 1934 zurück. Er arbeitete offenbar an sich, zumindest hatte er nach der verlorenen WM eingesehen: „Uns (den pluralis majestatis benutzte er immer noch) ist klar, daß wir in Zukunft ... die Arena körperlich wie geistig sorgfältig vorbereitet betreten und ein Leben führen müssen, das dazu angetan ist, uns in bester Verfassung zu erhalten ..."

Entgegen früherer Gewohnheit studierte er nun sogar aktuelle Theorie, hypermoderne Strategien und versuchte, wie einst, anspruchsvoll zu spielen. Doch nach seiner Pause kam er zunächst nur schwer in Tritt. In Hastings 1934/35 und Moskau 1935 wurde er nur Vierter. Erst im Jahr darauf zahlte sich die Mühe aus. Capablanca gewann in Moskau und dann, gemeinsam mit Botwinnik, das Superturnier von Nottingham. Ein spektakuläres Comeback schien sich anzubahnen, doch nun hatte der Kubaner auch Pech. Gerade in diesem Jahr war Euwe Weltmeister und hatte Aljechin für 1937 einen Rückkampf zugesagt. So mußte Capablanca warten. Erst 1938 beim AVRO-Turnier, das den nächsten Herausforderer küren sollte, bekam er eine Chance. Doch da versagte er vollkommen und endete als Vorletzter unter acht Spielern. Ausgerechnet während dieses Turniers wurde er 50, und sein Erzrivale Aljechin „beschenkte" ihn an jenem Tag auch noch mit einer deftigen Schlappe. Zuvor war Aljechin extra zu spät gekommen, um der Gratulationscour für den Kubaner vor Rundenbeginn zu entgehen ...

Viele haben spekuliert, ob es das Alter in Verbindung mit dem aufreibenden Austragungsmodus war – man spielte nämlich in mehreren Städten –, das Capablanca zum Verhängnis wurde. Aber in erster Linie scheiterte er wohl an seiner Gesundheit. Panow spricht von ersten Anfällen der später tödlichen Gehirnsklerose, andere Quellen von einem leichten Schlaganfall, was im Ergebnis letztlich aufs gleiche hinausläuft. Das bedeutete natürlich das Ende aller WM-Hoffnungen. In guten Phasen erzielte der Kubaner noch beachtliche Resultate, doch der Krieg beendete definitiv seine Laufbahn. Capablanca starb am 7. März 1942 in New York.

VII. Aljechin (1927–1935 und 1937–1946)

Alexander Aljechin (* 1892, † 1946)

Hätte es seinerzeit schon die BILD-Zeitung gegeben, so hätte man in ihrer Redaktion keine Mühe gehabt, satte Schlagzeilen über Aljechin zu ersinnen. Er war einer der großen Maniaks des Schachs und bot Sensationen und Skandale in bunter Folge. Glanzvolle Turniersiege, spektakuläre Weltrekorde im Blindsimultan, den bis dahin gigantischsten WM-Kampf 1927 – daneben aber auch Auswüchse von Trunksucht bis zu Annäherungen an das deutsche Terrorregime: ein charakterliches Gruselkabinett. Schonberg bezeichnet ihn schlicht als menschliches Monster. Nach unserer Meinung ist es freilich eher die Geschichte von Jekyll und Hyde, die in dieser äußerst widersprüchlichen Figur lebendig wurden.

Alexander Alexandrowitsch Aljechin (1892–1946) stammte aus einer Ehe, die „vom Vater her adlig, von der Mutter her reich" (Golombek) war. Vielleicht eine Standesehe; jedenfalls sprechen alle Quellen von desolaten häuslichen Verhältnissen. Der Vater soll nach Fine zwei Millionen Rubel in Monte Carlo verspielt haben, die Mutter nach anderen Berichten später geisteskrank geworden sein. Zudem erlebte der junge Aljechin alle Phasen des russischen Chaos: Krieg, Zusammenbruch des Zarismus, Revolution und Gegenrevolution, Bürgerkrieg und den Anfang der neuen Sowjetdiktatur. Es fällt nicht schwer, sich vorzustellen, daß er psychisch völlig entwurzelt gewesen sein muß: kein Rückhalt in der Familie, keine Weltanschauung, die ihm Halt gab. Sein späteres Verhalten deutet darauf hin, daß er die Welt als amoralisches Chaos begriff, in dem es nur einen Fixpunkt gab: Schach. Erfolg und Vervollkommnung in diesem Spiel scheinen der einzig echte Wertmaßstab, den er je hatte, gewesen zu sein. In seinen schachlichen Schriften findet sich absolut nichts Prinzipienloses oder Verwerfliches; im Gegenteil, er stellt höchste Ansprüche an sich selbst wie an andere. Danach lebte er auch. Es scheint fast, daß er aufgrund seiner Lebenserfahrung alles Gute, Schöne und Hochwertige auf das Schachspiel projizierte, während er im wirklichen Leben den finstern Seiten Raum gab.

Sein schachlicher Aufstieg verlief auffallend mühsam. Ein Wunderkind war er mit Sicherheit nicht, wohl eher von Anfang an ein fanatischer Arbeiter. Erste Auftritte in großen Turnieren verliefen mäßig, nur knapp über 50 % der möglichen Punkte. Erstmals siegte er in einem kleinen Turnier in Stockholm 1912, kam aber im selben Jahr sogar beim russischen Nationalturnier nicht über den 6./7. Platz hinaus. 1913 folgt ein etwas bedeutenderer Sieg in Scheveningen und 1914 der 1./2. Platz beim Allrussischen Turnier. Weltklasse war aber auch das noch längst nicht. Nur mit Mühe gelang Aljechin daher die Zulassung zum großen St. Petersburger Turnier 1914. Hier kam der Durchbruch: Er erreichte die Finalrunde und dort den 3. Platz, wenn auch mit Abstand hinter Lasker und Capablanca, gegen die er ohne Chance blieb und sich jeweils mit nur einem Remis aus drei Partien begnügen mußte. Er gibt zu, daß er beim ersten Treffen mit Lasker bei einer freien Partie kurz zuvor in Moskau befangen war und es als Erfolg ansah, mit Weiß schnell Remis zu erzwingen.

Ähnlich wirkt seine erste Partie mit Capablanca, die er sang- und klanglos verlor. Aljechin schwärmte damals geradezu von dem Kubaner: „Die Sache ist die, daß gegen Capablanca das Spiel jedes beliebigen Schachspielers schwach aussieht. Das erklärt sich nicht durch das schwache Spiel der Gegner, sondern das viel zu gute von Capablanca!"

Lange konnte sich Aljechin von dieser Befangenheit nicht freimachen. Capablancas Spiel beeinflußte ihn auch stilistisch; zu seinen oft schon genialen, aber noch unausgegorenen und unsoliden Ideen lernte er jetzt Technik und Positionsspiel. So entstand allmählich die Grundlage seines späteren universellen Stils.

Im selben Jahr war er in Mannheim auf dem Weg zu seinem bis dahin größten Sieg, als der Kriegsausbruch das Turnier stoppte. Über die Jahre von 1914–1921 wuchert ein schier undurchdringliches Gestrüpp von Wahrheit, Dichtung und Spekulationen. Jedenfalls war Aljechin eine Zeitlang in Deutschland interniert; dann kehrte er nach Rußland zurück und arbeitete fürs Rote Kreuz, wobei er an der Front eine schwere Rückenverletzung erlitt und monatelang im Hospital blieb. Dort spielte er auch blindsimultan; sogar eine recht bekannte Partie kam hier zustande. Später wurde er einmal verhaftet; warum, ist ebenso umstritten wie die Art, auf welche er freikam. Seine Biographen Müller/Pawelczak schreiben, er habe zum Tode verurteilt werden sollen, doch ein Richter habe die Unterschrift verweigert. Wieder in Freiheit, soll er eine Stelle als Dolmetscher erhalten und auf diesem Weg eine Schweizer Schriftstellerin kennengelernt haben, die er später heiratete. Die guten Beziehungen dieser Frau zur russischen Regierung hätten ihm dann die Ausreise ermöglicht. Die oft kolportierte Geschichte, Aljechin habe mit einem hohen kommunistischen Funktionär (vermutlich Trotzki) eine Schachpartie um sein Leben gespielt, halten auch Müller/Pawelczak für offensichtlich erfunden.

Jedenfalls kam er in dieser Zeit anscheinend einige Male nur knapp mit heiler Haut davon, was weitere düstere Schatten auf seine Charakterbildung geworfen haben mag. Bevor Aljechin emigrierte, gewann er 1920 noch die erste sowjetrussische Meisterschaft. Doch erst im Westen begann seine große Karriere.

Er gewann 1921 sogleich drei Turniere (Triberg, Budapest, Den Haag), dann lief es zwar 1922 etwas schlechter, doch es war klar, daß er sich in der Weltspitze etabliert hatte. Seine Partien erregten Aufsehen. Die folgende erklärt Tartakower im Vorwort zu einem Aljechin-Buch zur „schönsten Partie der neuesten Zeit".

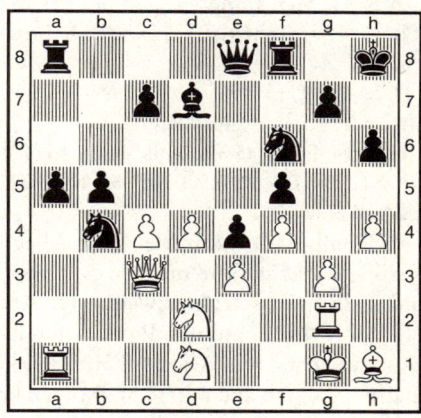

Bogoljubow – Aljechin, Hastings 1922

(Nach dem 28. Zug von Weiß)

Schwarz hat einen Mehrbauern, der aber wegen der verschachtelten Stellung auf technischem Weg schwer zu verwerten ist. Aljechin sucht darum eine taktische Lösung, bei der er das Material zunächst zurückgibt.

28... Sd3! 29. Txa5

29. cxb5 Lxb5 30. Txa5 verstärkt nur die schwarze Stellung: 30... Sd5 31. Da3 Txa5 32. Dxa5 Dc6 nebst Ta8 (Aljechin).

29... b4! 30. Txa8

Oder 30. Da1 Txa5 31. Dxa5 Da8! 32. Dxa8 Txa8 drohend Ta1 mit entscheidendem Vorteil (Aljechin).

30... bxc3 31. Txe8 c2!! 32. Txf8+ Kh7

Weiß hat im Moment zwei Türme mehr, aber der Bc2 trägt den Marschallstab im Tornister, seine Umwandlung in eine neue Dame ist nicht zu verhindern.

33. Sf2 c1D+ 34. Sf1 Se1 35. Th2 Dxc4

Weiß hat noch nichts weniger, aber seine Figuren stehen geradezu tragikomisch verpackt. Es droht 36. ... Lb5 37. Sd2 Dc1, was Weiß zum Qualitätsopfer nötigt.

36. Tb8 Lb5 37. Txb5 Dxb5 38. g4 Sf3+ 39. Lxf3 exf3 40. gxf5 De2!

Die vielen Umwandlungstricks sind eine spezielle Eigenart dieser Partie. Auf 41. Sh3 käme 41. ... Sg4! 42. Txe2 fxe2. Da auch auf 41. Th3 Sg4! entscheidet (42. Sxg4 Dg2 matt), ist Weiß fast patt.

41. d5 Kg8! 42. h5 Kh7!

Zugzwang bei noch halb vollem Brett!

43. e4 Sxe4 44. Sxe4 Dxe4 45. d6 cxd6 46. f6 gxf6 47. Td2 De2! 48. Txe2 fxe2 49. Kf2 exf1D+ 50. Kxf1 Kg7 51. Kf2 Kf7 52. Ke3 Ke6 53. Ke4 d5+ Weiß gab auf.

Aber allein als Kombinationskünstler hätte Aljechin nie seine überragende Größe erreicht. Spielmann, von vielen Zeitgenossen halb lobend, halb spöttisch als „zweitbester Angriffsspieler der Welt" tituliert, brachte es auf den Punkt: „Ich kann Kombinationen genauso gut sehen wie Aljechin, aber ich kann es meistens nicht schaffen, daß ich auch diese Stellungen erreiche."

Aljechin besaß einen unbändigen Ehrgeiz, der Größte zu sein, und war zudem eine kreativ-künstlerische Natur. Er meinte, ein hervorragender Meister habe sogar die Pflicht, sich als Künstler zu betrachten. Er schimpfte über schwächere Gegner, „die durch Unachtsamkeit ständig ein makelloses Geisteswerk zu zerstören drohen". Jacob Silbermann: „Aljechin spielte jede Partie mit dem Feuereifer eines Debütanten, der sich bewähren will, und der Gewissenhaftigkeit eines Künstlers, der sein Werk als Vermächtnis an kommende Generationen empfindet." Als ein Gegner einmal in schwere Zeitnot geriet, half ihm Aljechin durch einige Zugwiederholungen darüber hinweg, damit die Partie weiter ihren logischen Verlauf nehmen konnte. Auch von der „Wahrheit" im Schach spricht Aljechin oft. Er verlangte von sich, alle Stilarten zu beherrschen, um immer das anwenden zu können, was die Stellung verlangte. Als er sich einmal gegen einen Schwächeren mit einem minimalen Vorteil zufriedengab, schrieb er: „Ein Meister ist nach meiner Ansicht moralisch verpflichtet ... zu versuchen, das Problem der Stellung ohne ‚Furcht' vor den möglichen Vereinfachungen bestmöglich zu lösen."

Aber anders als Steinitz oder Tarrasch vermied Aljechin, die absolute Wahrheit, die er suchte, durch starre Lehrsätze festzuschreiben. Er benutzte klassische Prinzipien genauso wie Psychologie oder die neuen „hypermodernen" Ideen. Diese stammten von Meistern wie Nimzowitsch und Reti; ersterer lieferte sich jahrelang mit Tarrasch einen theoretischen Kleinkrieg. Statt Tarraschs Doktrin, das Zentrum mit Bauern zu besetzen, propagierten die Neuerer Eröffnungen, wo die Figuren auf die Zentralfelder wirken und die Bauern zurückgehalten werden, um dann das à la Tarrasch aufmarschierte feindliche Zentrum zu zerschlagen. Heute populäre Eröffnungen wie alle „indischen Verteidigungen" wurden durch Nimzowitsch & Co. salonfähig. Aber diese Meister waren oft nicht weniger in ihre Ideen verliebt wie umgekehrt die „Alten". Obwohl Aljechin mit 1. e4 Sf6 eine typische „hypermoderne" Verteidigung erfand, wies er alles Doktrinäre weit von sich: „Ich erkläre ein für allemal, daß ich gern auf die Ehre verzichte, einer der Begründer der neoromantischen oder hypermodernen Schule zu sein. Ich überlasse diese Ehre gern den Erfindern dieser pompösen Namen, die eher dazu erdacht sind, Eindruck zu machen als zu dem einzigen Zwecke zu dienen, der nach meiner Meinung in unserer Kunst wertvoll ist – zum Zwecke der Schönheit und des Wahren."

Aljechin glaubte offensichtlich, daß jede Stellung ihre individuelle Wahrheit enthielt; sicher kein Zufall, daß er sich in der Jugend von Tschigorins Gedanken inspirieren ließ. Er produzierte neue, verblüffende Ideen abseits jeder Schablone. Er verstand es, selbst das winzigste Detail zum Gehalt der Stellung in Beziehung zu setzen; ob ein Bauer auf a2 oder a3 stand, daraus konnte er, wie er es in der Analyse einer seiner WM-Partien tat, ein ganz neues Konzept entwickeln. Sein Markenzeichen war das „Spiel auf dem ganzen Brett"; er manövrierte gern weit ab vom Ort der Entscheidung, bereitete diese mit scheinbar nebensächlichen Kleinigkeiten vor, um dann mit einer blitzschnellen

Schwenkung zuzuschlagen. Dieses Schema skizziert er in seinen Werken ganz offen; aber trotzdem waren die Gegner meist nicht fähig, am Brett seinen Ideen zu folgen. Selbst Bobby Fischer gab zu, manche Kombinationen Aljechins habe er bis heute nicht verstanden.

Dieses Niveau konnte Aljechin nur mit „Schach total" erreichen. Er lebte für nichts anderes und schien nie völlig mit sich zufrieden. Wenn ihm etwas mißlang, flogen nicht selten die Fetzen. Einmal gab er eine Partie auf, indem er seinen König durch den Saal warf. Zu seinem Verlust gegen Spielmann in Karlsbad 1923 schreibt Kmoch: „Nachdem Spielmann gewonnen hatte, zog sich Aljechin auf sein Hotelzimmer zurück und tat etwas für seine Beruhigung. Er zertrümmerte die Einrichtung."

Aljechins persönlicher Ehrgeiz ist schwer von seinen höheren Motiven zu trennen, da das oberste Ziel war, alles im Schach zu übertreffen, was es bis dahin gab. Auffällig ist jedenfalls, daß er sich auch in analogen Alltagssituationen so verhielt. Fine: „Wenn er im Tischtennis verlor, zerdrückte er vor Wut den Ball." Wie hätte man sich Aljechin wohl als Fußballer vorzustellen?

Sein größtes Feindbild wurde Capablanca – trotz aller anfänglichen Bewunderung. Den Kubaner sah er nicht nur als Erzrivalen, sondern auch als Verräter an den Idealen der Kunst, der nur noch aufs bequeme Gewinnen aus war. Besonders in Rage brachte Aljechin, daß die Öffentlichkeit Capablanca dennoch zujubelte. Gewiß trieb ihn auch der Neid um, da der andere dank seines Naturtalents alles scheinbar mühelos erreichte, wofür Aljechin selbst Tag und Nacht arbeitete.

Dieser Wandel seiner Sympathie für den Kubaner ging nicht von heute auf morgen vonstatten. Noch im Turnierbuch New York 1924 hat Aljechin für Capa manchmal hohes Lob übrig: „Und da behauptet man noch, daß Capablanca allzu trocken spielt! Seine Anlage der vorliegenden Partie ... ist von einem derart frischen Positionsgeist erfüllt, um den ihn jeder Hypermoderne beneiden könnte." Für Aljechin selbst brachte dieses Turnier eine Enttäuschung, denn er blieb klar hinter Lasker und Capablanca zurück und sah einmal mehr in den direkten

Treffen nicht gut aus, obwohl er gegen den Kubaner immerhin zwei Remisen und gegen Lasker 0,5 aus 2 holte. Doch 1925 ging es steil aufwärts mit drei ersten Plätzen, der wichtigste in Baden-Baden, wo außer Lasker und Capablanca die Weltelite praktisch komplett vertreten war. Hinzu kam ein Blindsimultan-Weltrekord mit 28 Partien, nach 21 bis 26 Partien in früheren Jahren. Das alles erregte Aufsehen, und Aljechin gewann beträchtlich an Renommee. Obwohl 1926 nicht ganz nach Wunsch verlief, als er „nur" zweite Plätze in Semmering bzw. Dresden errang, ging er nun das Projekt WM an. Trotz Capablancas angekratztem Prestige war es immer noch schwer, Sponsoren zu finden, denen ein Match gegen die „unschlagbare Schachmaschine" interessant schien. Bei einer Tournee durch Argentinien kam Aljechin ans Ziel. Er muß sehr überzeugend aufgetreten sein, denn schon „in der nächsten Woche nach meiner Ankunft wurde von den dortigen maßgebenden Kreisen, vor allem dem Präsidenten der argentinischen Republik ..." die Sache in Angriff genommen. Daß es nach Aljechins Herausforderung zum New Yorker Kandidatenturnier kam, haben wir schon geschildert. Aljechin nahm teil, weil er befürchtete, sonst von Capablanca ausgebootet zu werden; aber es wurde für ihn eine Zitterpartie. Einmal lag er volle zwei Punkte hinter Nimzowitsch zurück, drei Runden vor Schluß standen beide immer noch gleich. Erst dann gewann Aljechin zweimal, während Nimzowitsch remisierte, und der Kampf war entschieden.

Über die schon erwähnte paradoxe Wirkung seiner Verlustpartie gegen Capablanca schreibt Aljechin selbst: „Es untersteht keinem Zweifel, daß gerade nach dieser Partie etwa 95 % der sogenannten sachkundigen Kritiker der gesamten Schachwelt einzureden bestrebt waren (und zum Teil gelang es ihnen auch), daß es in Buenos Aires überhaupt keinen Kampf, sondern eine Abschlachtung geben werde." Und der am bereitwilligsten daran glaubte, war natürlich Capablanca selbst.

Erst auf dem Schiff nach Buenos Aires, wo Aljechin die Partien Capablancas aus New York sezierte, vollzog sich nach seinen Worten der Umschwung von Befangenheit zu fanatischem Glauben an den Sieg: „Erst dann wurde für mich endgültig klar, wie übertrieben das allgemeine Lobgeschrei war ... Das soll eine Schachmaschine sein? Ein „champion of all times"? Welche absurden Behauptungen einem Spieler gegenüber, dessen Partien in einer erdrückenden Mehrzahl, wenn keine direkten Fehler, so doch eine jede ungefähr 2–3 Unterlassungen aufweisen, welche entweder den Gewinn in Frage stellen bzw. auslassen oder aber bei richtiger Antwort geeignet wären, seine Stellung bedenklich zu kompromittieren." Ungeachtet mancher Bosheiten gegen den Kubaner ist das Vorwort zum New Yorker Turnierbuch, wo Aljechin Capablancas Spiel durchleuchtet und seine eigene Matchtaktik erläutert, ein Meisterstück.

Aljechin gewann gleich die erste Partie des Matchs mit Schwarz! Aber trotz dieses sensationellen Auftakts war er nach eigenem Geständnis noch nicht Herr seiner Nerven. In der 3. Partie beging er bald einen kapitalen Fehler. Als Capablanca in gutem Stil auch die 7. Partie gewann und 2:1 in Führung ging – man spielte auf sechs Siege –, schien das „Weltbild" der meisten wieder in Ordnung. Doch dann kam die Wende.

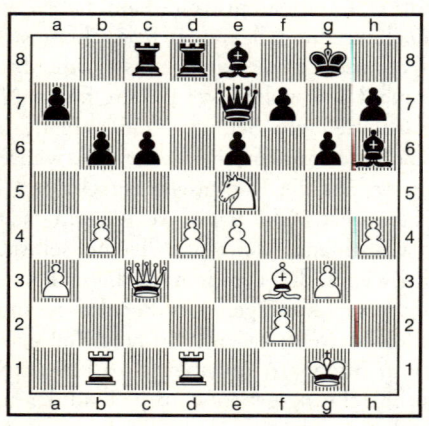

Capablanca – Aljechin, Buenos Aires 1927, 11. Partie

(Nach 25 Zügen)

Weiß hat Raumvorteil und sollte nach Aljechin die Abseitsstellung des Lh6 zu Sc4 nebst e5 und Sd6 nutzen, worauf

Schwarz die Qualität mit vortrefflichen Remischancen opfern wollte.

26. Sg4?! Lg7 27. e5 h5 28. Se3 c5 29. bxc5

Nach 29. dxc5 bxc5 30. Txd8 Dxd8 31. bxc5 Dc7 hängen c5 und e5.

29... bxc5 30. d5?!

Wieder ungenau. Nach Aljechin hätte 30. Tb7 Td7 31. Txd7 Lxd7 und jetzt erst 32. d5 exd5 33. Sxd5, weil nach 33... De6 34. Sf4 nicht mehr Dxe5 geht, da nun der Ld7 hängt, zum klaren Ausgleich geführt, und mehr konnte Weiß bereits nicht mehr erreichen.

30... exd5 31. Sxd5 De6 32. Sf6+?

Nach 32. Tb7 Lxe5 33. Da5 (Aljechin) hatte Weiß vielleicht immer noch ausreichende Chancen. Jetzt wird f6 schwach, und Schwarz hat zudem praktisch den mächtigen c-Bauern mehr.

32... Lxf6 33. exf6 Txd1+ 34. Txd1 Lc6 35. Te1 Df5 36. Te3 c4 37. a4 a5 38. Lg2 Lxg2 39. Kxg2 Dd5+ 40. Kh2 Df5 41. Tf3 Dc5 42. Tf4 Kh7 43. Td4 Dc6?

Der Angriff auf a4 erzwingt die Freimachung des Bc4, aber mit dem Schlagen des an sich unbedeutenden Ba5 erhält Weiß plötzlich Gegenspiel. Richtig war nach Aljechin 43... Db6!, drohend Db4 (falls 44. Txc4?? Dxf2+ nebst Df1+).

44. Dxa5 c3 45. Da7 Kg8

Nicht 45... Dxf6 46. Tf4 Dxf4 47. gxf4 c2 48. Dxf7+ Kh6 49. f5 mit Remis (Aljechin).

46. De7 Db6

In dieser Stellung bringt 46... c2 47. Td8+ Txd8 48. Dxd8+ Kh7 49. De7 De6 (oder Kg8 mit Zugwiederholung) 50. Dc5 Db3 51. a5 nach Aljechin nur Remis.

47. Dd7?

Hier verfügte Weiß laut Aljechin über eine „studienhafte Rettung", nämlich 47. Td7 Dxf2+ 48. Kh1! Da2 (Df1+-c4 ändert nichts) 49. Td8+ Txd8 50. Dxd8+ Kh7 51. Df8 und Schwarz muß mit Db1+-c2+ Dauerschach geben (Kh3?? Df5+), da der Bc3 die Eroberung von f6 durch Schach auf a1 oder b2 verhindert.

47... Dc5 48. Te4 Dxf2+49. Kh3 Df1+50. Kh2 Df2+51. Kh3 Tf8 52. Dc6 Df1+53. Kh2 Df2+54. Kh3 Df1+55. Kh2 Kh7 56. Dc4 Df2+57. Kh3 Dg1 58. Te2

In dieser Phase war Zeitnot im Spiel; daher hat es keinen Sinn, darauf einzugehen, daß Aljechin beidseits noch einige schwache Züge kritisiert. Am Schluß kommt jedenfalls das von der Stellung her korrekte Ergebnis heraus.

58... Df1+59. Kh2 Dxf6 60. a5 Td8 61. a6 Df1 62. De4 Td2 63. Txd2 cxd2 64. a7 d1D 65. a8D Dg1+66. Kh3 Ddf1+Weiß gab auf (67. Dg2 Dh1 matt).

Dadurch aus der Fassung gebracht, verlor Capablanca auch die nächste Partie, wieder nach nervösem Verlauf und beidseitigen Fehlern. Plötzlich lag er 2:3 hinten, und schon in diesem Moment bat er laut Panow einen befreundeten Funktionär, sich um ein Revanchematch zu kümmern. Aber noch war dieser Doppelschlag nicht katastrophal, sondern zunächst einmal nur ein Schock. Noch schwankte der Kubaner zwischen Resignation und verbissenem Widerstand. Es folgten acht Remis. In der 21. Partie zog wieder Capablanca den Kürzeren und hätte wiederum fast auch die nächste Partie verloren. Doch der Glaube an sich selbst lebte noch. „World of Chess" berichtet von einer Abbruchstellung mit vier Bauern Aljechins gegen einen Springer, was nur auf diese 22. Partie zutreffen kann. Demnach analysierte Aljechin die ganze Nacht, während Capa mit Freundin ins Kabarett ging und seine Sekundanten schwitzen ließ. Dann legte er sich schlafen. Erst eine Stunde vor Wiederbeginn geruhte er sich über die Lage informieren zu lassen. Die sei miserabel, meinten die Sekundanten, die Bauern würden das Rennen machen. Capa: „Wirklich? Ich rechne mit einem Remis. Ich fresse sie alle auf!" Er behielt recht – dank Aljechins Hilfe ...

Der Kubaner schien wieder erholt, doch die 27. Partie brachte ihm eine neue schwere Enttäuschung. In Gewinnstellung unterlief ihm zunächst ein einfaches Übersehen, dann ließ er, dadurch schockiert, zwei Züge später den immer noch möglichen Sieg aus. Dieses Remis, so sagte er, habe ihn endgültig umgebracht. Das mag psychologisch stimmen, objektiv freilich nicht, denn als Aljechin die 29. Partie seinerseits in Remisstellung durch einen groben Fehler verlor, war Capablanca bei 3:4 wieder im Rennen. In der 31. Partie hatte er sogar eine riesige Ausgleichschance: Mehrbauer im Endspiel ohne Kompensation! Doch gerade in der Technik, seiner Spezialität, versagte der Kubaner. Nach drei schwachen Zügen hintereinander (womöglich in Zeitnot) war der Gewinn dahin. In der nächsten Partie wechselte Capablanca gegen jede Gewohnheit plötzlich die Eröffnung, was gründlich mißriet, egal, ob es nun ein Überraschungsversuch oder einfach Unsicherheit war. Im Endspiel dieser Partie zeigte sich nochmals die beiderseitige Nervosität, doch Aljechin gewann. Das war nun wirklich das Ende des Kubaners. Die 33. Partie gab Capablanca mit Weiß fast ohne Kampf remis. Laut Aljechin „bürgte mir schon das äußere Aussehen meines Gegners dafür, daß die Würfel in diesem Kampfe bereits gefallen waren." Die 34. Partie setzte den Schlußpunkt. Als sie nach Abbruch weiterging, war bereits alles für die Schlußfeier arrangiert, da man mit Aljechins Sieg rechnete. Aber die öffentliche Kapitulation mochte Capa dem Gegner nicht gönnen und spielte bis zum nächsten Abbruch. Am folgenden Morgen marschierten die Offiziellen und Regierungsvertreter erneut auf. Eine Stunde lang mußten sie warten. Dann kam ... nicht Capablanca, sondern ein Brief: „Ich gebe die Partie auf und wünsche Ihnen Glück zum Titel. Meine Empfehlungen an Ihre Gattin. Capablanca."

Es war ein verdienter, aber kein überlegener Sieg Aljechins. Er gab noch Jahre später zu, 1927 nicht stärker als Capablanca gewesen zu sein. „Wahrscheinlich war die Ursache für seine Niederlage die übertriebene Vorstellung von eigener Stärke, was der glänzende Sieg im New Yorker Turnier 1927 bewirkt hatte, und die Unterschätzung meiner Stärke." Wir würden sagen, es war der Erfolg des stärkeren Charakters, ein langsames psychisches und physisches Zerbröckeln des allzu bequem gewordenen, schlecht vorbereiteten, an harten Kampf nicht mehr gewöhnten Capablanca.

Ein schier endloses Hickhack um die Revanche begann. Aljechins Methoden, diese zu verhindern, werden zu Recht beklagt;

aber man muß zugeben, daß Capablanca ihm genug Gründe geliefert hatte, wütend zu sein. Die Sache mit dem Kandidatenturnier 1927, der Affront beim Abschluß der WM, die folgenden Kommentare des Kubaners, die darauf hinausliefen, er sei nicht besiegt, sondern totgesessen worden – das türmte sich zu einem Berg von Kränkungen. Zudem wollte Capablanca für den Rückkampf bessere Bedingungen, während Aljechin auf denen von Buenos Aires bestand, die ursprünglich Capas eigene gewesen waren. Nach seinem 2. Platz in Bad Kissingen 1928 war der Kubaner in diesem Punkt zum Nachgeben bereit, doch inzwischen hatte sich Aljechin bereits mit dem Kissinger Sieger Bogoljubow geeinigt.

Dieses Match 1929 war indes auch sportlich berechtigt. Bogoljubow holte allein von 1924 bis 1928 neun erste Preise, darunter in zwei Weltklasseturnieren. Daß er dennoch den Wettkampf klar 5:11 bei neun Remis verlor, lag einfach an Aljechins Glanzform in jener Zeit. Sein Sieg in San Remo 1930 mit 14:1 Punkten gilt für viele als bestes Turnierresultat aller Zeiten. Ähnlich sah es in Bled 1931 aus: 20,5 aus 26, sogar 5,5 Punkte vor dem Zweitplazierten! Die anderen Meister waren erschüttert. „Unglaublich", jammerte Nimzowitsch, „früher waren wir alle ungefähr eine Klasse, heute behandelt uns Aljechin wie Patzer!"

In dieser Form hätte sich Aljechin ein Revanchematch mit Capablanca ohne weiteres leisten können. Aber in seinem Haß wählte er den unschönen Weg: Er schraubte nicht nur seine Forderungen so hoch, daß sie unerfüllbar wurden, er sabotierte sogar, wie es heißt, Capablancas Teilnahme an Turnieren. Seine Methode wird von verschiedenen Quellen geschildert: Er forderte zu seinem Honorar einen gesalzenen Aufschlag für den Fall, daß der Kubaner am selben Turnier teilnähme. Dieser reagierte aus Prinzip gewöhnlich mit eigenen Extraansprüchen, und kein Veranstalter war bereit oder imstande, das alles zu erfüllen. Zumal jeder ahnen konnte, welcher Ärger bevorgestanden hätte, wenn die beiden wirklich zusammengetroffen wären.

Was seine Resultate anbelangt, so ging es mit Aljechin ab 1931 abwärts, doch es reichte noch lange Zeit, um die Spitze zu halten. Von 1932 bis 1935 gewann er weitere acht Turniere, wenn auch zum Teil schon mit Glück, und in Hastings 1933/34 wurde er nur 2./3. Bedenkliche Anzeichen lieferte speziell das zweite Match gegen Bogoljubow 1934. Allein daß es dieses gab, stieß auf heftige Kritik; sehr zu Recht, denn seit 1929 hatte Bogoljubow nur ein paar kleine deutsche Turniere gewonnen, aber sonst kaum Großes geleistet. Trotzdem hätte selbst dieser nicht mehr erstklassige Gegner Aljechin fast ins Wanken gebracht. Der Weltmeister spielte unsolid, spekulativ, stand oft schlecht oder gar auf Verlust und gewann nur dank der Fehler Bogoljubows mit 8:3 bei 15 Remis. Euwe, Aljechins nächster Gegner, meinte: „Mir wird es genügen, wenn ich Chancen bekomme, wie sie Bogoljubow gehabt hat."

Daß Aljechin abbaute, lag in seinem Charakter. Die enorme Willensanstrengung, mit der er sich stets zum Äußersten trieb, als er z.B. seinen Blindspielrekord 1933 weiter auf 32 Partien steigerte, konnte er nicht ewig durchhalten. Je mehr davon abbröckelte, um so mehr kam die innere Haltlosigkeit zum Vorschein. Im Privatleben fand er keine Stütze. Er war mehrfach verheiratet – nach den meisten Quellen viermal; bei Müller/Pawelczak sind es drei Ehen und eine ohne Trauschein, bei Fine sogar fünf. Später suchte er sich vor allem ältere Frauen; die eine, so mokierte man sich, müsse Philidors Witwe sein. Was das für Ehen waren, ist unklar; laut Fine wurde Aljechin schon früh impotent, spielte sogar im Bett nur Schach und zeigte zuweilen sadistische Züge. Einen Halt konnten die Ehen ihm unter solchen Umständen kaum geben. Wie viele in dieser Lage suchte er andere Stimulanzien, mit anderen Worten: er soff. Auch das bis zum Äußersten (Schonberg: „er goß Brandy wie Wasser in sich hinein"). Daß er betrunken ans Brett kam, war wohl nicht selten – daß er einmal beim Schach in eine Saalecke gepinkelt habe, könnte aber doch eine Apokryphe sein. Eine andere Anekdote erzählt, daß Aljechin schon in Bled 1931, als seine Frau mit dem Ehepaar Kmoch sprach, lallend seine Zigarette auf Frau Kmochs Torte ausdrückte. Seine Frau brachte ihn aufs Zimmer und meinte dann beim Zurückkommen: „Entschuldigen Sie, Aljechin russisches Schwein, aber jetzt schläft wie Kind."

Erstaunlich war auch Aljechins Aberglaube. „Chess", der nach Kmoch „siamesische, im Gegensatz zu anderen Meldungen weiße Glückskater des Weltmeisters", wurde Stammgast in den Turniersälen. Oft ließ ihn Aljechin vor der Partie übers Brett laufen, weil das angeblich Glück brachte. Euwes – von manchen Experten bestrittene – Allergie gegen Katzen war später wohl höchstens ein Nebenmotiv für den Einsatz der miauenden „Geheimwaffe".

Kein Wunder, daß dieser Aljechin 1935 das WM-Match gegen Euwe verlor (siehe nächstes Kapitel). Der Schock muß für ihn furchtbar, aber auch ein wenig heilsam gewesen sein, denn in einem verzweifelten Aufbäumen versuchte er noch einmal in der Folgezeit, sich zusammenzureißen und Energie freizusetzen. Er gab Trinken und Rauchen auf und speckte tüchtig ab. Zumindest Rückfälle muß es gegeben haben, denn Botwinnik schreibt über den Aljechin von Nottingham 1936: „Er hörte nicht auf, Wein zu trinken, die Partie gegen Reshewsky verlor er nur, weil er, nachdem die Partie abgebrochen worden war, nach dem Mittagessen eine Flasche Wein getrunken hatte." Nottingham war ein schlechtes Turnier für Aljechin: 6. Platz und Verlust gegen Capablanca in ihrem ersten Aufeinandertreffen seit 1927.

Ansonsten war Aljechins Bilanz bis zum Rückkampf gemischt. Es sah so aus, daß mit ihm noch zu rechnen war, doch seine frühere Form konnte er nicht wieder erreichen. Doch schaffte er es, die Kräfte, die ihm verblieben waren, auf das große Ziel zu konzentrieren. Ende 1937 trat ein milchtrinkender, bis in die Haarspitzen motivierter Aljechin zum Revanchekampf an. Anfangs tat er sich schwer; nach fünf Partien führte Euwe 3:2. Doch dann kam der Coup, der wohl das Match entschied.

Aljechin – Euwe, 6. Partie
1. d4 d5 2. c4 c6 3. Sc3 dxc4 4. e4 e5

Hier spielt man heute 5. Sf3 exd4 6. Dxd4. Aber Aljechin hatte einen Schocker vorbereitet:

5. Lxc4!?! exd4 6. Sf3

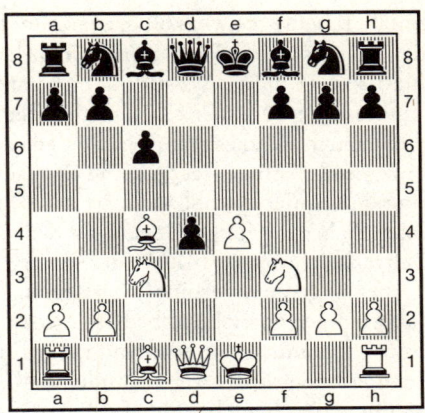

Aljechin – Euwe, Haarlem 1937

Solch ein Figurenopfer nach so wenig Zügen kann auch den Nervenstärksten erschüttern. Nach 6... dxc3 7. Lxf7+Ke7 8. Db3 sieht die schwarze Königsstellung kritisch aus. Erst spätere Analysen zeigten, daß das nicht schlimm wäre: 8... cxb2! 9. Lxb2 Db6! 10. Lxg8 Txg8 11. Dxg8 Db4+12. Sd2 Dxb2 und Schwarz hat noch immer zwei Läufer für Turm, aber Weiß kaum noch Angriff. Wenn freilich selbst Aljechin in seiner Hausanalyse das nicht sah, wie schwer muß es dann erst für Euwe am Brett gewesen sein? Daß er statt dessen einen Riesenbock schießt, bleibt aber trotzdem erstaunlich.

6... b5?? 7. Sxb5!
Und der Bauer ist einfach weg (cxb5? 8. Ld5!).

7... La6 8. Db3! De7
Hier wäre 8... Lxb5 9. Lxf7+Kd7 10. Sxd4 mit vielen Drohungen (Lxg8 oder Sxb5 nebst De6+, Dd5+ usw.) für Schwarz hoffnungslos. Aljechin bringt den Punkt im folgenden glatt nach Hause.

9.0–0 Lxb5 10. Lxb5 Sf6 11. Lc4 Sbd7 12. Sxd4 Tb8 13. Dc2 Dc5 14. Sf5 Se5 15. Lf4 Sh5 16. Lxf7+! Kxf7 17. Dxc5 Lxc5 18. Lxe5 Tb5 19. Ld6 Lb6 20. b4 Td8 21. Tad1 c5 22. bxc5 Lxc5 23. Td5 Schwarz gab auf.

Dieser Reinfall brachte Euwe völlig aus dem Konzept; er konnte aus den vier nächsten Partien nur einen halben Punkt holen. Aljechin ließ sich diesen Vorsprung nicht mehr nehmen, obwohl das Endresultat 10:4 bei elf Remis eindeutig zu hoch ausfiel. Nach 20 Partien stand es erst 11:9, doch da das Ende immer näher kam, mußte Euwe gegen seine Art auf alles oder nichts spielen und resignierte wohl auch, als dies schiefging.

Jetzt meldeten sich neue junge Gegner zu Wort; es gab seit 1924 den Weltschachverband FIDE, der zwar noch keine Macht besaß, aber allgemein verbindliche Regeln für die WM anstrebte. Nach einigen Berichten bedeutete das auch einen niedrigen Preisfond, damit fortan niemand mehr finanziell ausgebootet werden können sollte. Kein Wunder, daß Aljechin vehement dagegen war; doch auch anderen Meistern gefiel dieser Plan wohl nicht. Zum Auftakt des AVRO-Turniers 1938, das zur Ermittlung des nächsten WM-Kandidaten gedacht war, verlas Aljechin „mit ausdrucksvoller, feldwebelartiger Grobheit" (Botwinnik) eine Erklärung, in der er ablehnte, sich einen Gegner aufzwingen zu lassen. Er verkündete, er wolle gegen den ersten spielen, der einen guten Preisfond biete. Darauf setzten sich die acht Spieler zusammen und wurden weitgehend einig; von einem Einfluß der FIDE war nicht mehr die Rede (wer denkt da nicht an den heutigen PCA-Profiverband?). Botwinnik schreibt, Aljechin habe als einzige Bedingung 10.000 Dollar, davon 2/3 für sich im Fall des Sieges, genannt, und er, Botwinnik, selbst sei mit Aljechin auf dieser Basis einig geworden. Der Krieg und die innersowjetische Opposition hätten das Match dann verhindert.

Aljechins Haß auf Capablanca aber blieb. Nach Botwinnik forderte er für ein Match von dem Kubaner fast das Doppelte (18.000 Dollar); auch waren beide bei den Verhandlungen nie gleichzeitig im Raum, und Aljechin wohnte allein, in einem anderen Hotel als die übrigen, um nicht mit dem Erzfeind zusammenzutreffen. Remisangebote waren nur über den Schiedsrichter möglich. Wie schon erzählt, muß es Aljechin eine besondere Freude gewesen sein, Capablanca zum 50. Geburtstag eine bittere Pille am Brett zu verabreichen...

Aber auch Aljechin selbst ging es in diesem Turnier schlecht (4.–6. Platz). Vermutlich wäre er in den nächsten Jahren entthront worden, hätte es Wettkämpfe gegeben, obwohl er in den Kriegsjahren noch ganz gute Ergebnisse hatte. Aber soweit kam es nicht. Der Krieg warf Aljechin endgültig aus der Bahn. Darüber gibt es wieder Geschichten en masse. Bei der Olympiade 1939 spielte er noch für Frankreich und trat ausgesprochen antideutsch auf. Nach Müller/Pawelczak arbeitete er sogar im Intelligence-Dienst der französischen Armee. Dann muß er schnell die Fronten gewechselt haben, denn 1941 findet man ihn schon bei Turnieren im deutsch besetzten Europa. Es erschienen die berüchtigten Artikel über „arisches und jüdisches Schach", die Aljechin wohl zweifelsfrei selbst verfaßte. Mehrere Quellen melden, die handschriftlichen Originale seien im Nachlaß einer seiner Frauen gefunden worden. Die Rede ist sogar von einem Interview 1941 in Madrid, wo Aljechin voll Stolz über die Artikel gesprochen haben soll.

Auf Nazi-Seite muß der in Nürnberg als Kriegsverbrecher hingerichtete Hans Frank, „Generalgouverneur" von Polen, eine gewichtige Rolle gespielt haben. Schon im Matchbuch der WM 1934 wird er, damals noch Minister, als einer der Hauptförderer genannt, der an einem freien Tag auch die Spieler samt Frauen und Presse in seinem Landhaus empfing. Weiteres sagt ein Zitat nach Müller/Pawelczak aus der Dt. Schachzeitung 1941: „Wie die neugegründete Pariser Zeitung mitteilt, haben sich jetzt Freunde aus dem Reich, die seinerzeit den Wettkampf gegen Bogoljubow organisiert hatten, seiner (Aljechins) angenommen und ihm ihre Unterstützung zugesagt. Als Dank hat Aljechin der Zeitung sein Bild mit Unterschrift und besten Schachgrüßen in Aufrichtigkeit gewidmet. Nach alledem muß man annehmen, daß Aljechin, der sich in Buenos Aires sehr feindselig gegen die deutsche Mannschaft benahm, umgelernt hat..."

Später ging Frank, bedauerlicherweise tatsächlich als Schachfan bekannt, so weit, sich als „Partner" Aljechins in „Beratungspartien" verewigen zu lassen; ein, zwei dieser Partien sind erhalten. Nachdem Frank die Macht in Polen ausübte, gab es eine Reihe von Turnieren in Krakau, an denen zweimal auch Aljechin teilnahm.

Aljechin stand immer auf der Seite, die gerade oben war. Golombek: „ein glühender Patriot, so lange Frankreich noch unbesiegt war, und ein Kollaborateur, als Deutschland triumphierte." Oder Saidy: „Aljechins Motivation war ganz einfach – er hatte keine Moral." Vermutlich hielt er es auch einfach mit denen, die noch Schachturniere organisierten. Als es mit Nazi-Deutschland abwärtsging, zog er sich nach Spanien und Portugal zurück.

Es ist wieder die fatale Haltung der Jugendzeit, die zum Vorschein kommt – die innere Haltlosigkeit, das Fehlen aller Wertmaßstäbe jenseits des Schachbretts. Aljechin fühlte sich wohl auch erhaben über die Händel dieser chaotischen Welt. Einmal erschien er ohne Papiere an der polnischen Grenze und erklärte den verdutzten Zöllnern: „Ich bin Aljechin, Schachweltmeister. Ich brauche keinen Paß."

Bei Kriegsende war seine Lage verzweifelt. Er hatte kein Geld mehr, dürfte in späteren Jahren wieder getrunken haben und stand wegen seiner Nazi-Verbindungen unter schwerem Verdacht. Viele verlangten, ihn zu ächten und ihm den Titel abzuerkennen. Aber besonders die sowjetischen Meister wollten am Brett gegen ihn gewinnen. Laut Botwinnik zwangen sie selbst einen Oberfunktionär, der Aljechin politisch erledigen wollte, zum Rücktritt. Nachdem die UdSSR 1945 das berühmte Radiomatch gegen die USA triumphal gewonnen hatte, erklärten die Spitzenspieler in einem Brief an Stalin persönlich, ein Match gegen Aljechin sei nötig, damit die sowjetische Schule als führend anerkannt werde. Die Genehmigung kam, und der britische Verband war bereit, den Wettkampf zu organisieren. Am 23. März 1946 ging nach Botwinnik und anderen Quellen ein Telegramm mit der Einladung an Aljechin ab. Laut Müller/Pawelczak aber war für den 24. auch die Untersuchung des französischen Verbands wegen Aljechins Verhalten im Krieg geplant. Am Morgen des 24. fand man ihn tot in seinem Hotelzimmer in Estoril (Portugal).

Ob natürlicher Tod oder Selbstmord, ist bis heute nicht klar; es spielt auch keine Rolle mehr. Sein Ende just in diesem Moment wirkt jedenfalls wie eine huldvolle Laune des Schicksals...

VIII. Euwe (1935–1937)

Machgielis (Max) Euwe (* 1901, † 1981)

Er wirkte unter seinen verschrobenen, exzentrischen oder primadonnenhaften Meisterkollegen geradezu erschreckend normal. Noch mehr, er übte neben dem Schach sogar regelmäßig einen Beruf aus. Er spielte stark, aber nicht sensationell; fast immer war er vorn dabei, doch selten ganz oben. Kann so ein Mann Weltmeister werden? Fast alle hatten eine hohe Meinung von ihm, aber daran konnten viele nicht einmal glauben, als er es wirklich geworden war.

Dazu zählten anscheinend auch nicht wenige Schachgeschichtsschreiber. Einhellig gilt in den einschlägigen Publikationen Machgielis (Max) Euwe (1901–1981) als unauffällige Gestalt, zuweilen gar als Zufallsweltmeister, dem der Titel dank Aljechins Suff in den Schoß fiel. Natürlich gibt es in der Frage nach dem Größten aller Zeiten heißere Anwärter als Euwe; aber er war zumindest ein würdiger Champion und, nicht zuletzt dank seiner theoretisch-literarischen Arbeit, für Jahrzehnte eine führende Gestalt in der Schachwelt.

Euwe erlernte das Spiel mit vier Jahren; mit 10 nahm er an seinem ersten Turnier teil, doch erst mit 18 an größeren Veranstaltungen. Auch dabei mußte er oft in der B-Gruppe antreten. Ab 1920 maß er sich mit starker internationaler Konkurrenz, aber noch ohne durchschlagenden Erfolg. 1921 wurde er erstmals niederländischer Meister, spielte ein Match mit Großmeister Maroczy unentschieden (2:2 bei acht Remis) und belegte bei einem guten Turnier in Wien den 2. Platz. Aber es gab auch schwere Schläge wie in Den Haag, wo er unter 10 Spielern mit gerade zwei Punkten Vorletzter wurde. Nachdem er genügend Lehrgeld bezahlt hatte, brachte ihm das Turnier Hastings 1923/24 einen ersten Sieg vor bekannten Meistern (Maroczy, Colle, Yates, Mieses).

Trotz vieler Turniere vernachlässigte er seine Ausbildung nicht. Es ist erstaunlich, wie er alles unter einen Hut brachte; Kmoch nannte ihn später ein „Genie der Ordnung", das sein Leben wie einen Eisenbahnfahrplan gestalte. Der Grund dafür mag auch bei ihm ein – wenngleich triviales – Schlüsselerlebnis in der Jugend gewesen sein. Zitat: „Wenige Leute wissen, daß ich ein Jahr in der höheren Schule wiederholen mußte, und diese unerfreuliche Erfahrung mag einen entscheidenden Einfluß auf mein ganzes Leben gehabt haben. Überzeugt von meiner Fähigkeit, die Schule in den minimalen fünf Jahren zu absolvieren ... empfand ich, meine Pflicht gegenüber den Eltern verletzt zu haben, und beschloß, mich in Zukunft absolut auf das zu konzentrieren, was ich auch immer anfangen würde."

1924–26 trat Euwe seine erste Stelle als Lehrer an und machte zugleich seinen Doktor in Mathematik. Schach spielte er jetzt seltener, aber er verstand es, aus der Not eine Tugend zu machen. Statt großer Turniere, die leicht einen Monat dauern konnten, verlegte er sich auf eine Menge kleinerer Veranstaltungen und vor allem auf Wettkämpfe. Das alles dürfte dazu geführt haben, daß er „auf dem Schleichweg" die Spielstärke nach oben trieb, ohne daß es die große Schachwelt, die nur auf die Eliteturniere sah, so recht mitbekam.

Ab 1927 wagte sich Euwe auch an Wettkämpfe mit den Besten der Welt. Gegen Aljechin sowie zweimal Bogoljubow verlor er stets nur knapp 4,5:5,5. 1928 errang er sogar bereits einen „Weltmeistertitel", freilich nur bei den Amateuren, ein von der neugegründeten FIDE ausgetragenes Turnier ohne die eigentliche Elite der Professionals. Doch den 3./4. Platz in Bad Kissingen 1928 und den geteilten 5. in Karlsbad 1929, unter immerhin 22 Spielern, darf man sehr wohl als Beweis von Weltklasse gelten lassen. Das Turnier Hastings 1930/31 gewann Euwe dann sogar vor Capablanca, auch wenn er ein späteres Match knapp und vor allem unglücklich mit 4:6 verlor.

Offenbar überzeugten Euwe diese Resultate, daß er das Zeug zum Weltmeister haben könnte, denn ab 1932 änderte er seine Taktik. Er spielte jetzt nicht mehr oft, dafür aber nur bei wichtigen Anlässen. Man hat oft darüber gelästert, daß Aljechin in dieser Zeit kein Match gegen seinen angeblich stärksten Rivalen Flohr austrug. Aber genau diesem Flohr zeigte sich Euwe völlig gleichwertig: Ein zweigeteiltes Match 1932 endete 3:3 bei zehn Remis; auch in drei großen Turnieren kamen sie punktgleich ins Ziel, in Bern 1932 und Zürich 1934 jeweils auf Platz 2 hinter Aljechin, in Hastings 1934/35 als Sieger vor Capablanca und Botwinnik. Nur in dem kleineren Turnier Leningrad 1934 war Euwe außer Form und erlitt mit Platz 6 einen Rückschlag. Doch insgesamt blieb er in dieser Zeit hinter niemand außer Aljechin zurück. Daß dieser Euwe trotzdem nicht allzu ernst nahm, steht auf einem anderen Blatt.

Es spricht sowohl für die allgemeine Unterschätzung Euwes wie für seine „Normalität", daß nur wenige prägnante Berichte oder Anekdoten über ihn existieren. „Für mich gibt es nur zwei Leidenschaften, Schach und Mathematik. Beides betrachte ich als Lebenszweck", sagte er selbst. Inzwischen hatte er freilich auch noch Familie und diverse andere Verpflichtungen. Trotzdem scheint er weiter alles im Griff behalten zu haben, ohne daß etwas zu kurz kam. Er war fähig, viel und vor allem effektiv zu arbeiten und sich auch zu quälen, wenn es ihm nötig schien. Im Matchbuch 1935 schreibt Kmoch über Euwes Konditionstraining: „So führt denn Euwe beinahe das Leben eines Leichtathleten: er schläft bei offenem Fenster, er nimmt allmorgendlich eine kalte Dusche, er geht fleißig schwimmen, er raucht nicht und trinkt keinen Alkohol ..." Seine Energie und Willensstärke mögen vielleicht nicht so außergewöhnlich wie bei Aljechin gewesen sein, aber in ihrer konsequenten Stetigkeit beeindruckend und effektiv. Im Vorwort zu einer Euwe-Partiensammlung erzählt der damalige belgische Verbandsvorsitzende Weltjens, wie man den Meister einmal in den Fasching verschleppte: „Wir gingen mit ihm in eine Nachtbar und setzten heimlich 500 Fr. (damals ein namhafter Betrag) für dasjenige der Barmädchen aus, dem es glücken würde, ihm ein Gläschen, gleich welchen alkoholischen Inhalts, einzuflößen. Das Schauspiel, wie die Meisjes sich (manchmal sogar zwei auf einmal) bemühten, die Belohnung zu verdienen, war einzigartig. Aber alles war vergebens ..."

Was Euwes Schachstil betrifft, herrscht in den Quellen ein zum Teil recht diffuses Bild. Ein grundsolider, gutbürgerlicher, etwas trockener Lehrer am Schachbrett war er bestimmt nicht. In dieses Bild mag zwar sein immenses Theoriewissen und -schaffen passen, aber gerade seine Weltmeisterkollegen kommen in schöner Eintracht zu ganz anderen Urteilen. Aljechin meinte, Euwe sei ein Mann, der nie eine Kombination ausließe und praktisch nie eine ungenaue Kombination machen würde. Botwinnik fand die „Blitzartigkeit" von Euwes Spiel besonders unangenehm: „Euwe strebt stets nach schneller Entwicklung der Ereignisse (selbstverständlich wenn er die Initiative hat), nach Kampfhandlungen auf dem ganzen Schachbrett ... Wenn er gegen mich Vorteil bzw. Initiative erringen konnte, nahm die Sache für mich immer eine klägliche Wendung." Auch Keres war beim ersten Treffen mit Euwe erstaunt, wie dieser „mit ganz unscheinbaren Mitteln aus einer ruhigen Stellung eine gefährliche Initiative hervorzaubern konnte." Der Drang nach vorn zeichnete sein Spiel aus, obwohl er kein Angreifer im klassischen Sinn war. Dazu paßt auch, daß Botwinnik an anderer Stelle bemerkt, Euwe fürchte für gewöhnlich Angriffe auf den eigenen König, d. h. Defensive sei nichts für ihn; und der Meister selbst gibt eine lakonische Einschätzung, was Schach seiner Meinung nach sei: „Kampf, Kampf!"

In früheren Jahren war er womöglich manchmal sogar etwas zu dynamisch und ungeduldig – auch im außerschachlichen Leben. Botwinnik: „Jetzt ist Professor Euwe ein ausschließlich feiner und rücksichtsvoller Mensch. Aber in seiner Jugend war er manchmal undiszipliniert." Es gibt auch manche scharfe Partie Euwes, die ... der Gegner gewann. Manchmal überzog Euwe dabei eindeutig, so in einer berühmten Partie der WM 1948 gegen Smyslow, wo er, statt ruhig zu gewinnen, zuerst korrekt eine Figur opferte, dann aber noch eine – und das war des Guten zuviel.

Typisch für Euwe war neben der Initiative ein gesunder Pragmatismus. Gerade als großer Theoretiker kannte er alle bedeutenden Regeln und Prinzipien, doch er versteifte sich nie und folgte dem Schachgefühl, wenn dies eine Ausnahme von der Regel nahelegte. So kommt es wohl auch, daß sogar in ein und demselben Buch („Auswahl seiner besten Partien") völlig widersprüchliche Dinge gelobt werden. Einmal ist es die „Wendigkeit, mit der Euwe mit strategischen Plänen jongliert", ein andermal führt er „verbissen seinen Plan durch und schaut nicht nach rechts oder links".

Es ist in der Tat nicht leicht, Euwes Stil einzugrenzen, wobei man eines bedenken muß: Nach den „Klassikern" Steinitz/Tarrasch, den „Hypermodernen" und Laskers subjektiver Psychologie wurde endgültig klar, daß es im Schach keine absolute Wahrheit, sondern eine Menge möglicher Methoden und Stilrichtungen gibt. Aljechin vereinte alle in seiner Person und setzte damit ein Maß für die Nachfolger. Ohne ein gewisses Maß an Universalität ging es fortan im modernen Schach nicht mehr; jeder Spitzenspieler mußte im Prinzip alles kennen und anwenden können. Daß trotzdem bis heute jeder seine Vorlieben hat und bestimmte Stellungen gern spielt, andere weniger, ändert daran nichts. Aber man findet zunehmend von ein und demselben

Spieler mehr verschiedenartige Partien. Die verbleibenden Unterschiede sind Sache des Charakters, weniger des reinen Schachwissens.

Dies zeigt sich auch bei Euwe. Trotz seiner immensen theoretischen Arbeit hat er keine neue Schule gegründet oder etwas Grundlegendes „erfunden". Er sammelte, was es bis dahin gab, und ging dabei in vielen Details durchaus weiter, war gründlicher, genauer oder umfassender als seine Vorgänger.

1935 wurde es ernst für Euwe: WM-Match! Für diesen Kampf und die Vorbereitung war er natürlich vom Dienst freigestellt und konnte sich vielleicht erstmals total auf Schach konzentrieren. Zunächst freilich schien alles nichts zu helfen. Zwar nahm Aljechin den Gegner zweifellos leicht – in einem Interview sagte er, er wisse gegenwärtig niemand, der ihn schlagen könne, und Euwe sei bei aller Hochachtung doch nicht gut als Weltmeister vorstellbar –, aber er startete souverän. Nach neun Partien führte Aljechin 6:3 (der Kampf war auf feste 30 Partien geplant). Doch dann geriet er in eine Krise: Er verlor die 10., 12. und 14. Partie. In den zwei letzteren hatte er jeweils bereits nach 10 Zügen durch grobe Patzer einen Bauern weniger; auch die 13. dazwischen hielt er nur mit viel Glück remis. Was los war, läßt sich ahnen, wenn man ein paar Stellen aus dem Matchbuch zusammenstellt: Ein-, zweimal schreibt Kmoch, daß ihn Aljechins Ruhe trotz der mehrfachen Verluste stark befremdete, da doch früher der Weltmeister in solchen Fällen vor Wut getobt hätte, und woanders heißt es, daß Aljechin in angeheitertem Zustand auffallend willenlos und ruhig sei.

Aber noch einmal schien der Kampf zu kippen. Euwe stand in der 15. Partie wieder sehr gut, hätte aber fast sogar noch verloren. Danach lebte Aljechin auf und holte bis zur 19. Partie erneut zwei Punkte Vorsprung heraus. Man hielt das Match nahezu für entschieden. Doch in der 20. Partie verkürzte Euwe wiederum, und dann kam es zu jenem Skandal, über den selbst der zur Zurückhaltung verpflichtete Turnierleiter Kmoch berichten mußte, weil die ganze Welt davon sprach...

Zur 21. Partie kam der Fahrer, der Aljechin von Amsterdam in den kleinen Spielort Ermelo bringen sollte, fast eine Stunde zu spät, doch es stand immer noch mehr als genug Zeit zur Verfügung, den Spielort zu erreichen. Als er eintraf, war Aljechin verschwunden. Kmoch: „Schließlich wurde Aljechin gefunden. Er stand zweifellos unter dem Einfluß von Alkohol, was bei ihm keine Seltenheit ist . . ." Nach Fine fand man den Weltmeister vor einer Partie, es muß wohl dieselbe sein, von der Kmoch berichtete, betrunken in einem Feld. Nachdem Aljechin seinen Rausch halbwegs ausgeschlafen hatte, konnte die Partie schließlich nach weiterem Hin und Her mit einer halben Stunde Verspätung beginnen. Doch bald ging Euwe für kurze Zeit fort; wie er später sagte, wegen innerer Unruhe, um Luft zu schöpfen. Reporter, die das Gras wachsen hörten, schlossen anscheinend sogleich, Euwe wolle die Partie oder sogar den ganzen Wettkampf abbrechen. Aber dann ging es doch normal weiter. Kmoch: „Aljechins Aussehen erweckte (bei mir) an diesem Abend keinen guten, aber auch keinen außergewöhnlichen Eindruck. Er spielte ruhig. Sein Benehmen während der Partie bot weder dem Gegner noch den berufenen Funktionären Anlaß zu einer Beschwerde." In der Tat ist die Partie von seiten Aljechins zumindest weniger schlecht als die 12. oder 14., aber er verlor sie trotzdem. So schlimm die Sache an sich schon war, wurde sie wohl wie so oft durch die Presse erst richtig angeheizt. Kmoch: „In der ausländischen Presse war noch zu lesen, Aljechin hätte während des Spiels die Figuren nicht aufsetzen können, er hätte bei einem bestimmten Zuge alles vom Brett gefegt und in der Folge hätte sein Sekundant für ihn die Züge ausführen müssen." Obwohl dies offenbar nicht stimmte, traf man den vernünftigsten Beschluß, um die Lage zu beruhigen: Man schickte Aljechin ins Bett und setzte den Wettkampf ein paar Tage aus. Danach ging es, inzwischen wieder bei Gleichstand, weiter. Nach einem Kurzremis und zwei höchst nervösen, fehlerreichen Unentschieden gewann Euwe die 25. Partie. Das erste Mal lag er in Führung. Jetzt wurde ganz Holland mobil. Es folgte die dramatischste Schlacht des Wettkampfs und eine der größten Partien in Euwes Karriere.

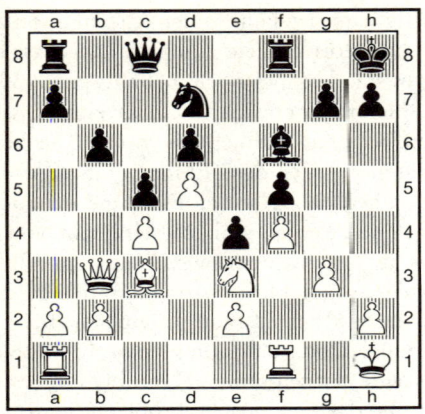

Euwe – Aljechin, Zandvoort 1935, 26. Partie

(Nach 20 Zügen)
Schwarz hatte zuletzt 20. . . Lf6? gespielt, um den starken Lc3 zu tauschen. Das gibt aber Weiß die Chance zu einer taktischen Abwicklung, die Euwe sofort ergreift.

21. Sxf5! Lxc3 22. Sxd6 Db8 23. Sxe4 Lf6 24. Sd2

Weiß hat drei Bauern für die Figur und eine mächtige Walze im Zentrum, also mehr als genug. Aber es wird erst richtig aufregend; Aljechin sucht verzweifelt nach Gegenspiel.

24. . . g5 25. e4 gxf4 26. gxf4 Ld4 27. e5 De8 28. e6 Tg8

Mit der Idee 29. exd7? De2!. Schwarz hat nun tatsächlich ein wenig Angriff, doch 29. Dh3! hätte nach Euwe die Lage geklärt. Statt dessen macht er die Sache spannend.

29. Sf3?! Dg6 30. Tg1 Lxg1 31. Txg1

Weiß hat nun gar einen Turm weniger, kann aber den Sd7 zurückgewinnen, und außerdem gibt es Angriffschancen auf der langen Diagonalen a1-h8 mit Se5/Sg5.

31. . . Df6?

Der sich anbietende Zug, um die Diagonale zu decken, ist seltsamerweise falsch. Nach 31. . . Df5 mußte sich Weiß laut Euwe mit 32. exd7 Txg1+ 33. Kxg1 Dxd7 und etwa gleichem Spiel begnügen. Der folgende weiße Textzug wäre ins Leere gegangen.

32. Sg5!

Nach 31. ... Df5 hätte Schwarz auf diesen Zug mit 32. ... Txg5 33. fxg5 De4+ und Dauerschach oder sogar 32. ... h6 reagieren können.

32. ... Tg7 33. exd7 Txd7 34. De3 Te7 35. Se6 Tf8 36. De5 Dxe5 37. fxe5 Tf5

Zäheren Widerstand leistet nach Euwe 37. ... Txe6 38. fxe6 Tf5.

38. Te1 h6 39. Sd8!

Da auf e5 wegen der Springergabel Sf7+ letztlich nichts zu holen ist, laufen nun einfach die Bauern durch.

39. ... Tf2 40. e6 Td2 41. Sc6 Te8 42. e7 b5 43. Sd8 Kg7 44. Sb7 Kf6 45. Te6+Kg5 46. Sd6 Txe7 47. Se4+Schwarz gab auf.

Was nun los war, kann man sich vorstellen. Kmoch über die nächste Partie: „Der Zuschauerraum war bald überfüllt, etwa 600 Menschen, die keinen Zutritt gefunden hatten, lagerten in den Gesellschaftsräumen und Gängen des Hotels, weitere Hunderte mußten schon beim Hoteleingang abgewiesen werden." Aber Euwe, der bisher nichts zu verlieren gehabt und völlig unbelastet gespielt hatte, zeigte nach der plötzlichen Wendung selbst Nerven. Er verlor die 27. Partie und stand in den beiden nächsten mit dem Rücken zur Wand. In Bestform hätte Aljechin womöglich die Sache noch umgebogen; so holte er nur zwei Remis heraus. Damit brauchte Euwe in der letzten Partie mit Weiß nur noch ein weiteres Unentschieden. Diesmal gab es einen Spielsaal für 2000 Zuschauer, einen Kommentarraum für weitere 1000, aber das reichte immer noch nicht. Aljechin versuchte das Spiel mit Gewalt zu komplizieren, aber er tat es nicht sehr geschickt und stand nach 15 Zügen bereits auf Verlust. Trotzdem lehnte er zweimal Remis ab und schleppte die Partie bis zum 40. Zug hin, bevor er sich resigniert in sein Schicksal ergab. Endstand 9:8 bei 13 Remis für Euwe.

Nun stand natürlich Holland kopf. Euwe wurde im Triumphzug durch die Straßen getragen. Kmoch: „Im Hotel Carlton folgte eine improvisierte Siegesfeier, wobei es derart toll zuging, daß sogar Euwe ein Glas Whisky an die Lippen hob." Er erhielt drei Wochen Sonderurlaub, um den Rummel zu bewältigen, und zum Schluß einen Orden.

Seitdem sind die Niederländer ein Schachvolk, und auch ein anderer Mythos hielt sich noch jahrelang. Als Botwinnik 1946 zum Turnier nach Groningen fuhr, mußte er gleich vom ersten holländischen Zöllner hören, er könne vielleicht Erster werden ... wenn er nicht zu viel trinke! Botwinnik: „Nach dem Match Aljechin-Euwe 1935 standen die russischen Meister in Holland im Ruf, Säufer zu sein."

Das Schwerste für Euwe kam nun erst: zu beweisen, daß er den Titel zu Recht führte. Es gelang ihm ganz gut. In seinen zwei Weltmeisterjahren war er zweimal Erster vor Aljechin, einmal Zweiter und beim Superturnier Nottingham 1936 geteilter Dritter, aber er lag nur einen halben Punkt hinter den Siegern. Alles nicht überragend, aber weiß Gott auch nicht schlecht.

Wie Euwe den Rückkampf verlor, sahen wir schon. Danach fiel sein Niveau etwas ab. Im AVRO-Turnier 1938 kam er überhaupt nicht aus den Startlöchern: nur 2 Punkte aus 7 Partien im ersten Durchgang; dann holte er aber in der Rückrunde mit 5 aus 7 mächtig auf und wahrte sein Prestige (4.–6. Platz). Danach gewann er noch ein paar kleinere Turniere, verlor ein Match gegen Keres nur knapp (+5 –6 =3), schlug aber Bogoljubow 1941 (+5 –2 =3). Da er mit Nazi-Turnieren nichts zu tun haben wollte, spielte er von 1942 bis 1945 nur selten in Holland. Der Krieg treibt seltsame Blüten: In diesen Jahren war Euwe Leiter einer Lebensmittelfirma.

Danach nahm er noch einen Anlauf auf die WM. Sein Comeback in Hastings 1945/46 (3.–5.) war noch keine Offenbarung. Aber neben vier kleineren Turniersiegen zeigte er 1946 in Groningen, dem ersten großen Treffen der Weltelite nach dem Krieg, seine ganze Klasse. Aljechin war bereits tot und die Frage des Titels heftig umstritten. Da Euwe der einzige noch lebende Weltmeister war, kam die Forderung auf, ihn zum Champion zu ernennen. Die Gegenposition lautete: ein Turnier für alle in Frage kommenden WM-Kandidaten. Auf jeden Fall sollte nun die FIDE für ein verbindliches Regelwerk sorgen, damit der Champion nicht wie bisher, wann und gegen wen es ihm paßte, um den Titel spielen konnte.

Vor diesem Hintergrund war das Groninger Turnier besonders pikant. Das Hauptduell hieß Euwe gegen Botwinnik. Der Holländer spielte tatsächlich wie in seiner Glanzzeit. Ausgerechnet die direkte Partie entschied letztlich, und das um Haaresbreite. Nach einigem Hin und Her kam Euwe mit Schwarz ans Ruder und machte sofort mächtig Druck. Botwinnik sagt, daß er das Gefühl hatte, „unter der Gewalt eines heftigen Sturmes zu stehen. Weiß konnte nicht mehr spielen, sondern nur mitspielen." Im Endspiel wurde die Partie abgebrochen, und 2000 Zuschauer wie auch Euwe und Botwinnik selbst glaubten, daß Weiß völlig verloren sei ...

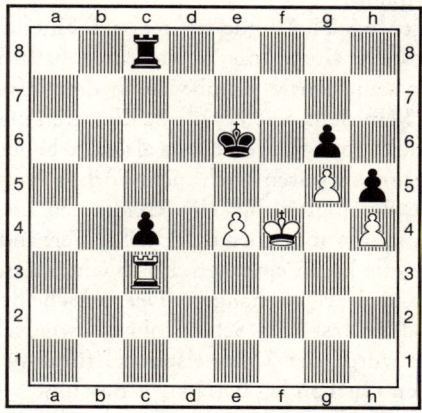

Botwinnik – Euwe, Groningen 1946

(Nach 40 Zügen)

Das sieht wie ein Standard-Endspiel nach Schema F aus: Weiß kommt in Zugzwang, auf e5 folgt Kd5, auf Ke3 Ke5, und weicht dann der König weiter zurück, dringt der schwarze ein. Zieht der Tc3, geht der Bauer vor, und tauscht Weiß diesen gegen e4, so scheint es, wird der schwarze König die übrigen weißen Bauern verspeisen.

Aber genau diese Stellung ist eine Kleinigkeit anders, und zufällig wurde auch gerade hier abgebrochen. In der Analyse fand Botwinnik die Kleinigkeit; ob er es am Brett auch geschafft hätte?

41. Ke3 Ke5 42. Tc2 c3 43. Kd3

Und falls jetzt 43. . . Tc7, so geht der „unmögliche" Tausch 44. Txc3 Txc3+ 45. Kxc3 Kxe4 doch: 46. Kc4 Kf4 47. Kd4 Kg4 48. Ke5 Kxh4 49. Kf6 Kg4 50. Kxg6 und beide Bauern verwandeln sich zugleich. Jetzt roch auch Euwe den Braten und versuchte es anders, aber umsonst.

43. . . Td8+ 44. Ke3 Td4 45. Txc3 Txe4+ 46. Kf3 Txh4 47. Tc6 Tf4+ 48. Ke3 Te4+ 49. Kf3 Kf5 50. Tf6+Kxg5 51. Txg6+ Remis.

Nach 51. . . Kxg6 52. Kxe4 hält der weiße König den schwarzen Bauern leicht auf. „Ein Remis, ohne das es wahrscheinlich nicht zum Wettkampfturnier um die WM 1948 gekommen wäre" (Botwinnik).

Die turbulente Schlußrunde hätte fast noch einmal alles auf den Kopf gestellt. Botwinnik führte einen halben Punkt vor Euwe, verlor seine Partie . . . aber auch dem Rivalen ging es nicht besser. Man sieht, wie nervös beide waren und daß dieses Turnier offenbar doch schwerer wog als ein x-beliebiges.

Die Aufregungen waren noch nicht vorbei. Laut Botwinnik schlossen die Beteiligten nun ein Abkommen über ein WM-Turnier; dem mußte aber noch der UdSSR-Verband zustimmen und zudem in die FIDE eintreten. Das blieb im Dschungel von Bürokratie und Intrigen hängen. Der entscheidende FIDE-Kongreß fand bis fast zum Schluß ohne sowjetische Vertreter statt. Wieder wurde der Weltmeistertitel für Euwe gefordert; nach mehreren Quellen lag bereits ein Beschluß vor, Euwe direkt zu ernennen oder ihn gegen Reshewsky, den einzigen anderen West-Kandidaten, nachdem sich Fine zurückgezogen hatte, spielen zu lassen. Doch buchstäblich in letzter Minute setzte man in Moskau noch eine Delegation in Marsch, die am letzten Kongreßtag gerade zurechtkam, um diesen Beschluß zu verhindern.

Im folgenden WM-Turnier 1948 in Den Haag und Moskau war Euwe nicht wiederzuerkennen. Er verlor zum Teil unnötig und beging gröbere Fehler. Aber er bewies noble Einstellung. Laut Botwinnik gab es beim Umzug nach Moskau große Probleme: Zuerst hatte man der holländischen Delegation kein Visum für Polen beschafft, und kaum war mit mehrstündigem

Aufwand dieses Problem gelöst, da wollte an der sowjetischen Grenze ein Apparatschik Euwes Theorieaufzeichnungen konfiszieren. Botwinnik & Co. waren entsetzt; sie fürchteten, die Holländer könnten dies zum Vorwand nehmen, um das Turnier platzen zu lassen, zumal Euwe schon weit zurücklag. Aber er widerstand dieser Versuchung und spielte in Moskau bis zum bitteren Ende. Mit katastrophalen 4 Punkten aus 20 Partien wurde er Letzter.

Danach kam Euwe, der langsam auf die 50 zuging, für die WM nicht mehr in Frage. Er blieb aber noch bis um 1960 aktiv, und das nicht ohne Erfolg. 1953 nahm er sogar wieder am Kandidatenturnier teil, doch die Marathondistanz (28 Partien) ging über seine Kräfte. Im ersten Durchgang schnitt er mit 7,5 aus 14 noch sehr respektabel ab, doch dann wurde er müde und brachte in der Rückrunde nur noch 4 Punkte zusammen.

Euwe konzentrierte sich nun zunehmend auf andere Dinge als das Turnierspiel; aber seine Aktivität ließ auch dabei nicht nach. Literarisch ist seine Leistung gewaltig, allein schon der Menge nach, obwohl da sicher die Arbeit diverser Co-Autoren ihren Teil beitrug. Aber auch qualitativ standen diese Werke lange Zeit hoch im Kurs, und sie deckten fast das gesamte schachliche Spektrum ab. Diejenigen mit zeitlosen Themen bleiben bis heute interessant.

Auch das immer aktuellere Fachgebiet Computerschach erweckte Euwes Interesse. Er lehrte als Professor für Automatische Datenverarbeitung und leitete ein Studienzentrum zum selben Thema. Auf seine alten Tage, in den 70er Jahren, wurde er sogar noch Präsident der FIDE. Dieser Posten dürfte ihn freilich nicht so recht glücklich gemacht haben, denn in seine Amtszeit fiel das Spektakel von Reykjavik. Mit der Haltung eines Gentlemans war diese Schlacht nicht in den Griff zu bekommen; nicht einmal mit dem gesunden Pragmatismus, den Euwe im Schach oft bewiesen hatte, und so wirkte er manchmal recht hilflos und schwankend. Eigentlich stellt dies aber seinem Charakter eher ein gutes Zeugnis aus; was sich da abspielte, war für ihn eine andere Welt. Prof. Dr. Euwe starb am 26. November 1981, ein halbes Jahr nach seinem 80. Geburtstag.

IX. Botwinnik (1948–1957, 1958–1960 und 1961–1963)

Michail Botwinnik (* 1911)

Die meisten der Attribute, mit denen man ihn belegte, könnten genausogut auf den einen oder anderen Vorgänger gemünzt gewesen sein. Schonberg schreibt von einer „Maschine in Menschengestalt", mit deutlichem Bezug auf die „Schachmaschine" Capablanca, und viele andere Beschreibungen drücken sinngemäß das aus, was Kmoch bei Euwe als „Genie der Ordnung" und „Leben nach Fahrplan" bezeichnete. Michail Moisejewitsch Botwinnik, geb. 1911, lebte ohne Spektakel und Skandale; gerade in seiner Weltmeisterzeit war er, wie er selbst zugab, nur primus inter pares, also kein alles überragender Supermann, und als er gar den vergötterten Tal schon nach einem Jahr wieder entthronte, waren viele regelrecht böse auf ihn. Seine Größe ist in der Tat für Laien und Amateure nicht leicht zu erfassen, denn sie liegt im Verborgenen: in Vorbereitung und Analyse.

Botwinnik begann erst mit 12 Jahren Schach zu spielen, was er für zu spät und ein schweres Handicap hielt, gemäß der These, daß bei solchen Spielern die natürliche Sicherheit viel geringer ist als bei jenen, die wie Capablanca Schach als zweite Muttersprache empfanden: „Nachdem ich das Schachspiel zu spät erlernt hatte, machte ich selbst im reiferen Alter oft geradezu kindische Fehler." Er war zwar später das Aushängeschild der sowjetischen Schachschule, aber keineswegs ihr Produkt. Suetin in seiner Botwinnik-Biographie: „Um es klar zu sagen: In jener Periode war die Vorbereitung junger Schachspieler noch nicht geregelt. Es gab keine Trainer, keine Kinder- und Jugendschulen (Pionierhäuser und -paläste wurden erst Mitte der 30er Jahre geschaffen). Junge Schachspieler waren in der Regel Autodidakten, unter ihnen übrigens nicht wenige Naturtalente, zu denen auch Botwinnik zählte." Seine Sekundanten und Helfer waren stets persönliche Freunde, und allzu viele davon hatte er nicht, zumal er besonders später seinen Meisterkollegen gegenüber recht mißtrauisch wurde.

Das Klima für Schach war indes um 1925 in der UdSSR schon günstig, speziell wegen des Aufsehens um das große Moskauer Turnier dieses Jahres (vgl. dazu Capablanca). Wie Botwinnik erzählt, entstanden Vereine und Schachabteilungen in Betrieben, Schulen und bei der Armee. Ein hoher Parteifunktionär, Krylenko, nahm die Sache organisatorisch in die Hand. So berüchtigt er später als Justizkommissar wurde, den Aufschwung des sowjetischen Schachs schreibt man großenteils ihm zu.

Botwinnik nahm an jenem Simultanspiel Capablancas in Leningrad teil, für das der Weltmeister zwei Nächte im Zug unterwegs war. Der 14jährige gewann eine recht gute Partie, über die Capablanca angeblich voll des Lobes war. Botwinnik selbst stellt nur trocken fest: „Capablanca schob die Figuren zusammen; später erfuhr ich, daß er sich über mein Spiel lobend geäußert hatte. Aber der Gesichtsausdruck des Weltmeisters war in dem Augenblick, als die Partie endete, nicht angenehm . . ."

Bis dahin hatte Botwinnik schon die Anfangsphasen des Autodidakten durchgemacht . . . und die Pleiten. Auf methodische Grundlagen legte er bereits Wert, aber wie er sagt – sobald ein

Freund, mit dem er gern spielte, nicht nach Buch vorging, „geriet ich in Verwirrung". Über einen anderen Jugendpartner: „Er stellte gern über das Positionsspiel Überlegungen an. Mit Verwunderung hörte ich ihm zu und verstand nichts."

Von der Schulmeisterschaft über Klubturniere bis zur Stadtmeisterschaft mußte der junge Botwinnik die „Ochsentour" machen, aber die Spielpraxis zahlte sich aus. 1927 qualifizierte er sich erstmals für das UdSSR-Championat und erhielt als geteilter Fünfter den Meistertitel. 1929 blieb er im Halbfinale auf der Strecke – vielleicht weil ihn die Ausbildung stark in Anspruch nahm –, aber 1930 gewann er bereits ein Meisterturnier und 1931 sowie 1933 auch die Landesmeisterschaft. Das war für die Schachführung Anlaß, ein Match mit einer internationalen Größe zu organisieren. Diesen Wettkampf gegen den künftigen WM-Anwärter Flohr 1933 in zwei Hälften zu je 6 Partien nennt Botwinnik die Geburtsstunde seiner Vorbereitungsmethode. Er studierte über 100 Flohr-Partien und legte sich Eröffnungsneuerungen zurecht. Trotzdem ging es zunächst schief: Bei Halbzeit lag Botwinnik 2:4 zurück. Doch in der Pause „reparierte" er mit seinen Helfern eine in der 1. Partie mißlungene Variante und übte sich in Psychologie: Er wandte die Verbesserung nicht sogleich an (in der ersten Partie nach solch einer Pause rechnet jeder Gegner am ehesten mit Überraschungen), sondern machte erst zwei harmlose Unentschieden und griff dann den sich in Sicherheit wiegenden Flohr unvermutet an. Völlig kalt erwischt, verlor dieser die Partie und die nächste gleich dazu. Vor der letzten hatte er bereits so viel Respekt vor Botwinnik, daß er ein „Großmeisterremis" vorschlug. Botwinnik nahm an; das 6:6 war sein Entree zur Weltspitze.

Ja, die Vorbereitung! Man stellt fest, daß Botwinnik zweifellos genausoviel Talent besaß wie andere der Größten, sonst hätte er unmöglich so schnelle und große Fortschritte gemacht. Aber erst dank der „Spezialwaffe Vorbereitung" hob er sich über die Elite seiner Zeit hinaus.

Was war eigentlich so besonders an dieser Vorbereitung? Neue Züge und Ideen suchte man ja schon seit eh und je. Aber Botwinniks Konzept reichte weit über die Eröffnungstheorie hinaus. Er spezialisierte sich auf komplizierte, strategisch anspruchsvolle Spielweisen, deren Pläne bis weit ins Mittel- oder gar Endspiel reichten und die im Idealfall zudem nicht so häufig waren. Meist zeigte sich seine Überlegenheit erst nach der eigentlichen Eröffnung, wenn er noch immer mit der Lage vertraut war, während die unvorbereiteten Gegner im dunkeln tappten. Selbst wenn eine Analyse einmal ein Loch hatte, konnte er dank besserer Kenntnis der Situation den Schaden oft wieder gutmachen. Es ist bezeichnend, daß Botwinnik dabei zeitweise sogar ein sehr enges Repertoire besaß. Aber obwohl die Gegner also oft seine Eröffnung vorhersehen und die besten Züge eine Zeitlang lernen konnten, kamen sie gewöhnlich nie so weit, wie seine Forschungen reichten. Auch die Schwächen seiner Systeme, sofern überhaupt vorhanden, lagen meist so versteckt, daß sie nur jemand finden konnte, der genauso tief in die Materie eindrang wie Botwinnik selbst.

Laut Botwinnik übernahmen in der Tat andere später seine Methode; er führt darauf zum erheblichen Teil den großen Sprung des Sowjetschachs zwischen 1940 und 1960 zurück. Das würde auch erklären, warum sein eigener Vorsprung immer geringer wurde.

Weil Botwinnik so weit über die Eröffnung hinausging, arbeitete er auch Schemata und Strategien des Mittelspiels generell aus. Bereits im 18. Zug(!) einer seiner Partien, und das 1963, schrieb er: „Der Charakter, den der Kampf bei dieser Bauernstruktur nach dem Abtausch der schwarzfeldrigen Läufer annimmt, war mir aus der Partie Löwenfisch – Kotow 1939, die ich im Turnierbuch kommentierte, gut bekannt." Noch nach über 20 Jahren wußte er also über solche prinzipiellen Gemeinsamkeiten Bescheid!

Aber nicht nur das Schachliche, auch physische Kondition und Psychologie gehörten zum Trainingsprogramm. Botwinnik ließ kaum etwas aus. Als er merkte, daß ihn schlechte äußere Bedingungen aus dem Konzept brachten, mußte ihm sein Trainingspartner beim Spiel Rauch ins Gesicht blasen, und dazu wurde ein Radio auf volle Lautstärke gedreht. Oft arbeitete Botwinnik für Turniere einen Gesamtplan aus, z. B. wann ein

Remis nützlich sein konnte, um Kraft zu sparen. Auch der Zeitverbrauch während der Partien wurde kontrolliert; Botwinnik meinte, es sei besser, ab und zu einen schwächeren Zug zu riskieren als hochgradige Zeitnot.

Fast schon verschroben wirkte, wie peinlich genau er bei Turnieren immer denselben Tagesrhythmus einhielt. Er ging, so heißt es, sogar immer denselben Weg zum Spielsaal. Als ein Begleiter einmal abwich, wehrte Botwinnik energisch ab: Alles Neue störe seine Konzentration auf die Partie. Während er spielte, gelang es ihm oft, völlig von allem anderen abzuschalten. Es kam vor, daß er das Ergebnis einer Partie nicht wußte, die stundenlang direkt am Nebentisch gelaufen war.

In dieser Überorganisation lag natürlich auch eine gewisse Schwäche. Wenn in einer Stellung weder seine vorbereiteten noch die ihm generell bekannten Strategeme funktionierten, war er verwundbar. Ein Spiel des Gegners, dem feste Prinzipien fehlten, verstand er oft nicht. Über Tal sagt er: „Mich verblüffte, daß mein Partner, statt sich nach den Gegebenheiten der Stellung zu richten, wie man mich das schon in meiner Jugend gelehrt hatte, scheinbar unlogische Züge machte." Über den späteren Weltmeister Petrosjan: „Wie Tal ist er nicht daran interessiert, auf Stellung zu spielen in dem Sinn, wie man das früher verstand." Das Erstaunlichste dabei ist, daß der Stil bei Tal und Petrosjan völlig konträr war – nur eben „ohne Methode", was sie in Botwinniks Augen verband. Auch Euwe, der im Stil weder Tal noch Petrosjan ähnelt, zählte bis 1946 zu Botwinniks Angstgegnern: „Gegen Euwe zu spielen fiel mir schwer: Ich konnte sein Spiel nicht so recht begreifen." Es war ihm zu pragmatisch.

Nach dem Match gegen Flohr ging es bei Botwinnik schnell vorwärts. 1934 gewann er bereits ein starkes Turnier in Leningrad. Sein erster bedeutender Auslandsstart, Hastings 1934/35, brachte nochmals einen Rückschlag (5./6. Platz). Wie Botwinnik gesteht, war er ausnahmsweise unvorbereitet, zudem durch die Reise erschöpft, er kam erst zwei Stunden vor Turnierbeginn an und konnte damals noch kein Englisch. Aber beim großen Moskauer Turnier 1935 machte er diesen Ausrutscher vergessen. Gleich zu Beginn erwischte er Großmeister Spielmann dank seiner Vorbereitung und gewann nach 12(!) Zügen. Als er weiter von Sieg zu Sieg marschierte und trotzdem bei der Analyse einer Remispartie über eine ausgelassene Chance klagte, konnte sich Lasker den Seitenhieb nicht verkneifen: „Wie, müssen Sie denn jede Partie gewinnen?" Lasker verpaßte es dann selbst um ein Haar, Botwinnik zu stoppen, und dieser gewann das Turnier punktgleich mit Flohr.

1936 wurde Botwinnik erneut in Moskau „nur" Zweiter hinter Capablanca, aber dann teilte er mit dem Kubaner den Sieg beim Superturnier von Nottingham. Danach gab es jenes dubiose Huldigungstelegramm an Stalin, das mit den Worten „Geliebter Führer und Lehrer..." begann. Botwinnik bestreitet, es selbst verfaßt zu haben; er schreibt, Krylenko habe alles organisiert, und ihm habe man noch in England das bereits fertige Opus vorgelegt. Was blieb ihm da anderes als ja zu sagen?

Der politische Hintergrund des Schachs in der UdSSR wäre ein Kapitel für sich; leider weiß man im Westen sehr wenig darüber, und es hat sich wohl auch noch niemand ernsthaft damit befaßt. Botwinnik sagt, daß er schon als Schüler „überzeugter Kommunist" und Kandidat des Jugendverbands wurde. Als erster sowjetischer Weltklassespieler hatte er später auch die ersten und besten Chancen, Beziehungen auf Partei- und Staatsebene zu knüpfen. Die hat er durchaus für sich genutzt, was er offen zugibt; es ist aber nicht bekannt, daß er jemand geschadet hätte, und er beteiligte sich auch später nicht an den Verdammungskampagnen gegen Dissidenten. Im Gegenteil, er nutzte seine Position wohl öfter zu Kritik, die sich andere nicht leisten konnten.

1937 war wieder ein heikles Jahr für Botwinnik. Durch die Arbeit an seiner Kandidatendissertation in Beschlag genommen, verzichtete er auf die UdSSR-Meisterschaft – was man nicht gern sah – und prompt tauchte ein Konkurrent auf. Zum zweiten Mal nach 1934/35 gewann der heute wenig bekannte Löwenfisch das Championat. Eigentlich paßte er nicht ins Konzept, war bereits 48 Jahre alt und in den Moskauer Turnieren deutlich hinter Botwinnik, so daß man ihm keine WM-Aussich-

ten geben konnte. Ein Match gegen Botwinnik wurde angesetzt
– aber siehe da, es endete 5:5 bei drei Remis. Botwinnik gibt zu,
daß er den Gegner unterschätzt hatte; fast hätte das für ihn fatale
Folgen gehabt, denn Löwenfisch konnte nun beanspruchen, die
UdSSR international zu vertreten. Aber für das AVRO-Turnier
1938 wurde dann doch Botwinnik nominiert. Dort erreichte er
nicht ganz seine Bestform (3. Platz), doch eine seiner Partien
wurde unsterblich.

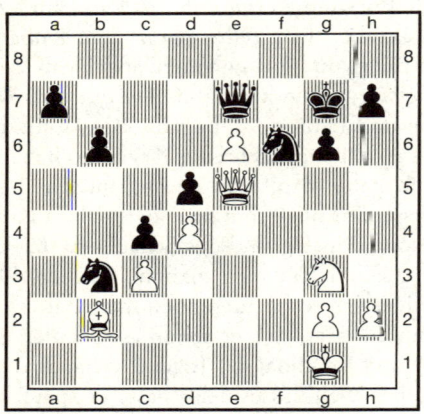

Botwinnik – Capablanca, AVRO-Turnier 1938

(Nach 29 Zügen)
30. La3!!
Eine glänzende, zwingende Kombination, bei der es am
schwersten war, das Entkommen aus allen schwarzen Dauer-
schachversuchen vorherzusehen. Besonders stolz war Botwinnik später, daß auch das von ihm entwickelte Computerpro-
gramm diesen Zug fand.
**30... Dxa3 31. Sh5+gxh5 32. Dg5+Kf8 33. Dxf6+Kg8 34. e7 Dc1+
35. Kf2 Dd2+ 36. Kg3 Dd3+ 37. Kh4 De4+ 38. Kxh5 De2+ 39. Kh4
De4+ 40. g4 De1+ 41. Kh5 Schwarz gab auf.**

Die Vereinbarung mit Aljechin über ein WM-Match brachte
Botwinnik nach dem Turnier doch noch einen Erfolg. Als er
sich in der UdSSR um Rückendeckung (auch finanzielle) für

diesen Wettkampf bemühte, nahm sich wieder die Partei- und Staatsspitze der Sache an. Botwinnik erhielt ein Telegramm: „Falls Sie sich entscheiden, den Schachspieler Aljechin zum Wettkampf herauszufordern, wünschen wir Ihnen vollen Erfolg. Alles übrige ist leicht zu garantieren. Molotow." Botwinnik glaubt sich sicher zu sein, daß Stalin persönlich dieses Schreiben diktiert hatte.

Eine kurze Erläuterung der Kandidatensituation: Keres, der Sieger des AVRO-Turniers und pro forma WM-Kandidat, spielte damals noch nicht für die UdSSR; er stammte aus Estland, das erst später okkupiert wurde. Die sowjetische Unterstützung galt also allein Botwinnik.

Diese Unterstützung war für damalige Verhältnisse enorm. Schon der Erfolg in Nottingham hatte Botwinnik neben einem Orden ein Auto eingebracht; 1939 erhielt er ein monatliches „Gehalt" von 1000 Rubel – „eine Ausnahmebewilligung", wie er selbst feststellte.

Aber nochmals zeigte er eine Schwäche: Nachdem Botwinnik 1939 die UdSSR-Meisterschaft gewonnen hatte, wurde er 1940 nur 5./6., trotz intensiver Vorbereitung, vielleicht der für ihn kritischste Moment überhaupt. Die Konkurrenz war viel stärker geworden. Inzwischen spielten die Meister aus den annektierten baltischen Ländern mit, und Keres bedrohte ernstlich Botwinniks WM-Ambitionen. Aber Keres erging es bei dieser Meisterschaft mit Platz 4, einen halben Punkt vor Botwinnik, kaum besser. Der Sieg fiel wiederum an zwei weniger Bekannte, Bondarewsky und Lilienthal. Botwinnik, der um die Mitte des Turniers noch führte, meint, seine Nerven hätten wegen miserabler äußerer Umstände versagt: schlechte Luft, Publikumslärm; besonders ärgerte ihn, daß der auch mit ihm gut bekannte Komponist Prokofjew nach einem Sieg von Keres so lautstark applaudierte, daß es im ganzen Saal auffiel. Das war der konkrete Anlaß für das erwähnte Training mit Rauch und Radio.

Aber zunächst stürzte ihn der Mißerfolg in eine Depression. Einige Monate, sagt er, konnte er keine Schachfigur anrühren. Dann ging er zum Gegenangriff über. Er schrieb einem führenden Funktionär, aufgrund ihrer vorherigen Erfolge dürfe man Botwinnik und Keres nicht einfach hinter die Newcomer zurücksetzen – das galt besonders der WM-Frage. Die Beziehungen wirkten: Ein Turnier der sechs Ersten von 1940 um den absoluten Titel wurde mit vier Durchgängen angesetzt. Trotzdem war die Lage Botwinniks heikel. Wenn er jetzt wieder scheiterte, konnte er alles verlieren, was er bis dahin erreicht hatte. Zur Schicksalspartie wurde die erste gegen Keres, in der die beiden mit 2 aus 2 in der 3. Runde aufeinandertrafen.

Keres – Botwinnik
1. d4 Sf6 2. c4 e6 3. Sc3 Lb4 4. Dc2 d5 5. cxd5 exd5 6. Lg5 h6 7. Lh4?!

Heute wird 7. Lxf6 Dxf6 8. a3 empfohlen.

7... c5 8. 0–0–0?!

Erst in einem neuen Artikel (Rochade Europa, Nr. 3 1994) erzählt Botwinnik über Hintergründe dieser Eröffnung. In der Meisterschaft 1940 hatte er gegen Mikenas mit 8...0–0 verloren. Danach testete sein Freund und Sekundant Ragosin 8... Lxc3 – und stand auch schlecht. Vermutlich wurde dies Keres zum Verhängnis. Er sah, daß der Rettungsversuch der Variante gescheitert war, und hatte darum wohl die Ragosin-Partie nicht mehr genau unter die Lupe genommen. Vielleicht rechnete er auch mit einem vorzeitigen Abweichen Botwinniks. Damit lief er genau in die Falle.

8... Lxc3 9. Dxc3 g5 10. Lg3 cxd4!

Hier hatte Ragosin schwächer 10... Se4 gespielt. Am Brett fällt die richtige Lösung nicht leicht: Weiß hat das Läuferpaar, und trotzdem reißt Schwarz überall die Stellung auf, ungeachtet selbst einer Schwächung wie g5. Aber die Vorbereitung zeigte, daß alles zu forciert geht, um Weiß die Ausnutzung dieser Schwäche zu gestatten.

11. Dxd4 Sc6 12. Da4 Lf5 13. e3?!

Keres scheint bereits entnervt, sonst hätte er wohl versucht, mit 13. f3 (Idee e4) im Trüben zu fischen.

13... Tc8 14. Ld3 Dd7 15. Kb1 Lxd3+ 16. Txd3 Df5 17. e4

Schon ist alles aus; die Dame kann den Td3 nicht gut decken (17. Db5 a6; sonst Sb4).

17. ... Sxe4 18. Ka1 0–0 19. Td1 b5 20. Dxb5 Sd4 21. Dd3 Sc2+ 22. Kb1 Sb4 Weiß gab auf.

Wie Botwinnik erzählt, konnte sich vor allem der Funktionär, der sich für ihn eingesetzt hatte, nach dieser Partie vor Freude und Erleichterung kaum fassen – was da wohl hinter den Kulissen auf dem Spiel stand?! Botwinnik gewann schließlich mit 2,5 Punkten vor Keres das Turnier und war mehr als rehabilitiert. Dann legte der Krieg auch in der UdSSR das Schachleben lahm. Botwinnik, wegen seiner schwachen Augen militäruntauglich, wurde samt Familie evakuiert – er schreibt, zwei Tage bevor die Deutschen die Eisenbahnlinie abschnitten – und überstand die nächsten Jahre in seinem Beruf als Elektrotechnik-Ingenieur im Hinterland. Aber methodisch, wie er war, plante er schachlich schon für später. Er schrieb ein Buch über die absolute Meisterschaft, um nicht sein analytisches Können einzubüßen, und einen Brief an Molotow, worauf ihm von höchster Stelle drei Tage pro Woche für schachliches Training bewilligt wurden. Nach der Kriegswende gab es wieder Turniere. In Swerdlowsk 1943 zeigte Botwinnik, für zwei Wochen Vorbereitung von der Arbeit freigestellt, sofort wieder, wer Herr im Haus war. Danach gewann er, was es zu gewinnen gab: Moskauer Meisterschaft, UdSSR-Championat 1944 und 1945 mit imposanten Resultaten (12,5 aus 16 und 15 aus 17). Beim Radiomatch gegen die USA schlug er deren Meister Denker 2:0. Der triumphale 15,5:4,5-Sieg in diesem Wettkampf brachte dem Schach in der UdSSR alten politischen Rang zurück. Stalin gratulierte persönlich: „Alle Achtung, Kinder" heißt es bei Botwinnik, bei anderen auch „Prachtkerle" oder ähnlich. Es folgten die Verhandlungen mit Aljechin und Botwinniks Sieg in Groningen (siehe frühere Kapitel). Bei der Revanche gegen die USA 1946 in Moskau (12,5:7,5 für die Sowjets) holte Botwinnik diesmal 1,5 aus 2 gegen Reshewsky. Doch das Tauziehen um das WM-Turnier stürzte ihn in eine Krise: Er nahm nicht an der UdSSR-Meisterschaft 1946 teil und meinte gar, wenn es keine WM gebe, wolle er Schach an den Nagel hängen und nur noch Elektrotechnik betreiben. Doch nachdem alles geklärt war, stieg er wieder in die Arena.

Beim Tschigorin-Gedenkturnier 1947 gewann er die Kraftprobe mit den einheimischen Hauptrivalen Keres und Smyslow. Er schreibt, daß ihm vom Turnierstand her ein Remis mit Schwarz gegen Keres gut genug war, aber „ich beschloß, mit Hilfe dieser Partie meinem Hauptkonkurrenten beim Kampf um die WM sein Selbstvertrauen zu nehmen." Dazu brauchte es nicht viel; seit der Schlappe 1941 war Botwinnik für Keres ein Angstgegner. Tatsächlich gewann Botwinnik diese Partie und holte dann beim WM-Turnier 4 aus 5 gegen Keres, der den einen Punkt auch erst zu einem Zeitpunkt machte, als die Entscheidung bereits gefallen war.

In diesem Turnier spielten Botwinnik, Keres, Smyslow, Reshewsky und Euwe in fünf Durchgängen. Botwinnik dominierte von Anfang an. Mit 3,5 aus 4 im ersten Teil holte er bereits einen Punkt Vorsprung heraus. Im zweiten ließ er Keres genau wie schon 1941 keine Chance, nachdem er bereits die erste Partie gewonnen hatte. Das war wohl die psychologische Entscheidung.

Botwinnik – Keres
1. d4 Sf6 2. c4 e6 3. Sc3 Lb4 4. e3 0–0 5. a3 Lxc3+ 6. bxc3 Te8 7. Se2 e5 8. Sg3 d6 9. Le2 Sbd7?!

Als besser gilt heute sofort c5 gefolgt von Sc6, wo der Springer mehr Druck aufs Zentrum ausübt.

10. 0–0 c5 11. f3 cxd4?

So wird Weiß den c-Doppelbauern los, und dadurch kommt der Läufer von b2 aus zur Wirkung, so daß das Läuferpaar mächtig wird. Vermutlich hatte Schwarz den 14. Zug übersehen.

12. cxd4 Sb6 13. Lb2 exd4 14. e4!

Das ist es. Nach 14. exd4 d5 bliebe das weiße Zentrum blockiert und der Lb2 schlecht, nach 14. Dxd4 Sa4 hingegen hätte der Lb2 kein gutes Ausweichfeld.

14. ... Le6 15. Tc1 Te7

Oder z.B. Tc8 16. Dxd4 Sa4 17. La1 (der Unterschied zu 14. Dxd4) mit Vorteil für Weiß (Läuferpaar, Schwäche d6). Offenbar entmutigt, leistet Keres wenig Widerstand mehr.

16. Dxd4 Dc7 17. c5 dxc5 18. Txc5 Df4 19. Lc1 Db8 20. Tg5 Sbd7

Pariert die Drohung Dxf6, aber nicht eine andere:

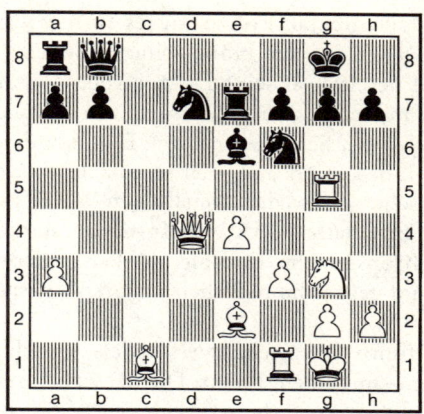

Botwinnik – Keres, Den Haag 1948

21. Txg7+! Kxg7 22. Sh5+Kg6 23. De3! Schwarz gab auf.

Das Matt durch Dg5/Dh6 ist unabwendbar. Ein Königsrückzug hätte allerdings auch nichts mehr genützt, z.B. 22... Kf8 23. Sxf6 (droht Lh6 matt) 23... Sxf6 24. Dxf6 (droht Dh8 matt) 24... Ke8 (Tc7 25. Lg5 Ke8 26. Lb5+) 25. Lb5+ und K.o. in wenigen Zügen.

Laut Botwinnik stellte Keres die Uhr ab, unterschrieb das Formular und verließ wortlos das Brett. Eine Reihe von Episoden scheint anzudeuten, daß es in der sowjetischen Elite jener Tage wohl ähnlich zuging wie heute in manchem Profi-Fußballklub: Irgendwie waren alle aufeinander angewiesen, jeder Erfolg bzw. Rückschlag des Sowjetschach wirkte sich auf alle aus, aber unter der Oberfläche brodelte es. Erst später, so Botwinnik, entstand zwischen ihm und Keres ein freundschaftliches Verhältnis.

Botwinnik gewann dieses Turnier mit drei Punkten Vorsprung vor Smyslow, Keres, Reshewsky und, weit abgeschlagen, Euwe. Seit 1941 war das Botwinniks achter großer Sieg in Folge. In dieser Ära schien er eine Klasse für sich zu bilden.

Dann beging er einen Fehler. Er spielte nie sehr viel; er selbst spricht von durchschnittlich 30 bis 40 ernsten Partien pro Jahr und von notwendigen Pausen, um wieder „hungrig" auf Schach zu werden. Doch drei Jahre ohne ernstes Turnier waren auch für einen Weltmeister auf der Höhe seines Könnens zuviel. Von 1948 bis 1951 bereitete er seine Doktorarbeit vor, die nach dem Match 1951 mit Erfolg angenommen wurde, und baute ein Haus, blieb aber der Schacharena fern. Daß ihm die Praxis fehlte, wirkte sich besonders aus, weil sein nächster Gegner Bronstein – inzwischen gab es den dreijährigen WM-Zyklus, den die FIDE eingeführt hatte – ein ausgesprochen starker Praktiker war. „Wäre Bronstein im Endspiel stärker gewesen, hätte ich den Wettkampf gegen ihn natürlich verloren", gestand Botwinnik.

Immerhin führte Bronstein zwei Partien vor Schluß – 24 waren zu spielen – mit einem Punkt. Die 23. war Botwinniks letzte mit Weiß, und er steuerte natürlich zielstrebig aufs Endspiel los. Aber einen Vorteil erreichte er nicht. Er kam in Zeitnot und hatte noch 3 Minuten für 5 Züge, Bronstein 10 Minuten. Da griff er nach dem letzten Strohhalm und bot einen Bauern an. Wenn Bronstein ihn nahm, mußte er Botwinnik zwei Läufer gegen zwei Springer einräumen und konnte noch in Gefahr kommen. Aber Botwinniks Zeitnot machte Bronstein sorglos; er glaubte an ein Versehen. Botwinnik: „Bronstein sah mich an, sah auf die Uhr, in den Saal – und nahm den Bauern! Im Saal erscholl Beifall, wie jedesmal, wenn Bronstein etwas opferte oder gewann. Aber durch meinen frohen Gesichtsausdruck begriff mein Partner, daß er sich geirrt hatte, winkte mit der Hand in den Saal, und der Beifall verstummte, aber es war bereits spät..." Noch nicht zu spät, denn Botwinniks Abgabezug ließ Bronstein Remischancen. Doch dieser entdeckte die Gewinnidee nicht, die Botwinnik nach nächtlichem Grübeln endlich um acht Uhr morgens gefunden hatte, griff fehl und verlor. Das tötete ihm den Nerv; aus der letzten Partie konnte er nichts mehr herausholen. Mit 12:12 blieb Botwinnik Weltmeister.

Die Analyse von Hängepartien war neben der Vorbereitung Botwinniks weiterer großer Trumpf, wobei er dank seines methodischen Denkens und Arbeitens Erfolge feiern konnte. Oft muß ja in kurzer Zeit aus einer Stellung das Bestmögliche gemacht werden, und wer einmal bei einer Analyse z.B. in einem

Mannschaftskampf dabei war, weiß, wie oft es drunter und drüber geht. Ein Typ wie Botwinnik konnte da Wunder vollbringen. Er sorgte rigoros für Ruhe um sich – bei einem Turnier, heißt es, schickte er sogar seine Frau mit der kleinen Tochter vor die Zimmertür, um schon von weitem alles abzuwehren, was ihn stören konnte –, und wenn mehr Zeit war, ging oft die Nacht für die Analyse drauf. Eine typische Sitzung sah so aus: „Ich ging erst um 5 Uhr morgens zu Bett. Zuerst half mir Boleslawsky; ich mußte aber auf ihn eine Stunde vor Mitternacht verzichten, weil er nur mit Mühe wach blieb, wenn ich ihn weckte. Dann kam mir Flohr zu Hilfe. Er hielt sich brav; wenn ich ihn weckte, blieb er gleich wach. Um 2 Uhr nachts trennten wir uns mit der Vereinbarung, daß er um 8 Uhr morgens meine Analysen prüfen komme ..."

Auch nach dem Bronstein-Match fand Botwinnik seine Form nicht wieder: 5. Platz bei der UdSSR-Meisterschaft, 3.–5. bei einem starken Turnier in Budapest 1952. Prompt kam es bei der Mannschaftsaufstellung für die Olympiade 1952 zum Eklat: Die anderen machten gegen Botwinnik Front. Wie er schreibt, forderten Keres, Smyslow und Kotow mehr oder weniger direkt seinen Ausschluß, weil er zu schlecht in Form sei. Er spielte tatsächlich nicht. Die offizielle Erklärung „Trauerfall" oder „Krankheit", wie sie in einigen Quellen erscheint, findet sich bei Botwinnik selbst nicht; er macht seine Kollegen verantwortlich.

Die nächste UdSSR-Meisterschaft war nun natürlich „geladen". Botwinnik gewann, wenn auch mit etwas Glück, sein Renommee wieder: vier Punkte gegen fünf Olympiateilnehmer und den 1. Platz nach Stichkampf mit Taimanow. In der letzten Runde des Turniers brauchte Botwinnik unbedingt einen Sieg gegen Suetin, um diesen Stichkampf zu erreichen. Tatsächlich übersah Suetin in einem remisverdächtigen Endspiel einen Mattwitz, und die Konkurrenten schrien Zeter und Mordio. Aber es gab nichts Verdächtiges; Suetin hatte eine normale Konkurrentenbeziehung zu Botwinnik und wurde später Sekundant Petrosjans gegen den Weltmeister. Jedoch ist die Stimmung für die Atmosphäre in der sowjetischen Spitze bezeichnend.

Es wundert nicht, daß unter solchen Umständen Botwinniks Mißtrauen gedieh. Schon vor dem Bronstein-Match hatten sich Verhandlungen über alle möglichen Details endlos hingeschleppt. Genauso gründlich und methodisch wie sonst sezierte Botwinnik in solchen Fällen alle nur denkbaren Anlässe für Streit oder Betrug. Seine Spezialität war der „doppelte Abgabezug", worüber sich später noch Tal mokierte; doch als gewiefter Praktiker löste er das Problem, indem er Botwinnik wenn möglich selbst den Zug abgeben ließ. Botwinnik verlangte, ein Abgabezug müsse zweimal notiert und in zwei verschiedenen Umschlägen aufbewahrt werden. Möglich wäre es ja, daß ein Spieler mit Hilfe von Schiedsrichtern oder Funktionären versuchen könnte, einen schlechten Abgabezug gegen einen besseren auszutauschen ... Später bereitete sich Botwinnik auf Wettkämpfe zum Teil sogar allein vor, damit kein Sekundant etwas ausplaudern oder dem Gegner zustecken konnte.

Die Jahre 1957–1963 gestalteten sich wie eine Art „Achterbahn" im WM-Rennen: Botwinnik verlor dreimal den Titel und gewann ihn zwischendurch zweimal zurück. Wir wollen diese Kämpfe in den folgenden, ansonsten kürzeren Kapiteln behandeln. Schon hier kann man sagen, daß Botwinnik es speziell in den Revanchekämpfen glänzend verstand, seine Vorbereitung auf Stärken und Schwächen der Gegner einzustellen. Wie er mit schon fast 50 Jahren gegen Tal innerhalb eines Jahres seinen Stil umkrempelte, ist eine einmalige Leistung, ebenso daß es ihm gleich zweimal gelang, das auch im Schach gemeinhin gültige Diktum „They never come back" zu widerlegen.

Zu Turnieren kam Botwinnik in dieser Zeit wegen der vielen Wettkämpfe selten. Immerhin teilte er den 1. Platz beim Aljechin-Gedenkturnier 1956 und spielte nun auf allen Schacholympiaden. 1954 war, wie er erzählt, das Verhältnis zur Mannschaft überraschend schon wieder gut ...

1963 verlor er nach einigen kleineren Turniersiegen den Titel gegen Petrosjan endgültig. Das Revancherecht war abgeschafft. Aber bis 1970 spielte er noch aktiv, und lange Zeit mit Erfolg. Erst 1969 ließen Botwinniks Leistungen plötzlich nach, was er damit erklärt, daß der Entschluß zum Aufhören gereift war; er konnte keine Kraftanstrengung mehr auf sich nehmen, wenn er nicht wußte wozu. 1970 zog er sich vom aktiven Spiel zurück und warf sich auf andere Aufgaben. Berühmt wurde seine Schachschule, durch die auch Karpow und Kasparow gingen. Sein Lieblingsprojekt freilich war die Entwicklung eines Schachprogramms. Karpow meinte einmal spöttisch, daß nun sein „Kind", ein Computer, den WM-Titel für ihn zurückerobern sollte, den er aus eigener Kraft nicht mehr verteidigen konnte. Das Hauptproblem erkannte Botwinnik richtig: Mit bloßem Berechnen von Varianten, wie damals die meisten Programme arbeiteten, ließ sich kein Spitzenniveau erreichen. Er ging der Idee nach, einen Computer wie einen Menschen „denken" zu lassen: allgemeine Kriterien zur Stellungsbewertung, starke Begrenzung des Rechenaufwands. Die praktische Umsetzung aber gelang ihm bis heute nicht. Es gab immer wieder Meldungen, sein Programm habe komplizierte Studien gelöst oder z. B. den berühmten Zug La3 aus der Partie gegen Capablanca gefunden. Doch spielfähig scheint es noch immer nicht zu sein, obwohl Botwinnik vorhersagte, daß es bis 1980 stärker als jeder Mensch spielen werde. Denn selbst Spitzenspielern fällt es schwer, ihre Gedanken in eine programmierbare Form zu fassen; die Intuition vollends, die zum menschlichen Spiel typischerweise gehört, läßt sich einem Rechner nicht beibringen. Auch Botwinnik, der große Meister des wissenschaftlich-methodischen Spiels, bei dem alles bis ins Letzte durchdacht schien, hat jenen Bereich nicht erfassen können, den Tal einmal mit dem Satz beschrieb: „Weiß denn der Mensch selber, wie er denkt?"

X. Smyslow (1957–1958)

Wassili Smyslow (*1921)

Das „ewige Duell" Kasparow gegen Karpow kennt jeder, der sich nur ein wenig mit Schach befaßt. Aber wie viele wissen noch, daß es in den 50er Jahren dasselbe schon einmal, nur eine Nummer kleiner gab? Sicher, es fand hinter dem „Eisernen Vorhang" statt und war in mancherlei Hinsicht nicht so extrem: die Duellanten saßen sich „nur" dreimal in vier Jahren gegenüber, sie droschen nicht öffentlich verbal aufeinander ein, denn das ließen schon Verband und Partei nicht zu, und sie verkörperten auch auf dem Brett keine zwei Welten. Aber mit 69 Partien in diesen drei Wettkämpfen – insgesamt trafen beide bestimmt an die 100mal aufeinander – war es doch die bis dahin längste Schlacht seit La Bourdonnais und MacDonnell. Trotzdem ist Wassili Wassiljewitsch Smyslow, geb. 1921, zumindest im Westen einer der am wenigsten beachteten Weltmeister geblieben.

Es mag daran liegen, daß er eben nur ein Jahr im Amt war und auch keinen faszinierenden, spektakulären Stil wie etwa Tal pflegte. Auf den ersten Blick hat er da mit Botwinnik nicht wenig gemeinsam. Während Smyslow in der Jugend vielleicht am Brett stärker taktisch agierte, verlegte er sich mit den Jahren immer häufiger aufs Positionsspiel, besonders aber auf Endspiele. Wohl nur gute Kenner könnten aus den Partien herauslesen, dies oder jenes sei „typisch Botwinnik" oder „typisch Smyslow". Vieles könnte vom einen wie vom anderen stammen. Manchmal wandte z.B. Botwinnik sogar in der Eröffnung ein nach Smyslow benanntes System an – auch dieses Kopieren von Varianten haben K & K später häufig praktiziert.

Smyslow überwand die Anfangsstadien ziemlich schnell: Er lernte Schach mit sechs Jahren von seinem Vater, einem recht guten Spieler, aber wohl kein Meister. Bereits mit der Meisterschaft von Moskau 1938 gewann Smyslow den Meistertitel. Anfangs hatte er noch eine zweite Liebe: Er machte Anstalten, als sollte er eine Laufbahn als Sänger einschlagen. Laut Golombek kam er bis unter die 50 Besten, die in die nähere Auswahl des Bolschoi-Theaters gezogen wurden, weiter indes nicht. Doch bei allen Turnieren, an denen er teilnahm, gehörten später Lieder und Arien von ihm zum guten Ton im Rahmenprogramm. Der holländische Großmeister Donner meinte bei der Olympiade 1974 in Nizza, die Sowjets hätten nur deshalb das beste Hotel bekommen, weil Smyslow die Franzosen vorher mit seinem Bariton betörte.

Sein erstes großes Turnier, Leningrad/Moskau 1939, wurde ein Reinfall: Unter 18 Spielern kam er nur auf Platz 12, wobei es ein schwacher Trost war, daß auch Keres sich nicht besser plazierte, der damals immerhin schon Weltklasse war. Ab 1940 stellten sich Erfolge ein, aber meist zweite und dritte Plätze: bei der UdSSR-Meisterschaft 1940 und beim absoluten Championat 1941 Dritter, dann 1944 Zweiter. Beim Radiomatch gegen die USA schlug Smyslow am 2. Brett Reshewsky 2:0. Dieser lief in einer Partie ahnungslos in eine von den Sowjets „ausgekochte" Hausanalyse: Für 25 Züge brauchte Smyslow in komplizierter Stellung nur gut fünf Minuten!

Bedenkt man, daß Smyslow in dieser Zeit gerade Botwinnik in Hochform vor sich hatte, sieht dies so weit wie eine recht steile Karriere aus. Doch dann folgte ein Durchhänger. Die UdSSR-Meisterschaft 1945 trug Smyslow mit dem 10./11. Platz unter 18 Spielern eine rechte Pleite ein; 1946 und 1947 stehen eine Reihe zweiter, dritter und vierter Plätze zu Buche. Auch die nächsten Jahre verliefen wechselhaft. Dem 2. Platz beim WM-Turnier 1948 und dem Sieg bei der UdSSR-Meisterschaft 1949 standen ein mäßiger 5./6., 4. und dann gar ein enttäuschender 7.–9. Rang in den nächsten sowjetischen Championaten gegenüber; der nächste WM-Anlauf endete mit dem 3. Platz im Kandidatenturnier 1950.

Nach all dem zählte Smyslow zweifellos zur Weltspitze, aber der ganz große Durchbruch war das alles noch nicht. Der folgte erst beim Kandidatenturnier 1953. Auf der Marathondistanz von 30 Runden, bei 15 Teilnehmern wurde in zwei Durchgängen gespielt, bewies Smyslow das beste Stehvermögen. Bis zur 23. Runde war der Kampf noch völlig offen, aber dann ging alles ganz schnell: Smyslow besiegte zwei seiner Hauptgegner, Keres und Reshewsky – und hatte mit einem Schlag 1,5 Punkte Vorsprung. Die Partie gegen Keres zeigt ihn von seiner besten Seite.

Keres – Smyslow

1. c4 Sf6 2. Sc3 e6 3. Sf3 c5 4. e3 Le7 5. b3 0–0 6. Lb2 b6 7. d4 cxd4 8. exd4 d5 9. Ld3 Sc6 10. 0–0 Lb7 11. Tc1 Tc8

Ein verhaltener Beginn, aber im Prinzip mußte Keres um jeden Preis gewinnen, weil er einen halben Punkt hinten lag und zudem in der nächsten Runde frei war. Kein Wunder also, daß es bald schärfer zur Sache geht.

12. Te1 Sb4 13. Lf1 Se4 14. a3 Sxc3 15. Txc3 Sc6 16. Se5 Sxe5 17. Txe5

Die weißen Schwerfiguren schielen ganz eindeutig nach dem Königsflügel. Aber etwas unnatürlich wirken die kommenden Turmschwenkungen doch, und da Smyslow seine Stellung bis jetzt harmonisch aufgebaut hat, glaubt er an ihre Defensivkraft und bereitet nach klassischer Regel ein Gegenspiel im Zentrum vor.

17. ... Lf6 18. Th5 g6 19. Tch3!?!

Ein verblüffender Zug, dessen Pointe nach 19. ... gxh5 20. Dxh5 Te8 laut Bronstein (Turnierbuch) in 21. a4!!, drohend La3, besteht, um dem König den Fluchtweg abzuschneiden. Aber wäre das wirklich einen vollen Turm wert? Smyslow sagte, er habe lange nachgedacht und keinen forcierten Gewinn für Weiß entdeckt. Die Versuchung muß groß gewesen sein; aber stilgerecht entschied er sich für die einfache, klare Lösung.

19. ... dxc4 20. Txh7?

Nach Bronstein wäre 20. Dg4 das Beste gewesen, weil dann nach 20. ... c3 21. Lxc3 Txc3 22. Txc3 Dxd4 23. Dxd4 Lxd4 (beide Türme hängen) 24. Tc7 gxh5 25. Txb7 Remis herauskommen sollte. Aber Keres wollte ja gewinnen ...

20. ... c3! 21. Dc1

Jetzt ginge nach 21. Lxc3? Txc3 22. Txc3 einfach der Th7 verloren. Weiß hofft auf 21. ... cxb2? 22. Dh6 Dxd4 23. Th8+Lxh8 24. Dh7 matt.

21. ... Dxd4 22. Dh6 Tfd8

Es gehören schon Nerven dazu, in einer so entscheidenden Partie einem solchen Aufmarsch der weißen Geschütze ruhig zuzuschauen. Aber bei genauem Hinsehen hat Weiß in der Tat nichts.

23. Lc1 Lg7 24. Dg5 Df6 25. Dg4 c2 26. Le2 Td4 27. f4 Td1+ 28. Lxd1 Dd4+ Weiß gab auf.

Daß Smyslow gerade dieses lange Turnier, und noch dazu in der Schlußphase, gewann, war sicher kein Zufall – ebensowenig wie sein „zweiter Frühling" mit 60 Jahren. Sein Stil war ökonomisch. Während Botwinnik wissenschaftlich allem auf den Grund ging und nichts an Vorbereitung ausließ, war Smyslow ein „Improvisator des Schachschaffens" (Suetin), kein eifriger Arbeiter von Natur aus; er bevorzugte rationelle Lösungen und tat nur soviel wie unbedingt nötig. Viele erinnerte das an Capablanca, so z.B. den Großmeister Stahlberg: „Wie Capablanca findet er einfache Lösungen für Probleme, die auf den ersten Blick kompliziert wirken." Dafür ist die kritische Phase der Keres-Partie ein Beispiel.

Nicht wenige sahen darin auch Negatives, am drastischsten Botwinnik: „Wassili Wassiljewitsch war leider... ziemlich faul. Vielleicht schätzte er die Freuden des Lebens mehr als die Verpflichtungen." Wobei das, was in der Deutschen Freuden „Wein, Weib und Gesang" vor dem Gesang rangiert, wohl nicht zu kurz kam.

An anderer Stelle erzählt Botwinnik von seinem täglichen Fitneßtraining bei der Olympiade Skopje 1972, an der er schon nicht mehr als Spieler teilnahm: „Nach dem Frühstück holte mich O'Kelly ab, und wir stiegen auf den Wodno, jeden Tag immer höher... Einmal schloß sich uns Smyslow an... aber sein Charakter zeigte sich, und Wassja blieb dann weg." Bezeichnend für diese beiden: Der eine trainiert aus Prinzip, der andere würde dies nur tun, wenn er es für einen konkreten Zweck nötig fände; so betrieb Smyslow bei der WM-Vorbereitung in den 50er Jahren ein solch sportliches Training.

Es ist sehr fraglich, ob man hinter Smyslows Einstellung wirklich Faulheit vermuten muß. Schonberg z.B. schreibt: „Ständig kämpfte Smyslow gegen den Wunsch, sich treiben zu lassen und gegen die Dostojewskische Schwermut, die ihn wie so viele russische Spieler überkam. Wenn er verlor, brütete er düster vor sich hin." Doch das machen ja manchmal auch Nicht-Russen; so klingt der Schonbergsche Satz eher nach einem Gerhard-Polt-Diktum: „Der Russe an sich ist ja schwermütig." Ähnliche Charakterzüge findet man später etwa bei Spassky.

Das Kandidatenturnier 1953 löste bei Smyslow offenbar einen Motivationsschub aus. Plötzlich gewann er in den vier Jahren bis zum WM-Titel so ziemlich alle Turniere, an denen er teilnahm. Dies war die Phase, in der er am meisten arbeitete. Er soll viele hundert Botwinnik-Partien studiert haben und entwarf daraus ein psychologisches Konzept: anspruchsvolle Kämpfe auf dem ganzen Brett auszulösen, in denen es wenig Ansatzpunkte für Botwinniks theoretische Leitlinien gab, um dann die eigene Improvisationskunst spielen zu lassen. Das war nicht unbedingt typisches Smyslow-Schach, aber es stellte Botwinnik in der Tat vor schwere Probleme. „Seine (Smyslows) besten Partien wurden gerade in diesem etwas extravaganten Stil durchgeführt" (Suetin).

Das erste Match 1954 nahm einen turbulenten Verlauf. Botwinnik begann mit 3,5:0,5; dann führte plötzlich Smyslow 6:5, bald aber wieder Botwinnik mit zwei Punkten. In der vorletzten Partie glich Smyslow aus. Daraufhin setzte ihm Botwinnik in der letzten eine bis dahin neue Variante vor. Der Coup glückte; ein verblüffter Smyslow reagierte unsicher, geriet schnell in eine perspektivlose Lage und konnte nicht anders, als durch ein Remis wenigstens den moralischen Erfolg des 12:12 mitzunehmen, was Botwinnik aber den Titel beließ.

Nun wußte Smyslow freilich auch, daß er es schaffen konnte, und das hielt seine Energie aufrecht. 1956 gewann er das nächste Kandidatenturnier wieder. Nur einmal geriet er ins Wanken, als er mit Weiß gegen Spassky verlor und dann prompt nur mit Mühe gegen den Letzten, Pilnik, heil davonkam. Aber er fing sich und schlug drei Runden vor Schluß den einen Hauptgegner Bronstein, während ihm Keres noch den Gefallen tat, gegen den Außenseiter Filip zu verlieren, obwohl er hätte gewinnen können. So stand Smyslow am Ende erneut mit klarem Vorsprung da.

1957 saßen sich Smyslow und Botwinnik also zum zweiten Mal gegenüber, und diesmal lief alles anders. Eine Zeitlang kämpfte der Titelverteidiger zwar gut mit, riß sogar kurzzeitig die Führung an sich, aber Eröffnungs- und Zeitnotprobleme – das zweite ergab sich bisweilen aus dem ersten – wurde er nie los. In der zweiten Matchhälfte ließ ihn dann auch noch seine Endspielstärke im Stich. Mit einem Punkt hinten, konnte er die 15. Partie trotz zweier Mehrbauern und Hausanalyse am Brett nicht gewinnen, und in der 17. brach ihm die Fehleinschätzung eines Endspiels endgültig das Genick.

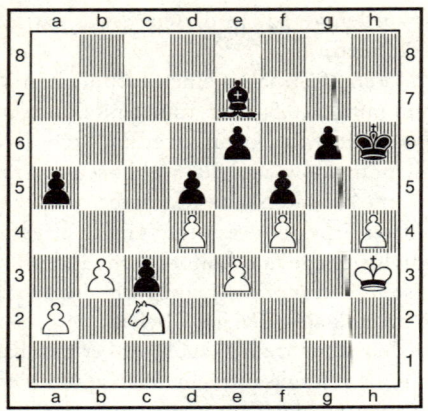

Botwinnik – Smyslow, Moskau 1957

(Nach 42 Zügen)
Schwarz wird den Bh4 gewinnen; die Frage ist nur, was ihm das in der weitgehend blockierten Stellung nutzt, da sein Läufer nicht recht zur Wirkung kommt. Aber Smyslow hat eine hintergründige Idee: den König durch Zugzwang durchs ganze weiße Lager zum Damenflügel zu führen. Man kann so etwas übersehen; aber kurz vorher erfolgte der Abbruch, und bei Botwinniks gefürchteter Analysekunst ... hätte er in Bestform nicht auch das finden können?!
43. Kg3?
Wäre gleich der b-Bauer losmarschiert, wäre er bei der gleichen Folge wie im Text bis b7 gekommen (43. a3 Kh5 44. b4 a4 45. b5 Lxh4 46. b6 usw.), und der schwarze Läufer wäre nie mehr frei für Tempozüge gewesen. Nach 44... axb4 45. axb4 Lxh4 46. b5 Ld8 aber hätte Weiß nach einer umfangreichen Analyse von Euwe wohl auch Remis erreicht.
43... Kh5 44. Kf3 Kxh4 45. Se1 g5 46. fxg5 Kxg5 47. Sc2 Ld6 48. Se1
Laut Smyslow bot 48. a3 usw. immer noch Remischancen. Aber Botwinnik glaubte offenbar, daß er am Königsflügel standhält und deswegen die andere Seite besser gar nicht anrührt. Dies war ein grundsätzlicher und fataler Irrtum.

48. ... Kh4 49. Sc2 Kh3 50. Sa1
50. Se1? Kh2 und falls **51. Kf2? Lg3+.**
50. ... Kh2 51. Kf2 Lg3+ 52. Kf3
52. Kf1 Lh4 gefolgt von **Kg3** kommt letztlich aufs Gleiche heraus.
52. ... Lh4 53. Sc2 Kg1 54. Ke2 Kg2
Von dem weißen Feld e2 kann der schwarze Läufer den König nicht mehr vertreiben; jetzt geht es nur mit Zugzwang weiter. **55. Kd3 Kf2 56. Kxc3 Ke2** würde nun den Be3 verlieren.
55. Sa1 Le7 56. Sc2 Kg3 57. Se1 Ld8 58. Sc2 Lf6!
Bewegt sich nun der Sc2, folgt **58. ... f4! 59. exf4 Lxd4** und f4 fällt auch noch.
59. a3 Le7 60. b4 a4 61. Se1 Lg5 62. Sc2 Lf6!
Dasselbe Spielchen wie im 58. Zug.
63. Kd3
Nach **63. b5 Ld8** könnte der Läufer von b6 aus ebenso wirken, und Weiß müßte doch mit dem König Platz machen.
63. ... Kf2 64. Sa1 Ld8 65. Sc2 Lg5!
Diesmal ist es der Angriff auf e3, der Zugzwang verursacht.
66. b5 Ld8 67. Sb4
67. Kxc3 Ke2 68. Kb4 Kd2! verliert auch.
67. ... Lb6 68. Sc2 La5! 69. Sb4 Ke1 Weiß gab auf. 70. Kxc3 Ke2 ist immer noch hoffnungslos, und auf 70. Sc2+ folgt Kd1-c1-b2.

Trotz der „Mithilfe" des Gegners eine technische Meisterleistung von Smyslow. Damit schien Botwinniks Kraft gebrochen; er verlor schließlich 9,5:12,5.

Es sah aus, als wäre die Ära Botwinnik zu Ende. Smyslow stand mit 36 Jahren auf der Höhe seines Könnens; sein 10 Jahre älterer Rivale schien auf dem absteigenden Ast. Auch Smyslow glaubte das – zu seinem Pech. Mal schrieb er, das große Duell sei ein für allemal entschieden; mal soll er gesagt haben, er verstehe nicht, daß Botwinnik Revanche wolle, wo doch klar sei, daß er wieder verlieren werde. Man muß Smyslow zugute halten, daß fast alle so dachten. Noch nach dem Revanchekampf schrieb Schiedsrichter Stahlberg: „Selbst die besten Fachleute des Schachs glaubten, daß

Smyslow den Revanchekampf leicht gewinnen werde." Sogar Botwinnik erklärt, er sei unschlüssig gewesen, ob es Sinn habe anzutreten, aber gerade Smyslows offen zur Schau getragene Unterschätzung gab den maßgeblichen Anstoß dazu.

Prompt begann die Revanche ein Jahr später mit einem Paukenschlag. Botwinnik packte eine bis dahin bei ihm nie gesehene Eröffnung aus: „Caro-Kann". Gleich in der ersten Partie schien Smyslow dadurch verblüfft, brauchte eine Menge Zeit und fand trotzdem keine gute Erwiderung. Botwinnik gewann diese und gleich noch die 2. Partie. In der 3. erreichte Smyslow, diesmal auf „Caro-Kann" vorbereitet, wenigstens leichten Vorteil, aber auf der Suche, Gewinnchancen festzuhalten, schoß er einen Riesenbock: 0:3. Diesen Schock überwand er nicht mehr, spielte ganz gegen seine Art zum Teil überscharf und unsicher. Auch Botwinnik ließ gegen Ende nach; so hatte er in der 15. Partie in einem günstigen Endspiel noch genug Zeit für zwei Züge, vergaß aber völlig die Uhr und überschritt die Zeit. Aber Smyslow kam nicht mehr ganz heran. Mit 12,5:10,5 holte Botwinnik den Titel zurück.

Danach war Smyslow nicht mehr der alte. Das zeigte sich deutlich beim nächsten Kandidatenturnier 1959. Nach 12 Runden standen bei ihm ganze 4,5 Punkte zu Buche. Erst in der 19. überschritt er wieder die 50%-Marke, aber wie es mit ihm stand, zeigte sich später noch, als er mit Weiß gegen Gligoric nach 18 Zügen verlor. Am Ende wurde er Vierter, doch die Art, wie diese Plazierung zustande kam, war für ihn eine Katastrophe. Er sagt im Turnierbuch: „Ich trank einen großen Becher Gift, genug für ein ganzes Leben! Was geschah da mit mir und warum? Es gibt hier gar kein Geheimnis. Ich bin nervlich erschöpft, ermüdet. Ich verlor meine feste innere Ruhe, die mich früher umgab."

In der Tat spielte Smyslow an sich nicht so schlecht, aber durch Zeitnot und grobe Fehler, die früher bei ihm ganz ungewöhnlich waren, verschenkte er halbe und ganze Punkte. Einen solchen Lapsus gegen Tal beschreibt dieser so: „Bis zu einem gewissen Punkt spielte Smyslow brillant und überspielte mich völlig; zudem hatte ich nur 2–3 Minuten für ungefähr 15 Züge ... Und dann, als mein Fähnchen schon waagrecht hing und immer noch vier Züge zu machen waren, rannte Smyslow in fast den einzigen Schwindel, den ich geschafft hatte auszuhecken ... Smyslow ist normalerweise am Brett die Ruhe selbst, aber hier, nach meinem 39. Zug Th1+, wurde sein Gesicht ganz anders, und nach etwa drei Minuten Überlegung machte er seinen Gegenzug und drosch mit wütender Gewalt auf die Uhr. Einige Figuren fielen durcheinander ..." Das Ende war Remis durch Dauerschach, für Smyslow wie eine Niederlage.

Smyslow blieb dann noch unvermindert aktiv und gewann eine Menge erster Preise, aber in Reichweite der WM kam er nicht mehr – das heißt, fast: 1965 schied er im Kandidatenturnier, das inzwischen nach dem K.o.-System ausgetragen wurde, schon in der 1. Runde gegen Geller aus. Danach fehlte ihm ein paarmal ein halber Punkt, um in den Kandidatenzyklus zu kommen. Da Smyslow nicht jünger wurde, glaubten wohl alle, seine Karriere würde langsam auslaufen. Weit gefehlt! Bereits über 60, wurde er Zweiter beim Interzonenturnier 1982 in Las Palmas und drang auf seine alten Tage wieder unter die Besten der Welt vor. Beim ersten Kandidatenmatch gegen Hübner hatte er allerdings enormes Glück, als dieser gleich eine Reihe guter Chancen ausließ und nach Verlängerung gar erst durch Losentscheid per Roulettekugel im Casino des Spielorts Velden am Wörthersee den kürzeren zog. Hübner beklagte sich damals in einem offenen Brief an die Schachpresse nicht nur über die Veranstalter bitter, sondern auch über das Smyslow-Team, das ihm nicht gestatten wollte, sich während der Partien ab und zu massieren zu lassen, wogegen er selbst Smyslow zu Beginn wegen Unwohlseins eine außerplanmäßige Auszeit zugestanden hatte.

Wie auch immer, Smyslow kam unter die letzten Vier und spielte dort gegen den Ungarn Ribli einige Partien wie in seiner Glanzzeit. Die 5. und 7. entschieden das Match, das Smyslow mit 6,5:4,5 gewann.

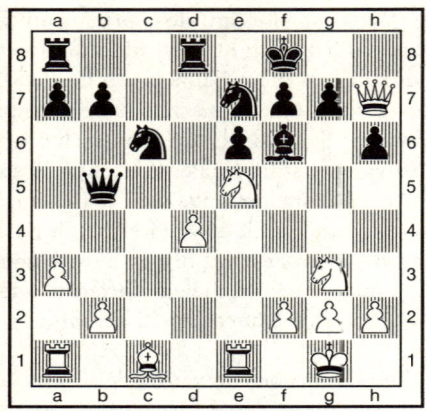

Smyslow – Ribli, London 1983

(Nach 21 Zügen)

22. Lxh6!

Falls nun gxh6?? 23. Dxf7 matt oder 22... Lxe5 23. Txe5! Sxe5 24. Dh8+Sg8 25. Dxg7+Ke7 26. Lg5+.

22... Sxe5 23. Sh5!

Die eigentliche Pointe; falls nun gxh6? 24. Dxh6+Ke8/g8 25. Sxf6 matt.

23... Sf3+ 24. gxf3 Sf5 25. Sxf6 Sxh6 26. d5! Dxb2

exd5?? 27. Dh8+, aber auch anderes hilft wohl nicht mehr. Der Textzug verliert am effektvollsten.

27. Dh8+ Ke7 28. Txe6+! fxe6 29. Dxg7+ Sf7

Jetzt geht nicht 30. Sg8+?? „mit Damengewinn" wegen Txg8 mit Fesselung, aber...

30. d6+! Txd6

Oder Kxd6 31. Se4+.

31. Sd5+ Txd5 32. Dxb2 und Schwarz gab im 41. Zug auf. Ein eindrucksvolles Feuerwerk des Altmeisters.

So stand der schon bald 63jährige wieder in einem Kandidatenfinale! Hier war allerdings nun doch das Ende der Fahnenstange erreicht – aber immerhin bedurfte es eines Kasparow, der auf seinem Gipfelsturm in der Lage war, Smyslows Serie zu stoppen. Das Resultat 4:0 bei neun Remis ließ aber keinen Zweifel, daß der junge Mann der Stärkere war.

Soweit Smyslow mit 60 – und auch mit 70 zählt er noch längst nicht zum alten Eisen. 1991 gewann er die erste WM für Senioren (ab 60 Jahre), und mit 72 ließ man ihn sogar noch beim Interzonenturnier 1993 mitspielen. Inmitten der fast kompletten Weltspitze (73 Teilnehmer) und trotz langer 13 Runden bewies Smyslow mit 50%, daß er noch immer mithalten kann.

Warten wir auf Smyslow mit 80 – vielleicht erlebt er dann seinen dritten Frühling.

XI. Tal (1960–1961)

Michail Tal (* 1936, † 1992)

Seine Glanzzeit dauerte nur wenige Jahre, ein knappes davon war er Weltmeister – und doch wurde Michail Nechemjewitsch Tal (1936–1992) schon zu Lebzeiten eine Schachlegende. Sein Figurenwirbel bot das größte Spektakel seit der Zeit der Romantiker; seine Gegner verstanden die Welt nicht mehr, weil es so etwas doch eigentlich gar nicht mehr geben durfte. Die Experten redeten sich die Köpfe heiß, ob Tal ein Hexenmeister, Scharlatan oder einfach ein Glücksritter sei – aber das Volk jubelte. Für die breite Masse, die auch heute noch Opfer und Angriff statt langwieriger Grabenkriege und 30zügiger Theorievarianten sehen will, war es, als sei irgendein bewunderter Filmheld plötzlich von der Leinwand ins wirkliche Leben heruntergestiegen und habe mit all den ungeliebten Seiten des Schachs gründlich aufgeräumt. Dann, wie geschaffen dafür, gab es auch noch die tragische Seite der Legende – Tals Scheitern an seiner schwachen Gesundheit, neue Höhenflüge in späteren Jahren, doch mehr oder weniger dicht am Ziel immer der Absturz ...

Tal war zweifellos insgesamt eine ungewöhnliche Begabung, wenn auch nicht speziell im Schach ein Wunderkind. In der Schule wurde er sofort zwei Klassen höher eingestuft, wobei er sich ähnlich wie Lasker, Capablanca und andere besonders in Mathematik auszeichnete. Aber ein wissenschaftlicher, spröder Typ war er deswegen nie. Er interessierte sich genauso für Kunst und Musik wie für Fußball. Bei der Olympiade 1974, die mit der Fußball-WM zusammenfiel, brachte ihn dies, wie er erzählt, in „Gewissenskonflikte" – dies gilt übrigens auch für andere; der brasilianische Weltklassespieler Mecking saß laut Tal einmal während seiner Partie nicht am Brett, sondern vor dem Fernseher und steckte ungerührt eine kampflose Null weg. Tal selbst mußte sich an einem Fußball-Tag mit dem Mongolen Mjagmarsuren herumärgern, der bald schlecht stand, aber (offenbar kein Fußballfan) überaus zäh kämpfte, so daß Tal erst zur zweiten Halbzeit den Bildschirm erreichte: „Gott sei Dank stand es noch 0:0!"

Auch das war Tal: Bei aller „Schachwut" sah er die Sache nie so ernst und verbissen wie viele Meisterkollegen. Er hatte etwas von einer Spielernatur im besten Sinn an sich.

Lange Zeit schien sich auch seine Karriere eher langsam zu entwickeln. Er machte zunächst alle Anfängerstufen durch und wurde wie Millionen anderer auch, wie er zugibt, einmal Schäfermatt gesetzt (1. e4 e5 2. Lc4 Sc6 3. Dh5 Sf6 4. Dxf7 matt). In der Jugend kämpfte er sich von der 4. Kategorie hoch, im lettischen Jugendteam vom letzten Brett bis zum ersten, und auch bei den Erwachsenen kam er nur Schritt für Schritt weiter. Schon damals ging ihm der Ruf eines wilden Raufbolds am Schachbrett voraus; anders zu spielen fiel ihm schwer. Als ihn einmal in der Jugendmannschaft sein Kapitän strikt zur Vorsicht anhielt, verlor er eine Partie nach der anderen.

Oft liest man, der elfjährige Tal sei mit dem Brett unterm Arm bei Botwinnik aufgekreuzt, als dieser nahe Tals Geburtsstadt Riga Urlaub machte, um den Weltmeister „herauszufordern". Laut Tal ist dies eine von vielen Anekdoten: „Ich ... wollte gegen ihn spielen, aber hier endet die Wahrheit. Als ich meiner Familie von meinen Plänen erzählte, brachten sie mich behutsam davon ab, dem Weltmeister den Handschuh hinzuwerfen." Immerhin sagt Tal auch, was ihm damals in kindlichem Übermut so in den Kopf kam: Wie konnte man Botwinnik einfach zum Weltmeister erklären, wo er doch gar nicht gegen ihn gespielt hatte?

Mit 19 Jahren hatte Tal zwar eine Menge kleiner Erfolge und achtbarer Resultate, aber kaum Größeres als den Gewinn der lettischen Meisterschaft vorzuweisen. Erstmals nahm er 1956 an der UdSSR-Meisterschaft teil und wurde 5.–7. Dann „explodierte" er förmlich. Von 1957 bis 1959 gewann er zweimal hintereinander das sowjetische Championat – ein ganz seltenes Ereignis –, das Interzonen- und Kandidatenturnier, nebenbei ein starkes Turnier in Zürich und so weiter... Paradoxerweise lief es gerade bei kleineren Turnieren weniger gut: So wurde er nur Dritter in der lettischen Meisterschaft 1959, wenn auch mit dem gewiß nicht schlechten Resultat von 16,5 aus 19! Aber insgesamt schien Tal in diesen Jahren durch nichts zu bremsen. Er mochte noch so aussichtslos stehen, sei es in einer Partie oder in einem Turnier insgesamt, irgendwie kam er immer ans Ziel. In der besonders wichtigen UdSSR-Meisterschaft 1958, die als Qualifikation zum WM-Zyklus zählte und noch dazu ein „Heimspiel" in Riga war, lag er noch nach gut der Hälfte des Turniers im Mittelfeld. Aber er schien unerschütterlich: „Jetzt 7 aus 8, und alles ist in Ordnung" sagte er zu seinem Trainer Koblenz, der nur den Kopf schüttelte. Aber Tal gewann tatsächlich noch dieses Turnier...

Was steckte hinter dieser phänomenalen Serie? Gab es ein Erfolgsgeheimnis Tals?

Er war, wie schon gesehen, ursprünglich ein extrem einseitiger Spieler: Angriff und Opfer um jeden Preis. Dafür brachte er beste Anlagen mit. Sein allgemeines und speziell sein mathematisches Talent sorgte dafür, daß er Varianten wie kaum ein zweiter berechnen konnte. Bei Analysen sprudelten sie, wie der eine Verfasser dieses opusculum selbst nach einigen Partien mit ihm bestätigen kann, nur so aus ihm heraus, in rasendem Tempo. Tal selbst erzählt von einer WM-Partie, in der er durch eine Unzahl von Varianten zur gleichen Einschätzung kam wie Botwinnik durch allgemein-logische Überlegungen. Kein Wunder, daß Botwinnik schreibt: „Vom Standpunkt der Kybernetik oder der Rechentechnik ist Michail Tal eine Einrichtung zur Verarbeitung von Informationen, die über ein besonderes Gedächtnis und größere Schnelligkeit als andere Großmeister verfügt . . ." Nicht sehr human ausgedrückt, aber immerhin kein ganz schlechtes Kompliment.

Doch selbst Tal konnte unmöglich alle Verwicklungen, die er entfesselte, bis ins Detail kalkulieren. Er besaß eine überaus feine Intuition, offenbar aber nur, so lange es vorwärts ging – sein Sinn für Gefahren, räumte er ein, sei unterentwickelt. Die Grundentscheidung für ein Opfer traf er meistens intuitiv; aber was im folgenden zu berechnen war, sah er besser und weiter als seine Gegner, speziell in der relativ knappen Zeit, die man für eine Partie hat. Typisch für ihn ist die folgende Geschichte. Als er einmal über ein undurchsichtiges Springeropfer nachdachte, wurde selbst seinem Gehirn die Variantenflut zu viel. Es spielte verrückt, und plötzlich kam Tal ständig ein russisches Couplet in den Sinn, wie schwer es sei, ein Nilpferd aus einem Sumpf zu ziehen. Minutenlang geisterten zur Lösung dieses Problems Flaschenzüge, Hubschrauber und Strickleitern durch den Kopf des Meisters: „Nach langatmiger Betrachtung gestand ich mein Scheitern als Ingenieur ein und dachte gehässig: Gut, dann soll es eben ersaufen!" Plötzlich war das Nilpferd weg, aber auch von den unzähligen Varianten hatte sich Tal gelöst. Er opferte intuitiv den Springer – und gewann. Weiter schreibt er: „Am nächsten Tag las ich mit Vergnügen in der Zeitung, wie Michail Tal nach 40 Minuten sorgfältiger Betrachtung der Stellung ein genau berechnetes Figurenopfer gemacht hatte . . ."

Ein unfehlbarer Computer war also auch Tals Gehirn sicher nicht. Wenn man ständig eine Unmenge von Zugfolgen in höchstem Tempo berechnet, muß es einfach hie und da Kurzschlüsse geben, und das erklärt die paradox wirkende Erscheinung, daß selbst dieses Kombinationsgenie manchmal kapitale Patzer beging. Meist waren das keine schachlichen Irrtümer, sondern einfach optische Täuschungen; unmögliche Züge spielen dabei eine auffallende Rolle. Mal erzählt Tal, wie er einen einzügigen Damenverlust, drohend durch Lxh7+, „parierte", indem er den Bauern von h7 wegzog – danach ging Lh7+ noch immer, und die Dame war trotzdem weg. Ein andermal machte er größte Anstrengungen, um eine Rochade des Gegners zu verhindern, die gar nicht mehr möglich war, denn der König hatte bereits gezogen; dann wieder glaubte er, ein nach g4 ziehender weißer Bauer könne en passant genommen werden – er war aber von g3 gekommen –, oder stützte eine „glänzende" Kombination schlicht und einfach auf einen Zug, der nach den Schachregeln nicht erlaubt war.

Solche Ausrutscher sind um so verständlicher, weil Tal, obwohl er meist leicht und flott zu spielen schien, innerlich dennoch dauernd unter Hochspannung stand. Wenn er nicht am Zug war, wanderte er ruhelos auf und ab; mit den Jahren rauchte er wie ein Schlot. Impulsiv ließ er sich oft von Stimmungen beeinflussen. Er gab zu, daß er manchmal eine schöne Idee der zweckmäßigen vorzog, und daß er rachsüchtig wurde, wenn es schlecht lief – sowohl bei ungünstigem Turnierstand wie bei schlechter Bilanz gegen einen bestimmten Gegner ging er oft mit der Brechstange zu Werk und verlor die Objektivität.

Dies alles war sein Naturell; allein damit hätte Tal wohl kaum höchstes Niveau erreicht. Doch mit der Zeit lernte er dazu; sein Trainer Koblenz dürfte dabei wichtigen Einfluß gehabt haben. Langsam wurde Tal reifer im Positionsspiel. Bis zur Weltmeisterzeit gibt der stürmische Charakter zwar eindeutig den Ton an, aber immer weniger ausschließlich. Dazu kam angewandte Psychologie. Tal lernte, sein Opferspiel gezielt bei Gegnern einzusetzen, denen Komplikationen nicht schmeckten. Seine verwegensten Abenteuer ging er oft gegen Spieler mit klarer strategischer Linie ein, z. B. gegen Botwinnik. Hören wir Tal selbst zu einem Opfer gegen Awerbach, der auch zum Typ Positionsspieler zählte: „Das Opfer hätte nicht die geringste Chance gehabt gegen Spieler wie Kortschnoi oder Cholmow, die gern auf scharfe Komplikationen eingehen mit dem Ziel, Material zu behalten, das gegen sie geopfert worden ist." Hätte er gegen sie dasselbe riskiert? „Auf jeden Fall hätte ich länger darüber nachgedacht..."

Offenkundig hatte Tal auch von Laskers Psychologie gelernt, doch er paßte sich nur bedingt dem Gegner an. Er wollte ein Spiel aufs Brett bringen, das ihm lag, und um dem nachzuhelfen, war er zu kalkuliertem Risiko bereit.

Wenn schon der ganz junge, urwüchsige Naturspieler, dieser Schach-Tarzan Tal Erfolge erreichte, so machte die Reife und Vielseitigkeit seinen Stil ungleich effektiver. Der entscheidende Durchbruch war nur eine Frage der Zeit. Nach Tals ersten Triumphen ging ihm zudem bald ein furchterregender Ruf voraus, und fast überall waren die Fans auf seiner Seite. Sobald er ein Opfer in die Stellung des Gegners donnerte, untermalt vom Jubel der Menge, kann man sich denken, wie manchem feinsinnig berechnendem Gegner allein durch dieses emotionale Erlebnis das Herz in die Hosen rutschte. Außerhalb der Arena war Tal zwar ein fröhlicher, schlagfertiger und unbekümmerter junger Mann, dem absolut nichts Dämonisches anhing; doch einen durchdringenden Blick hatte er, und es heißt, daß er nicht selten seine Gegner gezielt anzustarren pflegte. Sensible oder gar abergläubische Gemüter, von denen es auch unter Schachspielern gar nicht so wenige gibt, sprachen prompt von Hypnose und schwarzer Magie. Beim Kandidatenturnier 1959 setzte der Ungaro-Amerikaner Benkö dagegen die ebenso alte wie sinnlose Idee einer dunklen Brille. Aber Tal bekam davon Wind, und als Benkö seine Abwehrwaffe zum Einsatz brachte, zog Tal prompt ein noch viel größeres, wohl recht seltsames Monstrum von Brille aus der Tasche und setzte es auf die Nase. Das Publikum brach in Gelächter aus; selbst Benkö konnte sich ein Schmunzeln nicht verkneifen. Als er mit Brille genauso schrecklich verlor wie ohne, brauchte er für den Spott nicht mehr zu sorgen.

Dieses Kandidatenturnier spielt in Tals Laufbahn eine besondere Rolle. Im Interzonenturnier, in dem sechs Spieler weiterkamen, war es noch relativ leicht für ihn; doch jetzt mußte er Erster werden, bei 28 Runden (acht Spieler, vier Durchgänge). Tal startete schlecht, er hatte die „Angewohnheit", oft genug die erste Partie zu verlieren, aber später walzte er alles nieder. Mit 2,5 Punkten Vorsprung traf er im letzten Umgang auf den bis dahin Zweiten, Paul Keres. Wie Tal sagt, wollte er kein seichtes Remis, sondern das bisherige 1:2 im Turnier gegen Keres egalisieren – bis er „entdeckte", daß man schlecht auf zwei Resultate zugleich spielen kann. Tal verlor, und zwei Runden vor Schluß blieb ihm schließlich noch ein Punkt Vorsprung. Bei diesem Stand traf er auf Bobby Fischer. Dieser war damals erst 16, noch nicht ganz WM-reif, hatte aber schon eine hohe Meinung von sich, mit der es sich gar nicht vertrug, daß er alle drei Partien im Turnier zuvor gegen Tal verloren hatte. Rache war angesagt.

Fischer – Tal (vorletzte Runde)
1. e4 c5 2. Sf3 d6 3. d4 cxd4 4. Sxd4 Sf6 5. Sc3 a6 6. Lc4 e6 7. Lb3 b5 8. f4 b4 9. Sa4 Sxe4

Wie Tal zugibt, hatten er und sein Team dieses Bauernopfer bei der Vorbereitung etwas unterschätzt, nach dem Motto: erst wegnehmen und dann weitersehen. Dieser Leichtsinn kostet fast die Partie.

10. 0–0 g6?

Tal erkennt noch immer nicht den Ernst der Lage. Er glaubt f5 zu verhindern, erreicht aber genau das Gegenteil. 10. . . Lb7 bot sich an.

11. f5!

Fischer hatte den Eindruck, daß dies Tal wie ein Blitz aus heiterem Himmel traf.

11. . . gxf5 12. Sxf5!

Falls nun 12. . . exf5? 13. Dd5 Ta7 14. Dd4 und beide Türme hängen! Aber besser war noch 12. . . d5.

12. . . Tg8?! 13. Ld5!

Jetzt hängt nach 13. . . exd5 14. Dxd5 sowohl a8 wie e4.

13. . . Ta7 14. Lxe4?!

Nach 14. Le3 Sc5 15. Dh5 nebst Tae1, wie Fischer später vorschlug, hätte Schwarz kaum überlebt. Aber Bobby gab zu, daß er den Bauern haben wollte, um sicherzugehen. Behält er nicht trotzdem das überlegene Spiel?

14. . . exf5 15. Lxf5 Te7 16. Lxc8 Dxc8 17. Lf4?!

Besser nach Fischer 17. c3, natürlich nicht 17. Dxd6?? Txg2+18. Kxg2 Te2+.

17... Dc6 18. Df3

Fischer rechnete jetzt nur mit Dxf3 19. Txf3 Te2 20. Tf2 Txf2 21. Kxf2 mit günstigem Endspiel für Weiß. Aber er hätte Tal besser kennen sollen! Der ging lieber jedes Risiko ein als solch eine perspektivlose Fortsetzung zu wählen.

18... Dxa4!?!

„Das kam so überraschend, daß ich nicht wagte, meinen Augen zu trauen!" (Fischer). Und Tal sagt: „Ich konnte kein forciertes Matt sehen, das ist wahr, aber vielleicht nur, weil ich nicht danach suchte. Wäre ich Weiß gewesen, hätte ich den Angriff als durchschlagend betrachtet."

19. Lxd6 Dc6 20. Lxb8 Db6+ 21. Kh1 Dxb8

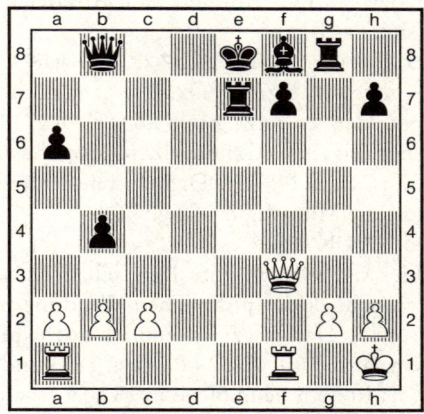

Fischer – Tal, Belgrad 1959

Eine historische Stellung. Die Atmosphäre muß unbeschreiblich gewesen sein; „die Menschenmenge schrie und pfiff bei jedem Zug" (Fischer). Kaum anders als in der UdSSR war Schach in Jugoslawien Volkssport.

22. Dc6+?!

Tal: „Fischer schrieb erst den Zug 22. Tae1! auf, ohne Zweifel der stärkste, und schrieb nicht in seiner üblichen englischen Notation, sondern europäisch, fast russisch! Und nicht sehr gewandt schob er das Formular in meine Richtung. Er wartet auf eine Reaktion, dachte ich, aber wie sollte ich reagieren? Finster die Stirn runzeln ging nicht an; wenn ich lächelte, würde er eine List vermuten, und so tat ich das Natürlichste. Ich stand auf und begann auf der Bühne hin und her zu gehen. Ich traf Petrosjan, machte einen Witz mit ihm, und er das gleiche. Aber der 16jährige Fischer, der im Prinzip noch immer ein großes Kind war, saß mit einem verdutzten Gesichtsausdruck da, schaute zunächst in die erste Zuschauerreihe, wo sein Sekundant saß, und dann auf mich. Dann schrieb er einen anderen Zug auf ... Und als ich Fischer später fragte, warum er nicht 22. Tae1 gespielt hatte, antwortete er: Na, Sie haben doch gelacht, als ich es aufschrieb!"

Fischer ist freilich, nach „jahrelanger Analyse", wie er sagt, der Meinung, daß 22. Tae1 Kd8 nur zum Ausgleich führt. Aber jetzt wendet sich das Blatt.

22. ... Td7 23. Tae1+Le7 24. Txf7 Kxf7 25. De6+Kf8!

Fischer rechnete mit Kg7 26. Dxd7, was verliert. Vermutlich sah er zu spät, daß er jetzt nach 26. Tf1+Kg7 27. Tf7+Kh8 28. Dxd7 seiner eigenen Grundreihenschwäche zum Opfer fällt: 28. ... Td8! Nach 29. Dg4 De5 (Fischer) bleibt vom weißen Angriff nur die Minusfigur übrig.

26. Dxd7 Dd6 27. Db7 Tg6

Weiß hat hier sicher noch gute Remischancen, aber Fischer verkraftete den Schock der plötzlichen Wendung nicht, spielte schwach und verlor. Damit war Tal endlich doch am Ziel. Er gewann in diesem Turnier 16 von 28 Partien. 1953 und 1956 reichten Smyslow als Erstem neun Siege in 28 bzw. sechs in 18 Partien aus.

Nur Botwinnik schien trotz dieser großartigen Leistung noch nicht bekehrt. Da Tal wie so oft einige Punkte seinem vielzitierten Glück verdankte, soll der Weltmeister gesagt haben: „Mit mir kann er das nicht machen!" Wenn er geahnt hätte ...

Vielleicht war es schlecht für Botwinnik, daß er vor dem Match nie gegen Tal gespielt hatte. Einen Gegner in einer direkten Partie und danach bei der Analyse zu studieren ist ungleich mehr wert als jede Information aus zweiter Hand. Obwohl Tal im Match kaum anders spielte als sonst, fand Botwinnik kein Mittel dagegen. Daß Tal „unlogische" Züge machte, wie Botwinnik es nennt, daß er Risiken einging und sogar objektiv fragwürdige Stellungen in Kauf nahm, wenn sie zu seinem Stil paßten, darauf schien der Weltmeister nicht gefaßt und reagierte entsprechend unsicher. Sobald es Tal gelang, um welchen Preis auch immer, aktives Figurenspiel zu erhalten, war Botwinnik, wie er gesteht, hilflos. Die berühmteste Stellung des Matchs zeigt dies deutlich.

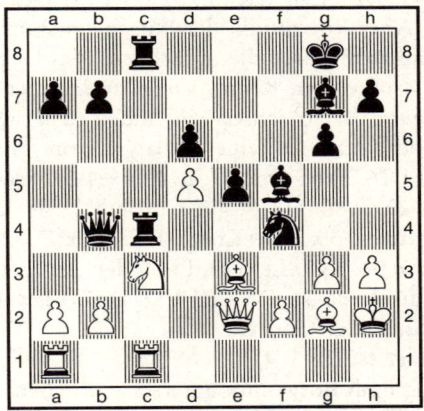

Botwinnik – Tal, Moskau 1960, 6. Partie

(Nach dem 21. Zug von Weiß)

21. ... Sf4!?!

Wohl einer der umstrittensten Züge der ganzen Schachgeschichte! Tal meint, er habe ihn schon länger vorausgesehen, und es gebe nun auch keine gute Alternative mehr, denn sonst müßte wegen der Drohung g4 (der Springer kam von h5) der Lf5 weg, und Weiß stünde nach Besetzung des Feldes e4 überlegen.

22. gxf4 exf4

Schwarz hat nur einen Bauern für die Figur, aber ein unheimlich aktives Spiel, und vor allem sind in der Folge eine Menge konkreter Varianten zu berechnen. Darin war Tal auch Botwinnik überlegen.

23. Ld2

Viel analysiert wurde auch die Alternative 23. a3, die Weiß wohl ebenfalls keinen Vorteil einbringt.

23. ... Dxb2?!

Tal sagt zu Recht, dies sei der beste Beweis, wie intuitiv sein Opfer von Haus aus war. Er sollte das ursprünglich geplante 23. ... Le5 mit beiderseitigen Chancen spielen.

24. Tab1 f3

Das Verwirrspiel geht weiter. Nach 25. Lxf3 war Tal bereit, auf die Zugwiederholung nach Lxb1 26. Txb1 Dc2 27. Tc1 usw. einzugehen. Aber Botwinnik, der mit einem Punkt hinten lag und sich wohl auch durch die „Frechheit" des Gegners provoziert fühlte, wollte kein Remis. Objektiv hatte er recht, doch die Widerlegung ist so schwer zu finden, daß sie erst einige Tage nach der Partie in einer Analyse von Flohr aufkam: 25. Lxf3 Lxb1 26. Txb1 Dc2 27. Le4! Txe4 28. Sxe4!! und nun 28. ... Dxb1 29. Sxd6 Tf8 — sonst drohte De6+ usw. mit ersticktem Matt — 30. De6+Kh8 31. Sf7+Txf7 32. Dxf7 Df5 33. Dxf5 gxf5 34. Kg3 Le5+35. Lf4 oder 28. ... Le5+29. Kg2 Dxb1 30. Sxd6! Lxd6 31. De6+Kg7 32. Dd7+! jeweils mit Endspielvorteil für Weiß.

25. Txb2? fxe2 26. Tb3 Td4!

Diesen Zug muß Botwinnik unterschätzt haben. Auf 27. Le3 könnte schon Txc3! nebst Td1 folgen.

27. Le1 Le5+ 28. Kg1 Lf4

Das Publikum war bei dieser Partie so aus dem Häuschen, daß die Schiedsrichter die Partie in einem Nebenraum im Stillen weiterspielen ließen! Tal meint, daß auch hier Txc3! nebst Td1 noch besser war, daß er aber in dem Durcheinander lieber auf sichergehen wollte.

29. Sxe2 Txc1 30. Sxd4 Txe1+ 31. Lf1 Le4

Mit der Idee 32. Txb7? Ld3.

32. Se2 Le5 33. f4 Lf6 34. Txb7 Lxd5 35. Tc7

Hier geht nicht 35. Txa7? Txe2 36. Lxe2 Ld4+.

35. ... Lxa2 36. Txa7 Lc4

Jetzt aber scheitert 36. ... Txe2? an 37. Ta8+. Der starke schwarze Freibauer, vom Läuferpaar unterstützt, reichte freilich zum Gewinn aus; bei Abbruch der Partie gab Botwinnik auf.

Nach weiteren dramatischen Schlachten wahrte der Titelverteidiger jedoch bis zur 17. Partie seine Chance. Tal führte mit zwei Punkten und leistete sich eins seiner unverfrorensten Experimente.

Tal – Botwinnik

1. e4 c6 2. d4 d5 3. Sc3 dxe4 4. Sxe4 Lf5 5. Sg3 Lg6 6. Lc4 e6 7. S1e2 Sf6 8. Sf4 Ld6 9. Sxg6 hxg6 10. Lg5 Sbd7 11. 0–0 Da5 12. f4?!?

Tal machte diesen Zug, obwohl ihm nach eigener Aussage klar war, daß er „einfach schlecht" ist (Lg5 abseits, Schwächung der Königsstellung und wichtiger Felder). Aber er meinte, daß auch andere Züge ihre Nachteile hatten, und weiter: „Weniger offensichtlich sind die Vorteile des Zuges, aber sie existieren, wenn auch nicht im rein schachlichen Sinn. In erster Linie schreit dieser Zug nach einer Widerlegung, die begleitet sein sollte von der Möglichkeit eines zweischneidigen taktischen Kampfs, und dies, nach Botwinniks Stil in diesem Match zu urteilen, würde ihm nicht wünschenswert sein..."

Botwinnik kam in der Tat in Vorteil, aber auch in Zeitnot, und so triumphierte Tals praktisches Konzept kurz vor Toresschluß doch noch.

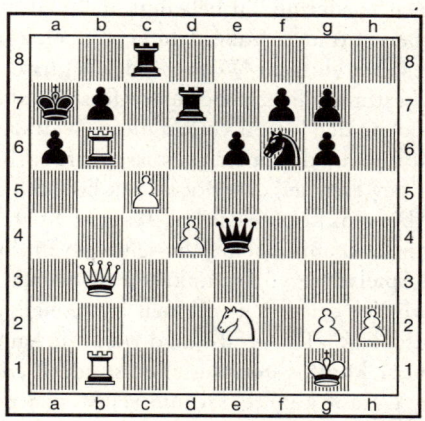

Tal – Botwinnik, Moskau 1960, 17. Partie

(Nach dem 39. Zug von Weiß)

Botwinnik: „Ich sah, daß Tal Txa6+ drohte, und glaubte, daß es keine Verteidigung mehr gab. An meinen König habe ich nicht gedacht!" Mit nur Sekunden für zwei Züge spielte er 39... Dd5?? und mußte nach 40. Txa6+! Kb8 41. Da4 aufgeben. 40... Kxa6 41. Db6 matt oder 40... bxa6 41. Db6+Ka8 42. Dxa6+Ta7 43. Dxc8 matt ging in der Tat nicht, aber 39... Ka8! wäre die Parade gewesen. Statt womöglich auf einen Punkt Abstand zu verkürzen, lag Botwinnik nun drei Punkte hinten, und das war das Ende. Tal gewann mit 12,5:8,5 (+6 −2 =13).

Was nun folgte, war zum Teil eine Krankengeschichte. Laut Tal selbst hatte er 1959 erstmals Ärger mit den Nieren; was ihn jedoch kurz vor dem Kandidatenturnier unters Messer zwang, war nur der Blinddarm. 1960 spielte Tal nach der WM noch mit großem Erfolg bei einem Länderkampf in Hamburg und bei der Olympiade in Leipzig, aber Anfang 1961 ging es ihm schlecht. Nachdem er nach einem Radiomatch in Prag mehrere Tage im Krankenhaus lag, sollte die WM-Revanche sogar verschoben werden. Botwinnik verlangte das Gutachten eines von ihm akzeptierten Arztes, was sicher sein gutes Recht war, nun aber fühlte sich wiederum Tal beleidigt, daß man ihm Schwindel und Feigheit zutraute. Außerdem, meinte er, könne er nicht wissen, wie es ihm ein paar Wochen oder Monate später gehe. So trat er an, bestimmt nicht in bester Verfassung, aber nicht einmal er selbst schob den klaren Verlust dieses Wettkampfs darauf. Er versicherte zudem, daß er sich gewissenhaft vorbereitet hätte und ihm klar gewesen sei, daß Botwinnik hochmotiviert antreten würde. Aber eins konnte das Tal-Team nicht ahnen: daß der Ex-Champion in knapp einem Jahr seine psychologische Einstellung und Spielweise völlig umkrempeln würde. Botwinnik versuchte natürlich wieder, positionell zu spielen; aber er war jetzt auf „Anschläge" Tals gefaßt, und wenn sie kamen, reagierte er nicht mehr kopflos und unsicher, sondern energisch und meist richtig. Darauf konnte Tal nun selbst sich nicht einstellen. Er verfolgte konsequent sein mittlerweile überholtes Konzept weiter und ging damit unter. Als er die 8. Partie in gutem Stil gewann und auf einen Punkt Rückstand verkürzte, meinte er, alles käme wie früher, und beschloß den Großangriff, obwohl eine Grippe wie ein letzter Wink des Schicksals dazwischenkam. Tal beachtete ihn nicht, attackierte wie geplant fast direkt vom Krankenbett aus – und verlor drei Partien in Folge. Danach war es vorbei. Botwinnik ließ zwar, wie nicht selten, in der Schlußphase nach und gab später zu, mit den Kräften am Ende gewesen zu sein, doch von seinen inzwischen fünf Punkten Vorsprung konnte er zehren. Er verlor die 19. Partie und stand auch in der 20. kritisch, doch als er sie mühsam remis hielt, war Tals Kampfgeist gebrochen. Mit der nächsten Partie gewann Botwinnik den Titel zurück (13:8).

Im selben Jahr gewann Tal noch das Eliteturnier in Bled vor Fischer und schien wieder erholt, aber 1962 wurde es um so ärger. Dem Kandidatenturnier in Curacao ging eine Operation voraus; dann spielte Tal unter aller Kritik und mußte vor dem letzten Durchgang wegen neuer Anfälle ganz aufgeben. Erst nach langer Pause trat er wieder bei der Olympiade in Warna auf. Seit dieser Zeit glichen sich in Tals Leben die Bilder: manchmal gesunde Phasen mit glanzvollen Siegesserien, aber dazwischen immer wieder, meist krankheitsbedingt, schwere Abstürze. Beispielsweise 1963 bis 1965 war er gesundheitlich auf der Höhe und errang allein 1964 vier erste Preise, darunter den 1.–4. im Interzonenturnier, und drang bis ins Kandidatenfinale vor. Dort scheiterte er indes an Spassky. Eine weitere Riesenserie startete er 1972/73: fünf erste Plätze, darunter das absolut beste Ergebnis der Olympiade 1972, bei allen diesen Anlässen – insgesamt 82 Partien – blieb er ohne Niederlage! Wie er schreibt, war er damals vier Jahre lang nicht im Krankenhaus gewesen; doch kaum mußte er sich einer kleineren Vorsorgeoperation unterziehen, da riß die Serie. Das durchkreuzte Tals Ambitionen beim Interzonenturnier 1973, wo man ihm natürlich beste Chancen eingeräumt hatte: Nach zwei wegen neuer Anfälle verlegten Runden und groben Fehlern landete er nur bei 50%. Ab Ende 1973, vor allem aber 1974, errang er neue große Erfolge, aber die WM-Chance kam nicht zurück...

Auch später noch schien es manchmal, als sehe man den „alten" Tal – so als er überlegen durchs Interzonenturnier Rio de

Janeiro 1979 marschierte; doch im Kandidatenzyklus kam dann gleich in der 1. Runde gegen Polugajewsky die Endstation. 1985 spielte das Schicksal Tal wieder einen Streich. Beim Kandidatenturnier (diesmal 16 Spieler, jeder gegen jeden) machte Tal lange eine glänzende Figur, doch in der Schlußrunde unterlief ihm gegen den Letzten ein schlimmes Versehen; nur mit Glück hielt er noch remis, blieb aber einen halben Punkt hinter den drei Siegern zurück. Im Stichkampf um Platz 4 (die vier Ersten spielten im K. o.-Modus weiter) schied er dann auch noch nach einem 3:3 gegen Timman durch Wertung aus. Hatten sich früher alle über Tals „Glück" beklagt, so klebte ihm später oft genug wirkliches Pech an den Händen...

Allein daß ein gesundheitlich so labiler Tal fast mit 50 noch allererste Weltklasse darstellte, beweist freilich, was für ein gewaltiger Spieler er war. Stilistisch ging seine Entwicklung weiter. Er war immer gern zu einem Überfall bereit, wenn sich die Chance bot, aber er gewann auch ständig strategisches Können dazu. Er schreibt, daß er aus den Wettkämpfen mit Botwinnik von dessen Stil einiges gelernt habe; bereits im folgenden Bleder Turnier vermerkte er bei sich solche Anzeichen. Das setzte sich fort, bis Tal auf seine alten Tage zuweilen schon in der Eröffnung die Damen tauschte und im Endspiel gewann. Es ist jammerschade, daß ihm die Krankheiten nie erlaubten, sein Können voll auszuspielen. Ein gesunder, voll ausgereifter Tal hätte etwa zu Beginn der 70er Jahre ohne weiteres noch einmal ganz oben stehen können.

Sicher lag Tals „Schachwut" oft im Konflikt mit seiner Gesundheit. Kaum hatte er eine Krise oder Operation hinter sich, gab es für ihn nur ein Thema: Wo ist das nächste Turnier? 1967 wurden ihm die Untersuchungen in einem Moskauer Hospital so lang, daß er es unerträglich fand, das kommende große Turnier am Ort zu verpassen. Wie er gesteht, riß er schlicht und einfach aus, ließ das Krankenhaus Krankenhaus sein, spielte mit – und teilte den 2. Platz. 1969 arbeitete er vom Bett aus als Korrespondent bei der WM Petrosjan – Spassky, ließ sich abends die Züge übermitteln und gab am nächsten Morgen seine Kommentare durch – was er wohl nachts gemacht haben wird? Danach wollte man ihn endlich operieren, doch als er hörte, daß ihn dies von der nächsten UdSSR-Meisterschaft abhalten würde, nahm er wieder Reißaus. Erst als er bei diesem Turnier unter 50% endete, ließ er sich auf den Operationstisch befördern und eine Niere entfernen. „Aber kaum nach fünf Tagen wartete ich voll Ungeduld auf mein nächstes Turnier", und wirklich, nach einem Monat saß er schon wieder am Brett. Inzwischen ging das Gerücht um, Tal sei gestorben. Als er in besagtem Turnier aber gleich in altem Stil mit Damenopfer eine Partie gewann, bemerkte einer der Umstehenden: „Nicht übel für einen Toten!"

Das Leben eines Gesundheitsapostels führte Tal wahrlich nicht. Wie schon erwähnt, rauchte er wie ein Schlot, und auch dem Trunke war er zugeneigt. Sein Kommentar zu einer Anti-Alkohol-Kampagne: „Der Staat gegen Wodka? Ich spiele fürs Wodka-Team!"

Viele wunderten sich unter diesen Umständen weniger, daß er relativ früh starb, sondern daß er überhaupt so alt wurde. Dem einen Verfasser dieses Bändchens erzählte er während einer „Rauchpause" zwischen zwei Zügen bei einer Bundesligapartie, daß er selbst bei der Reanimation noch geraucht hätte. Mag dies auch im Detail nicht ganz so gewesen sein, in nuce wird es wohl stimmen. Er hat auf all die Philister gepfiffen, die ihn zu einem gesünderen Lebenswandel bekehren wollten. Und wer wagt schon zu behaupten, daß er unrecht daran tat?

Irgendwie, möchte man fast glauben, hielt ihn das Schach aufrecht. Schon Jahre vor seinem Tod sah er manchmal wie ein lebender Leichnam aus; aber sobald er am Brett saß, schien er ein anderer zu werden. Er spielte alles, selbst Blitz- und Schnellturniere, und es machte ihm offenbar nichts aus, daß er an schlechten Tagen immer öfter auch gegen Schwächere verlor. War er aber fit, soweit man bei ihm davon sprechen konnte, dann konnte er selbst in den letzten Jahren noch jeden schlagen. Bis zur Saison 1991/92 spielte er in der Bundesliga für Porz mit gutem Erfolg (z.B. 5 aus 6 im Jahr 1990/91). Im April/Mai 1992 nahm er noch an einem starken Turnier in Barcelona teil; es reichte nur mehr zu 50%, und in der ELO-Liste war er bereits auf durchschnittliches Großmeisterniveau abgesackt, aber er spielte und spielte buchstäblich bis zum Tod. Beim WM-Kampf Karpow – Kortschnoi 1981 in Meran war er Sekundant des ersteren. Als ihn einer der Verfasser fragte, ob er glaube, selbst noch einmal Weltmeister werden zu können, kam der Bescheid: „Ja, natürlich!" Dann lachte er und lachte sein unverwechselbares Talsches Lachen. Was beide damals für ausgeschlossen hielten, sollte sieben Jahre später wirklich wahr werden. Im kanadischen St. John 1988 holte er sich den WM-Titel im Blitzschach, trotz Kasparow und Karpow, die im K. o.-System gegen andere Gegner ausgeschieden waren. Ende 1989 trafen wir ihn beim Deutschland-Cup in Köln. Wieder sah er so schlecht aus, daß ihm kaum jemand noch ein Jahr geben wollte. Nur einer war anderer Meinung: „Ach was, in St. John war es noch schlimmer, und da wurde er Weltmeister!"

So abgedroschen es klingt, auf Tal trifft es wirklich zu: Schach war sein Leben. Er war vielleicht der humorvollste und sympathischste Weltmeister von allen. Dazu noch eine ganz kleine Kostprobe: Als er bei einer K&K-WM gefragt wurde, ob diese mit seinen Kämpfen dazumal zu vergleichen sei, antwortete er: „Aber selbstverständlich! Auch wir spielten bereits mit 32 Figuren auf 64 Feldern." Unerwähnt blieb hierbei nicht zuletzt, daß er damals mit Botwinnik wirklich noch um ein „Butterbrot" spielte.

XII. Petrosjan (1963–1969)

Tigran Petrosjan (* 1929, † 1984)

War die von Tal noch verzauberte Schachwelt schon über die Rückkehr Botwinniks nicht eben glücklich, so muß der nächste Thronwechsel auf viele wie eine eiskalte Dusche gewirkt haben. Es war der Wechsel von einem Extrem ins andere: Tigran Wartanowitsch Petrosjan (1929–1984) gilt oft als der farbloseste und langweiligste unter allen Weltmeistern. Schonberg meint, „gegen ihn zu spielen, ähnelte dem Versuch, einem Aal Handschellen anzulegen", und selbst Botwinnik, gewiß kein Abenteurer, beklagte sich über den „Sumpf" rings um Petrosjans Lager, durch den man nicht durchkomme. Der deutsche Großmeister und Karl-May-Verleger Lothar Schmid hingegen meint, Petrosjan sei der verkannteste aller Weltmeister, man habe sein ideenreiches Spiel nur nicht verstanden.

Persönlich waren übrigens gerade Tal und Petrosjan recht gute Freunde, obwohl sie in aller Freundschaft manchmal Sticheleien austauschten: mal beklagte Tal, leider sei Petrosjan etwas feige, mal grantelte jener über ein Talsches Experiment, so könne man wirklich nicht Schach spielen.

Petrosjan besaß zweifellos umfassende Fähigkeiten, sein Stil wurde aber sehr stark von seinem Charakter geprägt. Was diesen wiederum bestimmte, scheint aus seiner Biographie ziemlich klar hervorzugehen. Petrosjan verlor in den letzten Kriegsjahren beide Eltern und mußte als Jugendlicher in einer sehr schweren Zeit allein um seine Existenz kämpfen. Zum Teil übernahm er die Arbeit des Vaters, der Hausverwalter in einem Offiziersheim gewesen war; nach anderen Quellen soll er auch als Filmvorführer im Kino gearbeitet haben. Er zog in dieser harten, ruhelosen Zeit mit ungewisser Zukunft mindestens zweimal um, von Tbilisi nach Jerewan und später nach Moskau. Man kann sich leicht denken, daß sich diese existenzielle Unsicherheit in seinem Charakter niederschlug: Sicherheit ging ihm über alles, und dieser Zug bestimmte auch sein Schach: in erster Linie kein Risiko eingehen, primär nicht verlieren und danach vielleicht an Gewinn denken. Diese Neigung kam auch einem der Verfasser einmal zugute, als er tollkühn ein frühes Remisangebot Petrosjans ablehnte, doch in schon leicht nachteiliger, indes dynamisch-komplizierter Stellung gerade noch rechtzeitig die Punkteteilung vorschlug.

Bei Petrosjan kam hinzu, daß sein erster Schachtrainer, ein Meister namens Ebralidse, als ausgesprochener Stratege und Verehrer Capablancas galt. Aber wie Petrosjan selbst sagt, hatte er noch ein anderes Idol, nämlich Nimzowitsch. Dessen Bücher waren die ersten, die er gründlich studierte. Was Petrosjan daran so faszinierte, läßt sich bei seinem Charakter leicht ahnen: die Prophylaxe, die Vorbeugung und Überdeckung wichtiger Punkte, ein Hauptprinzip Nimzowitschs. So ergab diese etwas seltsame Mischung aus Capablanca und Nimzowitsch den eigentümlichen Petrosjan-Stil. Er verband den Hang zu Vereinfachung, Endspiel und klaren Grundideen mit schwerblütigen, scheinbar unendlichen Manövern, um diese Ideen vorzubereiten, zu tarnen oder einfach im möglichst besten Moment zu realisieren. Oft testete er dabei die Geduld des Gegners und wartete auf Fehler. Dabei vermochte er schon die kleinsten zu nutzen. Das Turnierbuch des Interzonenturniers 1958 über seine Partie gegen den Letzten, Füster, (gerade gegen Schwächere hielt er mit Leidenschaft an seinem Stil fest): „Füster kann an fünf oder sechs Stellen remisieren, hat aber gleichzeitig immer die Möglichkeit, einen Fehler zu machen. Er macht zwei ungenaue Züge und einen genauen, Petrosjan dagegen drei genaue. Nachdem sich dieser Zyklus einige Male wiederholte, konnte man feststellen, daß Füster nicht mehr remisieren konnte. Nach der Partie fragte dann Füster: Was meinen Sie, wo habe ich falsch gespielt?"

Mit diesem Stil und seiner defensiven Grundeinstellung war Petrosjan freilich kein shooting star. Seine Karriere verlief ähnlich zeitlupenhaft wie viele seiner Partien. Nach Erfolgen in Jugendturnieren und im lokalen Bereich brauchte er mehrere Anläufe, bis er erstmals ins Finale der UdSSR-Meisterschaft kam, und dort zahlte er zunächst Lehrgeld. Bei seinem Debüt 1949 verlor er die fünf ersten Partien am Stück. Er kam nicht über den 16. Platz unter 20 Spielern hinaus; auch 1950 ging es mit dem 12./13. Platz kaum besser. 1951 aber gewann er die Moskauer Meisterschaft und kam mit einem vehementen Schlußspurt beim UdSSR-Championat auf den geteilten 2. Platz. In einem kritischen Moment traf er dabei auf Smyslow, und weil er gewinnen mußte, griff er ungeachtet des gewaltigen Gegners zu einer Gambitvariante, wobei er bald einen Bauern zusätzlich hinterherwarf. Und er gewann diese „stilwidrige" Partie. Er konnte also anders, wenn er nur wollte oder wenn er glaubte, daß es notwendig war. Selbst Fischer staunte nach einer Analyse mit Petrosjan einmal: „Warum hat er nur solche Angst, irgendein Risiko einzugehen – bei seiner Fähigkeit, Varianten zu berechnen!" Am Rand der Leipziger Olympiade 1960 holte sich Bobby, wie ein Bericht der Holländer Kramer und Postma erzählt, im Blitzspiel manch kräftige Abfuhr bei Petrosjan. Schließlich fiel Fischer nur noch eine Ausrede ein: „Sorry, ich konnte mich nicht konzentrieren, meine Glieder schliefen ein." Danach spielte er gegen Tal und verlor noch klarer. Da tippte er sich an die Stirn: „Sorry, jetzt war ich hier oben eingeschlafen!"

Wo bei Petrosjan der springende Punkt lag, enthüllte er selbst: „Es kann sein(!), daß es gerade meine taktischen Fähigkeiten sind, die mich von vielen Kombinationen abhalten, weil ich die Abwehrmöglichkeiten des Gegners erkenne." Er wandte seine Begabung, gemäß seinem Charakter, eben defensiv an. Fischer meinte, Petrosjan habe die Gabe, Angriffsmöglichkeiten des Gegners zwanzig Züge, bevor sie diesem selbst in den Sinn kämen, aufzuschnüffeln. Bestimmt hat sich Petrosjan oft gegen Drohungen verteidigt, die sein Gegner überhaupt nie sah. Man nannte ihn „den besten Torwart im Schach". Gern opferte er die Qualität (Turm gegen Leichtfigur), um dann mit einem unüberwindlichen Blockadespringer den Gegner zur Verzweiflung zu treiben.

Die Folgen von Petrosjans Stil zeigten sich bald. Es kam vor, daß er ein Jahr lang keine Partie verlor; aber er gewann auch kaum erste Preise. Sein Stil war weit besser für Zweikämpfe geeignet; in einem WM-Match, das ließ sich absehen, konnte er seine größte Klasse ausspielen. Das hatte nur einen Haken: Mindestens einmal, im Kandidatenturnier, mußte er auf dem Weg dahin Erster sein. Diese Hürde zu überwinden kostete ihn zehn Jahre, wenn man von 1952 an als seinem ersten WM-Zyklus rechnet. Aber seinen Stil änderte er nicht. Es soll Phasen gegeben haben, wo er sich gezielt vornahm, aggressiver zu spielen. Aber ein dauernder Wandel wurde daraus nicht. Gegen seinen Charakter und seine Psyche kam Petrosjan nicht an.

So verliefen seine ersten WM-Versuche typisch: Im Interzonenturnier, wo sich mehrere Spieler qualifizieren, kam er leicht weiter, doch im Kandidatenturnier war Endstation. 1953 wurde er Fünfter; drei Jahre später hatte er besonderes Pech. Er verlor die erste Partie, stand aber in der zweiten gegen Bronstein klar auf Gewinn. Dieser hüpfte nur noch aus Verlegenheit mit einem Springer herum und griff dabei einmal die Dame an. Petrosjan... ließ sie stehen! Dieser wohl schlimmste Blackout seiner Laufbahn tötete ihm den Nerv; er konnte wieder nicht in den Kampf um Platz 1 eingreifen.

Vom nächsten Zyklus hier zunächst eine Partie aus dem Interzonenturnier 1958, die auf ihre Art einmalig ist. Sie zeigt Petrosjans einmalige Gabe, durch schieres Nichtstun zu gewinnen.

Petrosjan – Cardoso

1. d4 Sf6 2. c4 e6 3. Sc3 Lb4 4. e3 d5 5. a3 Lxc3+ 6. bxc3 c5 7. cxd5 exd5 8. Ld3 0–0 9. Se2 Sc6 10. 0–0 Te8 11. f3 cxd4 12. cxd4 b6 13. Ld2 Lb7 14. Sg3 Tc8

Soweit ganz normal. Die weiße Idee scheint klar: e3-e4. Aber Petrosjan denkt gar nicht daran, direkt darauf loszusteuern. Vermutlich sah er keinen zwingenden Vorteil und wollte darum auf einen günstigeren Moment warten. So beginnen endlose Manöver auf einem ganz anderen Schauplatz, am Damenflügel . . .

15. Tb1 Tc7 16. Da4 g6 17. Tfc1 Te6 18. Tc2 De8 19. Sf1 Kg7 20. Tbc1 Dd8 21. Lb5 Da8

Es geht nicht weiter, da Schwarz nun a6 nebst b5 zur Verfügung hat.

22. Ld3 Td7 23. Sg3

Da standen sie alle schon einmal! Bestimmt hätten die meisten Spieler langsam von solch einem Geschiebe genug, und offenbar gehörte auch der junge Philippiner Cardoso zu diesen, denn nun triumphiert Petrosjans Lauertaktik. Schwarz verliert die Geduld und unternimmt mit den nächsten Zügen selbst etwas. Da kommt einem der alte Kaffeehaus-Spruch in den Sinn: Wenn Sie nicht wissen, was Sie tun sollen, warten Sie, bis dem Gegner eine Idee kommt – es ist sicher die falsche!

23. . . Tdd6 24. Kh1 Sd7 25. Db3 Dd8 26. Se2 Dh4 27. Db2 Sf6

Jetzt steht auch bei Schwarz wieder alles wie vorher; nur die Dame ist „aktiv" geworden . . . und das ist der Fehler! Sofort zeigt sich, daß Petrosjan bei allen scheinbar ziellosen Manövern die ursprüngliche Idee e3-e4 nie aus den Augen verloren hat: Jetzt, mit einem neuen Motiv, kommt er darauf zurück.

28. Tf1 Te8 29. Lb5 Kg8

Er ahnt nichts Böses!

30. Dc1 Tc8 31. e4!

Siehe da, die Partie ist vorbei! Es droht 32. Lg5 Dh5 33. Sg3 mit Damengewinn und zudem die Gabel e5. Schwarz kann nicht beides parieren; nach einigen Verzweiflungszügen mußte er aufgeben.

1959, mit immerhin schon fast 30 Jahren, gewann Petrosjan erstmals ein Top-Turnier, nämlich die UdSSR-Meisterschaft. Auch das war wohl Sache der Psychologie. Es wurde in seiner Geburtsstadt Tbilisi gespielt, was ihn womöglich allein schon beflügelte; hier war zudem das Publikum auf seiner Seite, was sonst selten vorkam. Petrosjan blieb wieder ungeschlagen, aber zeigte mehr Biß, acht Siege bei elf Remis, und das genügte.

Danach galt er auch als Mitfavorit beim Kandidatenturnier. Tatsächlich begann er souverän und lag bis zur 6. Runde allein in Front. Doch in der 7. erwischte es ihn: Er verpatzte in Zeitnot eine gute Stellung gegen Gligoric und war so von der Rolle, daß er noch im Endspiel eine unvermutet auftauchende Remischance ausließ. Solche Rückschläge konnten ihn völlig einschüchtern. Prompt verlor er gleich auch die nächste Partie gegen den Außenseiter Olafsson, und damit war es vorbei. Wieder einmal landete er zum Schluß auf dem dritten Platz.

Dann begann seine beste Zeit. 1960 gewann er zwei Turniere; 1961 wurde er wieder sowjetischer Meister. 1962 kam Petrosjan erneut ins Kandidatenturnier auf der Antillen-Insel Curacao. Dieses Turnier hat bis heute einen skandalumwitterten Ruf. Fischer und viel später Kortschnoi nach seiner Flucht in den Westen warfen den Sowjets Schiebung vor. Handfeste Beweise gibt es unseres Wissens weder dafür noch dagegen. Ein paar Dinge muß man allerdings feststellen. Zum einen: Natürlich war Fischer als Einzelspieler gegenüber fünf aus der UdSSR, wobei man den nahezu kampfunfähigen Tal freilich kaum mitzählen kann, benachteiligt; das System an sich war ungerecht ihm gegenüber – es wurde danach auch geändert. Aber gegeneinander Remis zu spielen, zusammen zu analysieren und sich vorzubereiten ist noch kein Betrug. Zudem begann Fischer sehr schlecht, verlor die zwei ersten Partien und blieb im ersten Umgang unter 50 %. Hätte er besser gespielt, wäre eine Remistaktik für die Sowjets kaum möglich gewesen, ohne in Rückstand zu geraten. Kortschnoi fiel nach anfänglicher Führung im zweiten Umgang zurück, wobei er ausgerechnet gegen Fischer und den kranken Tal verlor. Das kann wohl keine Schiebung gewesen sein. Später wäre es natürlich denkbar, daß er, wie seine Version sagt, als Schlechtestplazierter des UdSSR-„Teams" den anderen Punkte liefern mußte. Aber z.B. seine besonders umstrittene Partie gegen Petrosjan fand anfangs des vierten Durchgangs statt. Nach dem dritten lag jedoch der beste nichtsowjetische Spieler (Fischer) bereits 4,5 Punkte hinter der Spitze zurück. Warum da noch Schiebung nötig gewesen sein soll, leuchtet nicht ein.

Die Entscheidung im UdSSR-Derby brachten zum Schluß ohnehin die Ausländer. In der vorletzten Runde schlug Benkö (USA) überraschend Keres, und das gab Petrosjan einen halben Punkt Vorsprung. Am Schlußtag spielten Keres gegen Fischer und Petrosjan gegen Filip (ČSSR). Nach der Eröffnung standen beide Sowjets besser; doch Petrosjan bot zur allgemeinen Verblüffung Remis an. Was er sich dabei dachte, darüber kann man nur spekulieren; jedenfalls ging die Rechnung auf: Fischer hielt Remis, und Keres blieb auf dem 2. Platz.

Petrosjan hatte es endlich geschafft. Das WM-Match selbst war für ihn zumindest in einer Hinsicht einfach: es drängte sich geradezu der Schlachtplan auf, der zu Petrosjans Stil paßte, nämlich gegen den knapp 18 Jahre älteren Botwinnik einen Abnutzungskrieg zu führen. Erst recht, da, wie Petrosjan-Sekundant Suetin schreibt, Botwinnik gewöhnlich alle Kraft in die erste Hälfte eines Matchs warf – das würde er nach Lage der Dinge nun erst recht tun. Dem mußte Petrosjan standhalten. Aber auch wenn er die generelle Unsicherheit und Selbstunterschätzung der Anfangsjahre abgebaut hatte, wirkte er Botwinnik gegenüber doch noch befangen: „Wie soll man bloß gegen Botwinnik spielen? Er macht selbst einen Bauernzug zu einer Wissenschaft." Suetin schreibt, daß es notwendig war, Petrosjan „entschieden umzustimmen", und daß dieses Psychotraining viel Zeit in Anspruch nahm.

Trotzdem verlor der Herausforderer die erste Partie mit Weiß. Aber er ließ sich auch dadurch nicht zum Angriff hinreißen. Als Suetin und Cheftrainer Boleslawsky am nächsten Morgen zum Kriegsrat kamen, empfing sie Petrosjan so: „Drängt mich bloß nicht, schnell auszugleichen. Wenn dies bis zur 12. Partie gelingt, wäre ich schon sehr zufrieden."

Suetin vermutet wohl zu Recht, daß Botwinnik dieses Denken nicht begriff. Welche Probleme der Weltmeister hatte, sich gegen Petrosjans Spiel zurechtzufinden, wissen wir ja schon.

Der Ausgleich fiel bereits in der 5. Partie, Petrosjans bekanntester aus diesem Kampf. Nach der schnellen Abholzung und dem bisherigen Matchverlauf muß Botwinnik den „Tiger" (Tigran) Petrosjan offenbar für einen rechten Papiertiger gehalten haben. Aber er unterschätzte die Tücken der äußerlich harmlosen Stellung.

Petrosjan – Botwinnik

1. c4 g6 2. d4 Sf6 3. Sc3 d5 4. Sf3 Lg7 5. e3 0–0 6. Le2

Eine bescheidenere Antwort auf die im Prinzip aktive „Grünfeld-Indische Verteidigung" kann man sich kaum vorstellen.

6... dxc4

Sicher gibt es bessere Möglichkeiten, aber das ist ein anderes Thema.

7. Lxc4 c5 8. d5 e6 9. dxe6 Dxd1+ 10. Kxd1 Lxe6 11. Lxe6 fxe6

Weiß hat nun einen mikroskopischen Vorteil – den vereinzelten Be6. Direkt Kapital daraus zu schlagen ist aber unmöglich. Dennoch war Petrosjan, der diese Stellung analysiert hatte, optimistisch: „Es gibt natürlich keine hundertprozentige Garantie, aber die Gewinnchancen sind sehr groß."

12. Ke2 Sc6

Dieser geradezu „stinknormale" Zug ist wohl schon nicht der beste. Stärker war Sd5 und falls 13. Se4 Sa6. Schwarz spielt offenbar auf Vereinfachung; er sollte aber versuchen, seine bessere Entwicklung und den Druck des Lg7 durch volles Spiel zu nutzen.

13. Td1 Tad8

Hier war Kf7-e7 vorzuziehen.

14. Txd8 Txd8 15. Sg5 Te8 16. Sge4 Sxe4 17. Sxe4 b6 18. Tb1 Sb4 19. Ld2 Sd5

Nach Sxa2 20. Ta1 Sb4 21. Lxb4 cxb4 22. Txa7 Lxb2 23. Tb7 kann Schwarz auf Dauer leicht beide b-Bauern verlieren.

20. a4 Tc8 21. b3 Lf8 22. Tc1 Le7?!

Objektiv nicht schlecht, aber wohl doch ein Übersehen, wie die folgenden Züge zeigen. Mit Tc7, was den Bc5 entfesselt, war b4 zu verhindern.

23. b4 c4 24. b5 Kf7?

Hätte Botwinnik nämlich dies alles geplant, hätte er hier 24... La3 25. Tc2 c3! vorbereitet haben müssen, was nach einer Analyse von Awerbach die Lage bereinigt hätte: 26. Sxc3? Sb4 bzw. 26. Lxc3 Lb4 27. Kd2 (27. Kd3? Lxc3 28. Sxc3 Sb4+) 27... Tc4 28. Lxb4 Txe4 und Schwarz gewinnt den Ba4 zurück.

25. Lc3! La3 26. Tc2 Sxc3

Jetzt drohte Sd2, Le5 und evtl. e4.

27. Txc3 Lb4 28. Tc2 Ke7 29. Sd2 c3 30. Se4 La5 31. Kd3 Td8+32. Kc4 Td1 33. Sxc3 Th1?!

Schwarz mußte Lxc3 versuchen; jetzt gibt Weiß den Bauern zurück und startet mit dem aktiven König sowie der überlegenen Leichtfigur die entscheidende Aktion.

34. Se4! Txh2 35. Kd4 Kd7

Nicht Txg2 36. Tc7+.

36. g3 Lb4 37. Ke5 Th5+38. Kf6 Le7+39. Kg7 e5 40. Tc6 Th1 41. Kf7 Ta1 42. Te6 Ld8 43. Td6+Kc8 44. Ke8 Lc7 45. Tc6

Falls nun Txa4 46. Sc3 nebst Sd5.

45... Td1 46. Sg5 Td8+47. Kf7 Td7+48. Kg8 Schwarz gab auf.

Es droht nicht nur Bauernverlust, sondern nach Se6 und Generalabtausch auch ein ruinöses Bauernendspiel.

In der 7. Partie ging Petrosjan sogar in Führung, und nun lief alles nach seinem Drehbuch. Botwinnik machte ein ums andere Mal Druck und glich auch in der 14. Partie aus, rieb aber dabei seine Kräfte auf. Petrosjan konterte in der 15. Partie. Botwinnik versuchte nochmals zurückzufighten, aber dazu reichte seine Kondition schon nicht mehr. Die 16. Partie, wo er wieder in einer guten Stellung nicht gewann, und dann die 18. brachen ihm das Genick. In letzterer hatte er bis zum Abbruch teilweise starke Initiative. Unter diesem Eindruck, so Suetin, wollte Petrosjan die Hängepartie zuerst nur solid auf Remis spielen. Aber das Team schlug ihm eine andere Idee vor – energischer, etwas riskant, aber mit dem starken

Argument, daß Botwinnik damit wohl nicht rechnen würde. Es muß wieder einige Überredungskunst gebraucht haben, doch Petrosjan ließ sich umstimmen – und erwischte Botwinnik tatsächlich auf dem falschen Fuß. Der Weltmeister verlor die Partie und, sichtlich erschüttert, auch noch die nächste. Danach steckte er auf. Das Ende kam schließlich mit 12,5:9,5 für Petrosjan.

Bedenkt man, daß sein Stil für Turniere weniger geeignet war, dann erwies er sich in seiner ersten Amtszeit durchaus als würdiger Champion. Zwei geteilte Turniersiege, ein starkes Resultat am ersten Brett bei der Olympiade 1964 sowie ein zweiter und dritter Platz sind eine recht ordentliche Bilanz. Auch bei der ersten Titelverteidigung 1966 gegen Spassky stand er seinen Mann. In der ersten Hälfte gewann der Herausforderer keine Partie, Petrosjan aber zwei, und das in überzeugendem Stil: die eine mit einem seiner geliebten positionellen Qualitätsopfer und die andere ... fast à la Tal!

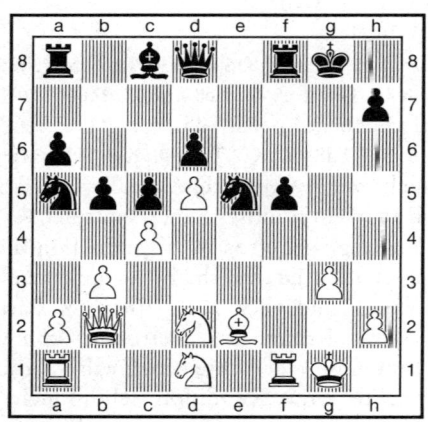

Petrosjan – Spassky, Moskau 1966, 10. Partie

(Nach dem 19. Zug von Weiß)

Mit dem später empfohlenen Manöver Ta7-g7 hätte Schwarz wohl recht gute Angriffschancen gehabt. Spassky, einen Punkt zurück, bringt aber so viel Geduld nicht auf.

19... f4 20. gxf4

Petrosjan sagte, objektiv sei 20. Txf4 besser gewesen, nach dem gewaltsamen 19. Zug habe er aber fest mit Spasskys konsequenter Fortsetzung gerechnet: „Ein solches Vorgehen entspricht eigentlich nicht meiner Art, aber ich gab der Versuchung nach ..." Petrosjan als psychologisch spekulierender Taktiker – wer hätte das von ihm gedacht?

20... Lh3?

Tatsächlich! Besser war 20... Txf4 21. Txf4 Dg5+ mit unklarer Lage.

21. Se3!!

Ein Qualitätsopfer „für nichts" – das konnte man leicht übersehen!

21... Lxf1 22. Txf1 Sg6

Natürlich nicht mehr Txf4?? 23. Txf4 Dg5+ 24. Sg2.

23. Lg4 Sxf4

Vielleicht war h6, um den König nach h7 ziehen zu können, noch das kleinste Übel. Der Textzug soll den Lg4 von e6 abhalten, aber Petrosjan ist jetzt nicht mehr zu bremsen ...

24. Txf4! Txf4 25. Le6+Tf7

Auf Kf8 gewinnt 26. Dh8+Ke7 27. Dxh7+Ke8 28. Dg6+Ke7 29. Dg5+Tf6 30. Se4.

26. Se4

Auf 26. Sf5 hätte Schwarz noch Dg5+ nebst Dxf5 gehabt; nun aber droht es.

26... Dh4

Ein verzweifelter Schwindelversuch (27. Sf5 De1+ nebst Dxe4+).

27. Sxd6 Dg5+

Nicht besser ist De1+ 28. Kg2.

28. Kh1 Ta7

Oder Dxe3 29. Lxf7+Kf8 30. Dh8+Ke7 31. Sf5+Kxf7 32. Dxh7+ bzw. 31... Kd7 32. Le6+Kc7 33. Dxh7+.

29. Lxf7+Txf7 30. Dh8+!

Der stilgerecht glanzvolle Abschluß: Kxh8 31. Sxf7+ nebst Sxg5 mit weißer Mehrfigur.

Schwarz gab auf.

Schiedsrichter O'Kelly berichtet: „Ein fünf Minuten dauernder Applaus setzte ein. Die Petrosjan-Anhänger wollten die Bühne stürmen ... Nur eine alte Armenierin kam die Bühnentreppe hoch."

Ja, in seiner Heimat, obwohl in Tbilisi geboren, war Petrosjan der Abstammung nach Armenier, galt der Weltmeister als Nationalheld. Schon nach seinem Titelgewinn waren Kinder auf die Namen Tigran, Wartan und Petros getauft worden.

Wer könnte von solch einer Partie nicht begeistert sein? Petrosjan war es wohl innerlich auch, aber er äußerte sich, wie es zu ihm paßte: „Trotz allem Eindrucksvollen gefällt sie mir nicht so gut wie die anderen Partien, die ich in diesem Wettkampf gewonnen habe. Ich glaube allein an das logische, zweckmäßige Spiel."

In der zweiten Hälfte des Matchs fing sich Spassky und glich sogar aus, aber zum Schluß konterte Petrosjan wieder und gewann schließlich 12,5:11,5. Jetzt schien er auf dem Gipfel seines Könnens, doch plötzlich baute er ab. In Santa Monica 1966 und Moskau 1967 landete er jeweils bei 50%; so schlecht hatte er schon lange nicht mehr abgeschnitten. In weiteren Turnieren lief es etwas besser, doch große Lorbeeren erntete er auch da nicht. Nur bei den Olympiaden Havanna 1966 (11,5 aus 13) und Lugano 1968 (10,5 aus 12) zeigte er sich auf der Höhe. Überhaupt ist seine Olympiabilanz einmalig: in neun Turnieren von 1958 bis 1974 nur eine Verlustpartie, jene gegen Hübner 1972.

Niemand war nach all dem überrascht, als Petrosjan 1969 den Titel verlor (siehe Kapitel Spassky). Er spielte danach noch in vielen Turnieren und gewann auch manche, doch die frühere Größe erreichte er nicht mehr. Dafür machte er jetzt manchmal unrühmliche Schlagzeilen. Nicht weniger als viermal traf er in folgenden Kandidatenturnieren auf Kortschnoi, der sein Erzfeind geworden war, und diese Kämpfe boten einiges für die Skandalpresse. Wer womit anfing, läßt sich kaum feststellen, doch schließlich kam es so weit, daß angeblich Petrosjan Kortschnoi unter dem Tisch mit den Füßen bearbeitete und dieser ihm prompt an die Gurgel ging. Bei den folgenden Kämpfen wurde daraufhin unter dem Tisch eine Trennwand eingebaut.

Petrosjan wurde allmählich auch schwerhörig, und das gab ihm bei Lärm im Turniersaal eine „furchtbare Waffe" in die Hand: Er schaltete einfach sein Hörgerät ab und sah in aller Ruhe zu, wie der Gegner zermürbt wurde. Im Kandidatenwettkampf 1971 in Sevilla brachte er so Hübner zur Verzweiflung, als in einem wohl ziemlich unzumutbaren Saal, in den ständig Verkehrslärm brandete, gespielt wurde. Einen Fehler beging Hübner freilich auch selbst: Er gab genau in dem Moment das Match auf, als er nach sechs Remisen die 7. Partie aus guter Stellung heraus verloren hatte. Den anderen Beteiligten war es danach ein leichtes, Hübners Beschwerden als Ausreden abzutun.

Manche Gegner warfen Petrosjan sogar unlautere Methoden vor. Der als äußerst sensibel bekannte Brasilianer Mecking zürnte nach einer verlorenen Partie: „Während ich überlegte, trat er ständig gegen den Tisch und stieß mit dem Ellbogen ans Brett, daß es vibrierte. Als wäre das nicht genug, mich zu irritieren, machte Petrosjan ständig Geräusche, rührte seinen Kaffee in immer neuem Rhythmus um und rollte eine Münze über den Tisch." Andererseits war Petrosjan beim Turnier in Bamberg 1968 die Freundlichkeit und Liebenswürdigkeit in Person, mit einer kleinen Ausnahme: Er schlug dort einen der Verfasser, immerhin aber nur am und nicht mit dem Schachbrett.

Wie auch immer, 1971 kam Petrosjan im Kandidatenturnier nochmals weit nach vorne: Er schaltete, wie gesagt, Hübner aus, dann Kortschnoi und traf im Finale auf Bobby Fischer. Anfangs sah er auch da nicht schlecht aus (siehe Kapitel Fischer), wurde aber zum Schluß doch vom Brett gefegt. Diesmal war es seine Frau, die unangenehm auffiel: Sie verpaßte seinem langjährigen treuen Sekundanten Suetin eine saftige „Watschen".

Auch an den drei nächsten Kandidatenturnieren nahm Petrosjan noch teil, scheiterte aber jedesmal an Erzfeind Kortschnoi. Es war klar, daß es abwärts mit ihm ging; aber auch er spielte bis an sein Lebensende. Kasparow, der ihn stets schätzte, schreibt, daß Petrosjan 1984 noch mit zum Match UdSSR gegen Rest der Welt wollte, aber kurz vorher erfuhr, daß er todkrank war. Zwei Monate später starb Petrosjan.

XIII. Spassky (1969–1972)

Boris Spassky (* 1937)

Ein deutsches Großmeisterturnier Anfang der 70er Jahre. Spassky und Keres gehen im Schachlokal essen. Kaum sitzen sie auf ihren Plätzen, steuert der Wirt zielsicher auf Spassky los: „Ich kenne Sie, sind Sie nicht der, der gegen Bobby Fischer verloren hat?" Man kann wohl kaum zählen, wie oft es dem Ärmsten so oder ähnlich erging. Boris Wassiljewitsch Spassky, geb. 1937, ist in einer Hinsicht wohl der größte Pechvogel aller Weltmeister: Er wurde ausgerechnet durch seine schlimmste Niederlage weltberühmt, sogar bei denen, die kaum wissen, wie die Figuren ziehen. Noch schlimmer: Für weite Teile der Öffentlichkeit stand er in diesem Match als Symbol des Sowjetsystems da, was er gerade nie hatte sein wollen ...

Eine Spur Tragik und Melancholie steckt ohnehin in Spasskys Charakter wie auch in seiner Karriere. Er blieb von schweren Krisen im schachlichen wie persönlichen Bereich nicht verschont. Ähnlich wie Petrosjan hatte er eine schwere Kindheit. Er wurde mit seiner Familie des Krieges wegen aus seiner Geburtsstadt Leningrad für längere Zeit evakuiert; die Eltern ließen sich scheiden, Boris blieb bei der Mutter, mußte aber, da diese wegen einer Verletzung nicht mehr recht arbeiten konnte, bald selbst den Haushalt führen. Er wurde dadurch jedoch nicht ängstlich und auf Sicherheit bedacht, sondern eher schon früh erwachsen. Im Schach zeigen das nicht nur seine rapiden Erfolge, sondern auch seine erstaunlich reifen Partien. 1952 wurde er bereits Zweiter der Leningrader Meisterschaft, 1953 schlug er in Bukarest den großen Smyslow, gewann mit einer anderen Partie den Schönheitspreis und teilte am Ende den 4. Platz – ein Riesenerfolg für einen 16jährigen Debütanten bei einem großen Turnier. Und es ging weiter in diesem Stil. 1955 wurde Spassky Jugendweltmeister und marschierte über UdSSR-Meisterschaft bzw. Interzonenturnier bis ins Kandidatenturnier 1956, wo er 3.–7. wurde. Ins gleiche Jahr fällt der geteilte Sieg bei der UdSSR-Meisterschaft, wobei Spassky im Stechen dann Dritter wurde. Der keine drei Monate ältere Tal hatte zu diesem Zeitpunkt noch keinen einzigen großen Erfolg; er debütierte 1956 bei der UdSSR-Meisterschaft als 5.–7., wo ihn Spassky „sehr sauber" (Tal) abfertigte. Etwas überspitzt gesagt, schien Spassky damals eine Klasse besser als Tal ...

Dann aber stürzte ihn ausgerechnet eine Partie gegen diesen Tal in die Krise. 1958 ging es bei der UdSSR-Meisterschaft wieder um die WM-Zulassung. Spassky lag lange Zeit vorn und schien das Weiterkommen in der Tasche zu haben. Aber er verlor die vorletzte Partie und traf in der Schlußrunde dann auf Tal, der schon sicher qualifiziert war, nachdem alle Konkurrenten schnell remisiert hatten. Mit einem Sieg war Spassky durch; bei Remis mußte er um den letzten freien Platz stechen. Er lehnte Remis ab und kam tatsächlich in Vorteil – scheinbar ohne Risiko. Aber nach Abbruch analysierten beide die Nacht durch, und Spassky setzte sich völlig übermüdet wieder ans Brett. In dieser Verfassung übersah er die Gewinnchance, und dann benahm er sich nach eigener Kritik „wie ein störrisches Maultier". Er verschmähte das immer noch leicht erreichbare Remis und bot es erst an, als er bereits nicht mehr besser stand. Nun lehnte Tal ab ... Er erzählt weiter: „Und sofort sah ich, wie Spassky, der immer, ich möchte sagen, mit theatralischer Ruhe spielt, nervös zu werden begann. Es wurde klar, daß es für ihn nun schwer war, die richtige Fortsetzung zu treffen, und tatsächlich war innerhalb von fünf Zügen alles vorbei..."

Als Spassky aufgab, drehte das Publikum nahezu durch, wurde das Turnier doch in Tals Heimat Riga ausgetragen; der Verlierer aber saß da wie ein Häufchen Elend. „Mir schien, die Welt ging unter... ich lief auf die Straße und heulte wie ein Kind" (Spassky).

Viele ließen sich auch später durch Spasskys äußere Ruhe täuschen. Besonders am Brett bluffte er damit viele Gegner. Selbst Fischer fiel in einer Partie 1960 darauf herein, als Spassky in miserabler Stellung mit Pokerface weiterspielte, als sei nichts gewesen. Wie Fischer zugab, versuchte er herauszufinden, was in Spasskys Kopf vor sich ging – und verpatzte die Partie. Jahrelang blieb ihm dieser Reinfall im Sinn: „Spassky sitzt mit dem gleichen ausdruckslosen Gesicht am Brett, egal ob er mattsetzt oder selbst mattgesetzt wird. Er kann eine Figur einstellen, und man weiß nie sicher, ob es ein Patzer oder ein unglaublich tiefsinniges Opfer ist."

Aber die Decke war dünn. Spassky: „Wenn ich Schach spiele, wirke ich wahrscheinlich ziemlich gelassen, aber in Wahrheit ist das nicht so. Es ist wie eine Clownmaske, die man speziell für diese Gelegenheit überstreift; wenn ich besonders ruhig erscheine, bin ich in Wirklichkeit ganz besonders nervös."

Schach auf hoher Ebene muß für ihn immer ungeheuren Streß und psychische Belastung bedeutet haben. Zweifellos wog seine Motivation das lange Zeit auf. Bis zur WM fällt Spassky zwar ab und zu „ins Loch", arbeitet sich aber stets wieder heraus. Doch es fiel ihm schwer, sich zu harter Arbeit zu zwingen: „Schach ist eine abnorme Lebensweise, und um sich an der Spitze zu halten, muß man sehr diszipliniert sein. Botwinnik... besitzt diese Disziplin, aber man muß mit ihr geboren sein. Ich bin so ziemlich das Gegenteil, sehr unpraktisch und ganz unordentlich." Ein andermal verglich er sich mit einem russischen Bären, der faul und träge ist und sich nicht gern auf die Hinterpfoten stellt.

Aber wenn er es tat, wie in seinen Hoch-Phasen, da die Motivation groß war, war mit ihm nicht gut Kirschen essen. Früher spielte Spassky oft geradezu brutal auf Angriff; das romantische „Königsgambit" zählte zeitlebens zu seinem Repertoire – in der modernen Praxis ein Unikum. Vielleicht gerade weil er die ganze Skala von Stimmungen und Empfindungen in sich trug, überragte er die meist ohnehin universellen modernen Meister in dieser Beziehung noch. Großmeister Gligoric nennt ihn, was die Einstellung auf den jeweiligen Gegner betrifft, auf einer Stufe mit Aljechin und Lasker. In seinen Partien gibt es nichts so Prägnantes, was einen typischen „Spassky-Stil" ausmacht; allenfalls seine große Stärke in der Initiative.

Die durch Spasskys Scheitern 1958 ausgelöste Krise zog sich hin. Er hatte zwar weiter einzelne Erfolge, aber bei der UdSSR-Meisterschaft 1960 erlitt er mit dem 9./10. Platz eine Schlappe, und 1961 verlor er wieder die letzte Partie und mußte auch beim nächsten WM-Zyklus zuschauen. In dieser Zeit wechselte er seinen Trainer, und im privaten Bereich fand er schwer Boden unter den Füßen. Seine erste Ehe ging bald in die Brüche; den wohl nur halbherzigen Versuch eines Journalistikstudiums schloß er zwar ab, tat dann aber nichts mehr in dieser Richtung. Erste Querelen mit dem Verband kamen hinzu. Mehrere Quellen berichten von einer Auslandssperre, wobei die genauen Gründe wohl nur die Parteihierarchie kannte. Manche meinen, weil Spassky bei der Studenten-WM 1960 im Match gegen die USA verlor, die dann Erster wurden; anderswo wird von einer Liebesaffäre gemunkelt. Wie auch immer, Spassky war schon damals nicht gerade ein Mann des Systems, obwohl er nicht öffentlich aufmuckte. Unter seinesgleichen machte er seinem Herzen aber oft Luft. Als einer der Verfasser beim Turnier 1971 in Tallinn mit ihm und Bronstein im Hotelzimmer war, schimpfte Spassky offen auf das System. Darauf aufmerksam gemacht, daß „Wanzen" eingebaut sein könnten, meinte er nur verächtlich: „Sollen sie es doch hören."

Die kuriose Wendung, daß eben dieser Spassky beim Match gegen Fischer dann doch in die Rolle gedrängt wurde, die „Ehre des Systems" zu verteidigen, dürfte eine der Hauptbelastungen gewesen sein, die sein sensibler Charakter nicht aushielt.

Eine neue Wende zum Besseren markiert sein erster Gewinn der UdSSR-Meisterschaft 1961/62. Nach einigen guten, aber noch nicht überragenden Ergebnissen zeigte sich erst beim nächsten WM-Zyklus der neue Spassky. In der UdSSR-Meisterschaft 1964 spielte er diesmal eisern auf Platz (Endresultat 1.–3.) und überstand trotz schlechten Starts auch das folgende Stechen zwischen den sechs Ersten (plus Freiplatz Kortschnoi) als Sieger. Seit neun Jahren stand er zum ersten Mal wieder im Kampf um den WM-Titel. Das gab ihm offenbar nochmals einen gewaltigen Schub. Bis zur WM 1966 gewann er weitere drei erste Preise und vor allem das jetzt im K.o.-Modus stattfindende Kandidatenturnier. Deutlichstes Zeichen seiner gewachsenen Stärke und Stabilität: War er früher zum Teil an der letzten Partie gescheitert, so machte er nun selbst am Schluß entscheidende Punkte. Das Finale gegen Tal zeigte besonders klar Spasskys Anpassungsfähigkeit. Er konnte das Marshall-Gambit anwenden, um Tal von Anfang an die Initiative zu entreißen; er konnte aber auch auf Anweisung seines Trainers öde Stellungen „kneten", um Tal, dem das gar nicht lag, mürbe zu machen. Mit Erfolg: Nach einem bis 4:4 völlig offenen Kampf brach Tal ein und verlor drei Partien in Folge.

Viele trauten Spassky schon 1966 einen Sieg über Petrosjan zu. Aber den gewieften Armenier kannte er offenbar noch nicht gut genug. Z.B. in der gezeigten 10. Partie erlag er offenbar dem gleichen Trugschluß wie viele andere, man müsse Petrosjan nur in Verwicklungen hineinziehen, um ihn aus den Angeln zu heben. Mit Spasskys Repertoire klappte es auch nicht. Er stellte vorher fest, Petrosjan kenne die Eröffnungen viel besser als er, und versuchte daher nicht selten ungebräuchliche Wege oder Experimente. Obwohl Spassky nach einigem „Lehrgeld" seine Einstellung auf den Gegner verbesserte und aufholte, scheiterte er zum Schluß doch.

Aber er trug die Erkenntnis davon, daß er diesen Petrosjan schlagen konnte. 1966/67 schwankten seine Ergebnisse wieder, doch im nächsten Kandidatenturnier trieb ihn das WM-Ziel erneut zu höchstem Einsatz an. Diesmal gewann er alle drei Matches gegen Geller, Larsen und Kortschnoi mit drei Punkten Vorsprung, praktisch ohne je in Gefahr zu kommen. Petrosjans zwischenzeitliches Formtief dürfte Spassky erst recht angespornt haben. 1968 wurde er zum erfolgreichsten Spieler des Jahres gewählt und lag im öffentlichen Ansehen weit vor dem Titelverteidiger.

Im WM-Kampf 1969 verlor er dann zwar die erste Partie, doch dies blieb das einzige Mal, daß er in Rückstand geriet. Bereits in der 4./5. Partie wendete ein Doppelschlag das Blatt. Spassky hatte inzwischen das richtige Rezept gefunden: Er schaffte es, dynamische Stellungen mit aktiven Chancen zu bekommen, so daß Petrosjan ständig unter Spannung gehalten wurde. Für diesen war das lästiger als ein heftiger, aber voraussehbarer Ansturm. Als guter Griff erwies sich für Spassky die Tarrasch-Verteidigung mit Schwarz, die genau diesem Spieltypus entsprach. Sie brachte ihm zwei wichtige Siege in der 4. und 8. Partie. Einmal zeigte Spassky freilich auch in diesem Match Nerven. Nach der 8. Partie schon mit zwei Punkten vorn, stand er auch in der 9. sehr gut, verdarb sie jedoch zum Remis. Das brachte ihn aus dem Tritt, und Petrosjan glich mit einem Doppelschlag in der 10./11. Partie aus. Erst nach einer relativ ruhigen Phase mit fünf Remis hatte sich Spassky davon wieder erholt. Somit stand das Match nach zwei Dritteln noch unentschieden. Aber nachdem Petrosjan in der 13. und 15. Partie mit der soliden Russischen Verteidigung mit Schwarz leicht Remis erreicht hatte, fiel es ihm plötzlich ein, auf das anspruchsvollere und aktivere Sizilianisch umzuschalten. Damit lief er ins Verhängnis: Er verlor die 17. und 19. Partie. Die letztere ist besonders bekannt geworden und zeigt Spassky als angriffslustigen Kombinationsspieler.

Spassky – Petrosjan
1. e4 c5 2. Sf3 d6 3. d4 cxd4 4. Sxd4 Sf6 5. Sc3 a6 6. Lg5 Sbd7
Relativ selten (üblich ist e6), offenbar ein Überraschungsversuch.

7. Lc4 Da5 8. Dd2 h6?!

Nach heutigen Büchern sollte Schwarz sofort 8. . . e6 und falls 9.0–0–0 b5 10. Lb3 Lb7 11. The1 0–0–0 spielen.

9. Lxf6 Sxf6 10.0–0–0 e6 11. The1 Le7 12. f4 0–0?!

Eine richtige Provokation, da sich nun der Zug h6 als Angriffsmarke zur Linienöffnung auswirkt. Besser war immer noch, die lange Rochade anzusteuern.

13. Lb3 Te8 14. Kb1 Lf8 15. g4!

Er läßt sich gern provozieren. Nimmt Schwarz den Bauern nicht, droht früher oder später g4-g5.

15. . . Sxg4 16. Dg2 Sf6 17. Tg1 Ld7 18. f5 Kh8 19. Tdf1

Mit der handfesten Drohung 20. fxe6 fxe6 21. Txf6 gxf6 22. Dg8 matt. Hier war die letzte Chance für Schwarz, mit 19. . . De5 (oder schon im vorigen Zug 18. . . exf5 nebst De5) Widerstand zu leisten. Jetzt wird er einfach über den Haufen gerannt.

19. . . Dd8?! 20. fxe6 fxe6 21. e5!! dxe5 22. Se4 Sh5

Der Sf6 hat wenig Auswahl, um 23. Txf8+ nebst 24. Dxg7 matt zu vermeiden. Andererseits drohte (z.B. auf exd4) Sxf6 nebst Dg6.

23. Dg6!

Auf 23. . . Sf4 wollte Spassky nun die Qualität opfern: 24. Txf4 exf4 und entweder 25. Sf3 (Drohung Se5 bzw. Sg5) oder 25. c3 nebst Lc2.

23. . . exd4 24. Sg5! Schwarz gab auf.

Das Matt ist nur durch hxg5 zu decken (Sf6 25. Txf6), aber dann hält es Schwarz nach 25. Dxh5+Kg8 26. Df7+Kh8 27. Tf3 auch nicht mehr lange aus.

Doch in der nächsten Partie wurde Spassky nochmals unsanft überrascht – Petrosjan verkürzte den Rückstand auf einen Punkt. Aber der Herausforderer riß sich wieder zusammen und gewann seinerseits die 21. Partie. Das war endgültig das Aus. Nach zwei Remis wurde Spassky mit 12,5:10,5 Weltmeister.

Schon nach dem Match 1966 hatte er prophezeit: „Ich hoffe, daß ich in drei oder vier Jahren stärker sein werde als heute; danach aber werde ich abfallen . . ." Er meinte, länger halte er den

Streß, die unaufhörliche, bis zur Selbstquälerei gehende Arbeit im Schach nicht aus. Jedes Jahr als Weltmeister zehre besonders und verkürze die Lebenszeit um zwei bis drei Jahre.

Jetzt kam noch etwas dazu: Wenn man ganz oben ist, hat man kein höheres Ziel mehr, das einen zu solchen Strapazen motiviert. Vermutlich brachte schon die Situation, Weltmeister zu sein, eine Änderung in Spasskys Einstellung. Aber sie wirkte sich vorerst kaum aus. Spassky war 1969, zumindest nach den Resultaten des WM-Zyklus, eindeutig der Beste, und er hielt sich zunächst ganz gut. Er gewann drei Turniere; nur einmal, in Palma 1969, spielte er schwächer. Beim Wettkampf UdSSR – Rest der Welt (Belgrad 1970) ging er mit folgender Kombination in die Galerie der Unsterblichen ein.

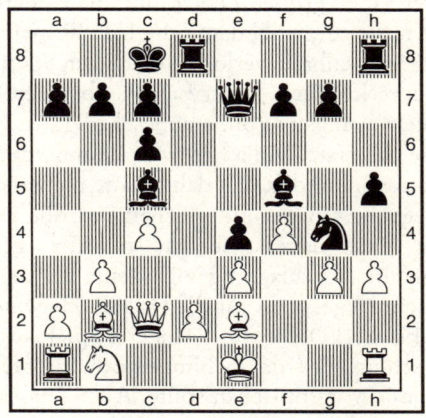

Larsen – Spassky, Belgrad 1970

(Nach dem 12. Zug von Weiß)

12... h4!!

Hier muß Spassky schon die Folge bis zum Schluß berechnet haben. Larsen, ein ausgesprochener Optimist, merkte nach leichtsinniger Eröffnungsbehandlung offenbar erst jetzt, was die Stunde geschlagen hatte. Aber obwohl er etwa 60 Minuten nachdachte, fand er keine Rettung mehr.

13. hxg4

Der Läufertausch 13. Lxg4 Lxg4 14. hxg4 hxg3 macht wenig Unterschied.

13. ... hxg3 14. Tg1

Nach 14. Txh8 Txh8 ist die Drohung 15. ... Th1+16. Lf1 g2 (bzw. 15. Kf1 Dh4) vernichtend.

14. ... Th1!! 15. Txh1

Was sonst? 15. Tf1 g2 bzw. 15. Kf1 Dh4.

15. ... g2 16. Tf1

Oder 16. Tg1 Dh4+17. Kd1 Dh1.

16. ... Dh4+17. Kd1 gxf1D+Weiß gab auf (18. Lxf1 Lxg4+19. Le2 Dh1 matt).

Das war die zweite Partie in dem vier Runden umfassenden Wettkampf; die erste hatte Remis geendet. In der dritten verlor Spassky durch einen groben Fehler, und man stellte ihn in der vierten nicht mehr auf, wohl damit die UdSSR nicht dieses Prestigeduell am Spitzenbrett verlor. Ersatzmann Stein mußte einspringen und verlor auch gegen Larsen, aber der Weltmeister als Galionsfigur wenigstens blieb unbeschädigt.

Es war wie das erste Wölkchen am Himmel, das ein aufziehendes Gewitter ankündigt. Bis dahin hatte niemand die sowjetische Überlegenheit insgesamt ernsthaft bedroht, und der politische Druck dürfte daher nicht gar so massiv gewesen sein. Aber jetzt nahm er schlagartig zu. Denn bei diesem Match tauchte das Schreckgespenst für die UdSSR-Hegemonie wieder auf – Bobby Fischer! Daß er trotz längerer Spielpause gleich Petrosjan 3:1 schlug, ließ das Schlimmste befürchten, wenn er wieder um die WM mitmischen sollte. Auch Spassky kann das nicht entgangen sein, spätestens als er bei der Olympiade 1970 in Siegen auf Fischer traf. Der Andrang zu dieser Partie sprengte alle Vorstellungen, es ging die Rede von über 3000 Zuschauern; im Gedränge sollen sogar Leute in Ohnmacht gefallen sein. Auch der sowjetische Botschafter war da. Obwohl Spassky mit Weiß aus der Eröffnung nicht viel herausholte, gewann er die Partie, weil Fischer wie gewohnt um jeden Preis auf Sieg spielte, zu viel von der Stellung verlangte und sich auskontern ließ. Diesmal war es also noch gutgegangen und Spassky sogar der „Held der Sowjetunion", aber er hatte den durch Fischers

Erscheinen ausgelösten unbarmherzigen Druck gespürt – und wirklich, es scheint, als ob Fischers Siegeszug von da an den Weltmeister förmlich gelähmt hätte. Bis zur WM trat Spassky kaum mehr in Turnieren auf, und wenn, dann mit magerer Ausbeute: ein 3. Platz in Göteborg 1971 und gar nur ein sechster beim Aljechin-Gedenkturnier in Moskau. Je drohender Fischers Schatten wurde und je mehr Spassky erkennen mußte, daß ihn der Staat als letztes Bollwerk in einem Ost-West-Schachduell vereinnahmen wollte, was ihm von Herzen zuwider war, desto stärker dürfte sich in ihm die Belastung aufgebaut haben, die ihn dann, durch das Spektakel in Reykjavik noch massiv verstärkt, umwarf.

Zum Match selbst siehe Kapitel Fischer; hier nur das, was Spasskys Lage und die Gründe seines Versagens betrifft. Schlecht vorbereitet war er bestimmt nicht ... soweit es die bis dahin bekannten Eröffnungen Fischers betraf. Das zeigt am klarsten die 4. Partie – die erste Spasskys mit Schwarz, da die zweite ausfiel –, als der Weltmeister gegen eine Lieblingsvariante Fischers eine Neuerung setzte, deren Folgen der Gegner nur mit viel Mühe und einer Portion Glück heil überstand. Auch in der 11. Partie demontierte Spassky eins von Fischers Leib-und-Magen-Systemen. Gleichgültig ob er den neuen, für Fischer verblüffenden Zug wirklich am Brett fand – denn immerhin dachte er etwa eine halbe Stunde nach – oder ob er „über Nacht", wie andere vermuteten, in sowjetischen Analyseküchen ausgebrütet worden war – man hatte sich jedenfalls vor Fischers Standardwaffen im Spassky-Lager ganz gut gewappnet.

Nur einen fatalen Fehler begingen Spassky und sein Team: Sie glaubten Fischer, daß er aus Prinzip immer dasselbe spiele. Das hatte er oft genug erklärt und auch bewiesen, daß er es ernst meinte. Konnte man erwarten, er werde ausgerechnet in diesem Match davon abweichen? Ein paarmal hatte er zuletzt z.B. im Interzonenturnier 1970 immerhin neue Eröffnungen ausprobiert. Nahm Spasskys Team das nicht so wichtig? Man mag darüber unterschiedlicher Auffassung sein, aber uns jedenfalls scheint es fehl am Platz, Spassky Faulheit vorzuwerfen. Außerdem, selbst wenn man im Prinzip Fischer eine neue Taktik zutraute, war es schwer zu erraten, was er denn dann konkret spielen würde.

Welchen Einfluß hat das Spektakel, das Fischer inszenierte, auf Spassky gehabt? Mit Sicherheit einen denkbar ungünstigen, obwohl sich keine Aktion Fischers gegen den Titelverteidiger direkt richtete. Spassky spielt nicht gern in gespannter Atmosphäre und ist erst recht nicht der Typ, der die Wut auf den Gegner braucht, um sein Bestes zu leisten. Fine bescheinigt ihm einen erstaunlichen Mangel an Aggressivität oder gar Angst vor der eigenen Aggressivität. Offenbar hat es Spassky immer geschafft, Schach als einen rein sportlichen Wettkampf zu betrachten; man kann sich am Brett erbittert bekriegen, ansonsten aber gut Freund sein. War er wirklich böse auf jemand, empfand er es gar nicht als angenehm, gegen ihn spielen zu müssen. Auch schreibt z.B. Tal: „Weder Spassky noch ich haben die geringste Bereitschaft, mit Gegnern zu spielen, für die wir ein Gefühl der Feindschaft empfinden..." Daß Spassky wütend über Fischers Benehmen war, steht außer Zweifel; aber so paradox es klingt, scheint er just deswegen versucht zu haben, die Sache auf menschlich akzeptabler Basis zu halten, nicht zuletzt weil seine Beziehung zu Fischer wohl früher schon ganz gut war. Leider aber ist Fischer genau der umgekehrte Typ, der den Gegner gern als Feindbild aufbaut, um ihn zu vernichten.

So machte Spassky zunächst Konzessionen, damit das Match nicht platzte; als dies gesichert schien, ließ er dann seinem Zorn freien Lauf, als Fischer in Reykjavik eingetroffen, aber nicht zur Eröffnung und Auslosung erschienen war, und verlangte eine Bestrafung Fischers, bevor es losgehen könne. Aber der kampflose Gewinn der 1. Partie, den die UdSSR-Funktionäre gern gehabt hätten, ging ihm dann doch wieder zu weit, und er gab sich mit einer bloßen Entschuldigung Fischers zufrieden. Deutlich zeigt dieses Hin und Her den Zwiespalt seiner Gefühle: einerseits den verständlichen Ärger, dagegen aber auch die Sorge, nur ja nicht selbst unsportlich zu reagieren. Spassky sprach auch später stets voller Hochachtung zumindest von Fischers Verhalten am Brett: Dies sei immer gentleman-like gewesen. Oft scheinen sich Spasskys Aggressionen nach innen gerichtet und zu depressiven Phasen geführt zu haben; aus diesem Grund spielt er auch gerne Tennis: „das ist gut gegen Depression".

So stand Spassky bei diesem Match wirklich von allen Seiten unter Druck. Verband und Partei saßen ihm im Nacken; die geladene Atmosphäre bedrückte und hemmte ihn, und dazu kam der nervenaufreibende Kampf am Brett gegen ständige Neuerungen. Rein schachlich muß sich Spassky gefühlt haben, wie wenn ein Feind mit dem Gewehr durchs Gebüsch schleicht und man nie weiß, aus welcher Ecke der nächste Schuß kommt. Der Titelverteidiger brach wohl unter der psychologischen Extremsituation schlicht zusammen. Dafür sprechen die relativ vielen groben Fehler ebenso wie die Tatsache, daß er von dem Moment an, als das Match nach menschlichem Ermessen verloren war, besser zu spielen begann und in der zweiten Matchhälfte gleichwertig war: Er hatte nichts mehr zu verlieren, ein Teil des Drucks war dadurch gewichen.

Es ist nach all dem auch nicht schwer, sich vorzustellen, was in Spassky nach dem Verlust des Titels vorging. Zumindest unbewußt wollte er ihn vermutlich gar nicht wieder haben. Fine meint ja sogar: „Sein Mangel an Freude über einen Sieg ist so groß, daß man sich schon fragen muß, wie es ihm überhaupt gelungen ist, Weltmeister zu werden." Die Motivation ließ immer mehr nach, und damit die Bereitschaft zu ernster Arbeit. Jetzt wurde er wirklich nachlässig. Schon Karpow fiel bei der Vorbereitung zum Kandidatenmatch 1974 auf, „daß Spassky die Eröffnungen für die Wettkämpfe nicht besonders gut vorbereitete. Deshalb kamen wir zu der Schlußfolgerung, daß man gegen ihn möglichst viele und überraschende Eröffnungsschemata anwenden müßte." Also genau die Fischer-Taktik, aufgrund von Spasskys Schwäche aber jetzt noch viel wirksamer. So war es kein Wunder, daß Spassky in diesem Match gegen Karpow mit 3:7 ausschied.

1977/78 kam er nochmals ins Kandidatenfinale, doch da lieferte er gegen Kortschnoi den wohl seltsamsten Auftritt seiner ganzen Laufbahn. Er hielt sich zum Teil völlig vom Brett fern und ging nur jeweils für Sekunden hin, um seine Züge auszuführen; dazu lief er mit einer Art Sonnenschirm auf der Stirn herum, so daß das Publikum zu lachen anfing und manche Beobachter von Clownerie sprachen. Auch wenn man es kaum glauben mag: Spassky hat in persönlichen Gesprächen sehr ernsthaft vorgetragen, daß er Angst hatte, von Kortschnoi durch Strahlen beeinflußt zu werden. Kortschnoi seinerseits erzählt von einigen merkwürdigen, unerklärlichen Geschehnissen. Ob da wieder das Trauma von Reykjavik hochkam? Damals hatten die Sowjets Fischer dasselbe vorgeworfen, die Sessel und die Beleuchtung untersuchen lassen, wobei man aber als vermeintliche Fremdkörper nur Holzsplitter und tote Fliegen entdeckte.

Jedenfalls zeigt all dies, daß Spassky nicht mehr der alte war. In die Nähe des Titelkampfs kam er später nie mehr. In Turnieren huldigte er immer öfter dem Motto: Tu mir nichts, dann tu ich dir auch nichts. Wenn jemand auf ihn losging, konnte Spassky noch kräftige Schläge austeilen; ließ man ihn aber in Ruhe, dann wurde er leicht zum Remiskönig. Es heißt, einmal sei er zum berühmten Turnier von Linares nur zugelassen worden, nachdem er sich vertraglich verpflichtete, keine Partie vor dem 30. Zug remis zu machen.

Offenbar wollte Spassky alles, was er früher als Druck und Anstrengung empfand, loswerden. Auch von der UdSSR setzte er sich allmählich ab, wobei er aber einen öffentlichen Bruch vermied. Natürlich hatte der Titelverlust in der UdSSR ein mittleres Erdbeben ausgelöst. Man hörte, Spassky sei wieder einmal gesperrt worden, aber auch Petrosjan, der Fischer im Kandidatenfinale unterlegen war, habe einen Posten bei einer Schachzeitung verloren. Die ganze Elite wurde angeblich vergattert, an der nächsten Landesmeisterschaft teilzunehmen und keine bequemen Remisen zu machen. Ironie des Schicksals: Dieses Championat gewann ... Spassky.

Im Lauf der Jahre aber ging er auf Distanz, lebte zunächst noch mit sowjetischem Paß in Frankreich, für das er aber später auch spielte. Daß er dort mit einer Französin russischer Abstammung verheiratet war und ist, seine dritte Ehe, mag die relativ kulante Haltung der UdSSR-Behörden begünstigt haben. Aber man erwartete wohl auch schachlich nichts mehr von ihm: die Ära Karpow hatte begonnen.

Zweifellos zeigt Spassky auf seine „alten Tage" immer mehr die Tendenz, sich ein schönes Leben zu machen; aber ist das negativ?! Persönlich bleibt er wohl einer der normalsten Weltmeister; er hatte neben dem Schach immer auch andere Interessen, und es ist schwer zu sagen, ob er heutzutage nicht zufriedener als in seiner Weltmeisterzeit ist. Sein Schachtalent ist jedenfalls immer noch groß, was selbst Kasparow widerwillig bestätigt, und der „Ruhm" von Reykjavik noch so nachhaltig, daß Spassky bis heute ein Begriff geblieben ist, obwohl er in der Weltrangliste inzwischen unter ferner liefen rangiert.

XIV. Fischer (1972–1975)

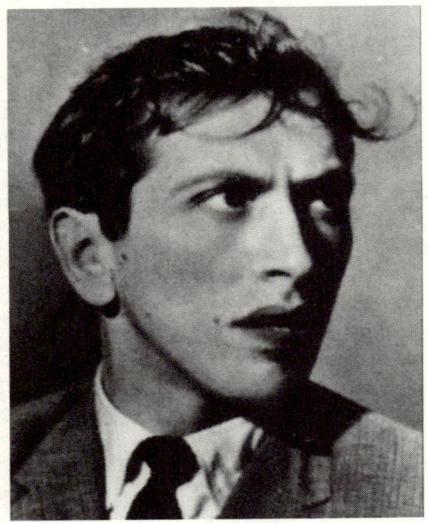

Robert („Bobby") Fischer (* 1943)

„Bobby Fischer ist vielleicht das am meisten mißverstandene Genie der Welt." (Gligoric, WM-Buch 1972). „Sein Leben strahlt eine Mischung von Erhabenheit und Lächerlichkeit aus, wie sie nicht nur im Schach, sondern in allen Bereichen menschlicher Betätigung einzigartig dasteht." (Schonberg)

Zwei typische Aussagen, die eines sehr deutlich illustrieren: Fischer erschütterte nicht nur die Schachwelt. Wohl niemals vorher und nachher – selbst das Spektakel um den WM-Abbruch 1985 reicht da nicht ganz heran – stand ein Schachspieler derart im Brennpunkt des öffentlichen Interesses. Fischer erzeugte nicht nur in einem Land, wie dies öfter vorkam (siehe Euwe), sondern weltweit einen Schachboom; er brachte die Mächtigen der Politik auf Trab, Fidel Castro 1965 genauso wie Nixon und Kissinger 1972. Hätte er sich vermarkten lassen (ein sehr theoretischer Gedanke, denn dann wäre er nicht Fischer gewesen), wäre er wohl ein Sport-Megastar wie hierzulande Boris Becker, Franz Beckenbauer etc. geworden.

Es ist schwer, Fischers Persönlichkeit gerecht zu werden, da er kaum jemand an sich herankommen ließ, geschweige denn Auskunft über sein Innenleben gab. Wahrscheinlich machte er sich selbst keine Gedanken, warum er so war und nicht anders, eine Voraussetzung des Erfolgs. Was man von ihm hörte, sind Äußerungen, die man je nach Geschmack als kindisch-unreif oder auch ein wenig verrückt einstufen könnte. Aber ein paar Grundzüge seines Wesens sind doch halbwegs klar zu erkennen, und es scheint sie auch heute noch zu geben, wenn man das Treiben rund um den alle Welt verblüffenden „Revanchekampf" 1992 betrachtet. Robert James Fischer, geb.1943; „Freunde und Patzer nennen mich Bobby", aber eigentlich taten es alle, – wer ist das?

Wie mancher andere Weltmeister stammt auch Fischer aus nicht sehr glücklichen Verhältnissen. Seine Eltern ließen sich scheiden, als er zwei Jahre alt war; er blieb dann mit seiner Schwester bei der Mutter, und ein Vater kam in seinem Leben praktisch nicht vor. Auch dauerte es offenbar seine Zeit, bis die Mutter mit den Kindern eine feste Bleibe in New York fand. Da sie arbeiten ging, mußten Bobby und seine Schwester sich oft genug selbst beschäftigen, und so lernte er von der Schwester auch das Schachspiel. Sein erster Auftritt bei einem Simultan war freilich noch keine Offenbarung: Der damals bekannte Meister Pavey brauchte nach Gligoric nur 15 Minuten, um den kleinen Bobby vom Brett zu wischen. Aber dabei kam Fischer mit dem Schachklub Brooklyn in Kontakt. Von da an gab es nichts mehr außer Schach für ihn. Trotz allgemein großer Begabung – er soll einen Intelligenzquotient über 180 besitzen, wenngleich wohl niemand zu sagen weiß, was Intelligenz eigentlich ist – machte ihm die Schule keinen Spaß (dies freilich könnte ein Beleg für Intelligenz sein); er blieb, wie auch später, ein Einzelgänger und machte, was er wollte. „Wir schafften es, uns ihm anzupassen", soll einer seiner Lehrer gesagt haben.

1955 nahm Fischer zum ersten Mal an der US-Jugendmeisterschaft teil und landete nur im Mittelfeld; bei der US-Amateurmeisterschaft erreichte er sogar ein negatives Ergebnis. Aber schon ein Jahr später wurde er Jugendmeister und errang gute Plätze in anderen Turnieren. Daraufhin wurde er 1956 zum New Yorker Rosenwald-Meisterturnier eingeladen. Dort teilte er zwar nur Platz 8 unter 12 Spielern, gewann aber eine legendäre Partie gegen einen führenden amerikanischen Meister, die damals sogleich zur „Partie des Jahrhunderts" ernannt wurde.

D. Byrne – Fischer
1. Sf3 Sf6 2. c4 g6 3. Sc3 Lg7 4. d4 0–0 5. Lf4 d5 6. Db3 dxc4 7. Dxc4 c6 8. e4 Sbd7

Eine sehr passive Aufstellung, die zeigt, daß Fischer eröffnungsmäßig noch Nachholbedarf hatte. Direkt 9. e5 wäre nun freilich zu früh: 9. . . Sd5 10. Sxd5 cxd5 11. Dxd5 Sxe5 und falls 12. Dxd8 Sxf3+.

9. Td1 Sb6 10. Dc5?

Ein seltsamer Zug. 10. Db3 bot sich an.

10. . . Lg4 11. Lg5?

Hier war 11. Le2 normal. Jetzt brennt Schwarz ein brillantes Feuerwerk ab.

11. . . Sa4!

Mit der Idee 12. Sxa4 Sxe4 und nun 13. Dxe7 Dxe7 14. Lxe7 Te8 mit evtl. Abzugschachdrohung, oder 13. Lxe7 Sxc5 14. Lxd8 Sxa4, oder 13. Dc1 Da5+14. Sc3 Lxf3 und g5 hängt, oder 13. Db4 Sxg5 14. Sxg5 Lxd1 15. Kxd1 Lxd4, alles zum Vorteil von Schwarz.

12. Da3 Saxc3 13. bxc3 Sxe4! 14. Lxe7 Db6 15. Lc4

Nach 15. Lxf8 Lxf8 16. Db3 Sxc3! 17. Dxb6 (17. Dxc3 Lb4) axb6 hat Schwarz, der Sxd1 oder Te8+ oder Txa2 droht, überlegenes Spiel für die Qualität.

15. . . Sxc3!

Nach 16. Dxc3 Tfe8 gewinnt Schwarz mindestens die Figur mit Bauern- und Stellungsvorteil zurück. Aber der Gegenzug sieht wie eine Widerlegung aus.

16. Lc5 Tfe8+ 17. Kf1

Erzwungen: 17. Kd2 Se4+ oder 17. Se5 Lxe5 18. Lxb6 Ld6+. Wie rettet Schwarz jetzt die Figur?

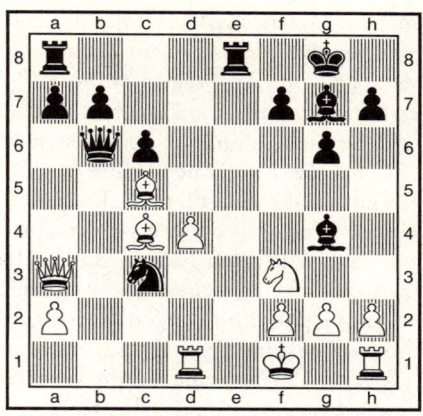

D. Byrne – Fischer, New York 1956

17... Le6!! 18. Lxb6

Oder z. B. 18. Dxc3 Dxc5 bzw. 18. Lxe6 Db5+19. Kg1 Se2+ nebst ersticktem Matt, bzw. 18. Ld3 Sb5. Das ist der eigentliche Witz, denn sofort 17... Sb5? scheitert an 18. Lxf7+! Kxf7 19. Db3+Le6 (sonst einfach Lxb6) 20. Sg5+ nebst Sxe6.

18... Lxc4+ 19. Kg1 Se2+ 20. Kf1 Sxd4+ 21. Kg1

Oder 21. Td3 axb6 22. Dc3 Sxf3! 23. Dxc4 Te1 matt.

21... Se2+ 22. Kf1 Sc3+ 23. Kg1 axb6 24. Db4 Ta4 25. Dxb6

Auch 25. Dd6 Sxd1 26. Dxd1 Txa2 drohend Ta1 wäre hoffnungslos.

25... Sxd1 26. h3 Txa2 27. Kh2 Sxf2 28. Te1 Txe1 29. Dd8+Lf8 30. Sxe1 Ld5 31. Sf3 Se4 32. Db8 b5 33. h4 h5 34. Se5 Kg7 35. Kg1 Lc5+36. Kf1 Sg3+37. Ke1 Lb4+38. Kd1 Lb3+39. Kc1 Se2+40. Kb1 Sc3+41. Kc1 Tc2 matt.

Man kann wohl Kmochs Kommentar zustimmen, daß dies ein erstaunliches kombinatorisches Meisterstück sei, das den größten derartigen Leistungen der Schachgeschichte gleichkommt. Aber im ganzen war das Brillant-Romantische nie typisch für Fischers Spiel.

1957 räumte er dann bei Turnieren so ziemlich alles ab: Er gewann die Jugend-, offene und geschlossene Meisterschaft der

USA in einem Jahr. Damit durfte er 15jährig am WM-Zyklus teilnehmen. So etwas hatte es bis dahin noch nie gegeben, und Fischer galt bereits als eine Art Weltsensation.

Jetzt zeigten sich erstmals seine Eigenheiten. Bobby ließ wenig Zweifel, daß er sich schon für den Besten hielt. Tal beschreibt, wie Fischer das Interzonenturnier in einem Interview „plante" – wie ein erfahrener alter Großmeister. Er gab nur großmütig zu, daß Bronstein ein ernster Konkurrent um den Sieg sein könnte, aber auf jeden Fall werde er selbst einen der sechs Qualifikationsplätze erreichen: „Sehr einfach. Ich rechne damit, daß ich fünf Gegner finde, gegen die ich gewinnen kann. Das heißt, ich gewinne fünf Partien und mache den Rest remis." Frage: „Und wenn Sie eine Partie verlieren?" – „Das macht mir keine Sorgen, dann muß ich eben sechs Partien gewinnen."

Doch dann spielte er anfangs wirklich wie ein 15jähriges Greenhorn. Ein schnelles Remis, dann ein Gewinn aus Verluststellung gegen den späteren Letzten Füster, weil jener wie so oft in haarsträubende Zeitnot kam, noch ein Remis in der, laut Turnierbuch, fehlerreichsten Partie des Tages und dann eine Niederlage gegen Benkö. Ein Realist hätte danach wohl die Flinte ins Korn geworfen, denn die schweren Brocken kamen erst. Aber Fischer ließ sich nicht erschüttern. Er holte dann auf, doch zwei Runden vor Schluß zählte er noch nicht zu den sechs Ersten. Darauf spielte er die vorletzte Partie gegen Cardoso mit fast atemberaubender Frechheit. Er fraß einen reichlich vergifteten Bauern; danach konnte Cardoso Remis erzwingen – das wollte er vermutlich nicht –, wohl auch gewinnen – das sah er nicht –, und zum Schluß siegte die Frechheit. Fischer behielt den Bauern und gewann. In der letzten Runde bootete dann eben dieser Cardoso den gefürchteten Bronstein aus. Fischer selbst gab gegen Gligoric, einen der Ersten, eine neue Probe seiner Selbstsicherheit: Er wählte eine als schlecht geltende Variante, „reparierte" sie mit einer Neuerung und machte nach wilden Verwicklungen ein ungefährdetes Remis.

Ein neutraler Beobachter würde sagen, daß ein großes, aber noch unreifes Talent dank Können und Glück einen erstaunlichen Erfolg erzielt hatte. Als WM-Kandidat wurde Bobby automatisch Großmeister, der bis dahin jüngste aller Zeiten. Aber er hielt das offenkundig für normal; er hatte ja nicht einmal „sein Soll erfüllt" – sechs Siege, aber zwei Niederlagen.

Im selben Jahr sorgte er für Turbulenzen, als er sich weigerte, bei der Olympiade hinter Reshewsky zu spielen. Die USA mußten ohne ihn antreten. Zweifellos hatte er ein gewisses formales Anrecht aufs Spitzenbrett, aber man sollte meinen, es hätte sich eine gütliche Einigung finden lassen. Doch Kompromisse kannte Fischer damals wie heute nicht. Wenn er etwas will, kämpft er dafür bis zum Äußersten. Nur wenn ihn ein noch stärkeres anderes Eigeninteresse dazu bewog, hat er manchmal nachgegeben, wie sich noch zeigen wird.

Zweifellos trat er zum Kandidatenturnier 1959 mit der Devise an, es nun endgültig allen zu zeigen – obwohl schon seine anderen Turniere des Jahres ahnen ließen, daß ihm noch einiges fehlte (zweimal 3./4., einmal 4.–6. Platz). Nur auf den US-Titel war er abonniert; er gewann ihn insgesamt achtmal.

Tatsächlich wurde er im Kandidatenturnier höchst unsanft mit der Realität konfrontiert. Er verlor 11 von 28 Partien, wie wir wissen, vier allein gegen Tal, blieb ständig im „Unterhaus" und endete mit negativem Score als Fünfter von acht. Auch in anderer Hinsicht erwies sich die Wand härter als sein Kopf. Genauso stur und kompromißlos wie um das, was er für sein Recht hielt, kämpfte er um seine Ideen am Brett. Tal: „Die Mehrzahl von Fischers Niederlagen im Kandidatenturnier resultierte daraus, daß er dieselben und in beträchtlichem Ausmaß minderwertigen Eröffnungssysteme wiederholte." Vor der dritten Partie gegen Tal brütete er volle 10 Stunden, um eine in der ersten „verunglückte" Variante zu verstärken. „Aber leider machte das die Variante nicht besser, sondern ließ nur Fischer erschöpft zurück" (Tal).

Hier liegt zweifellos ein Schlüssel zu Fischers Wesen. Er hat sich von Kind an eine eigene Welt geschaffen, in der sich alles um Schach dreht und er der König ist, und er hat stets erwartet, daß alles so laufen muß, wie es in diese seine Welt paßt. Das ist zunächst nichts Besonderes; viele machen als Kind ähnliche

Phasen durch. Aber Fischer blieb offenbar auf diesem Niveau stehen. Er hat sich nicht wie andere beim Erwachsenwerden der Realität angepaßt, sondern versuchte die Realität seiner Welt anzupassen oder zu unterwerfen.

Symptome dafür gibt es viele. Das eine ist seine völlige Isolation im unmittelbaren privaten Bereich. Nachdem es schon einen Vater de facto nicht gab, trennte sich Bobby mit etwa 15, 16 Jahren auch von der Mutter, wohl weil sie versuchte, ihn aus seiner Welt herauszureißen: „Sie sagt mir beständig, ich sei zu sehr an Schach interessiert, ich sollte mir Freunde außerhalb des Schachs suchen, vom Schach könne man nicht leben, ich sollte die höhere Schule absolvieren und lauter solchen Unsinn." Ungefähr in einem Aufwasch ging er auch gleich von der Schule weg, ohne Abschluß. Mit 17 Jahren wird er bei einem einwöchigen Besuch in Bamberg nach der Olympiade in Leipzig 1960 den einen, nur fünf Monate jüngeren Verfasser verständnislos fragen, warum er immer noch zur Schule gehe – schließlich sei Schach das einzig Wesentliche in dieser Welt. Fischer hatte nie einen Trainer, nicht einmal einen echten Sekundanten, auch wenn manchmal jemand formell diese Aufgabe wahrnahm. Laut Gligoric stellte der US-Verband 1971 beim Petrosjan-Match dafür Großmeister Evans ab. Doch mitten im Match hatte Evans es satt und fuhr heim. „Niemand hat mehr Einfluß auf Bobby als ich – und ich habe keinen" soll er gesagt haben.

Es fragt sich, ob Fischer wohl je eine echte Beziehung zu einer Frau hatte. Vielleicht gab es die eine oder andere pubertäre Schwärmerei, später war von einer älteren Dame als einer Art Mutterersatz die Rede, aber sonst nichts. Was sollte Fischer bei seiner Anschauung auch mit Frauen anfangen? Im Schach taugten sie angeblich nichts: Er tönte, er könne gegen jede Frau mit Springervorgabe gewinnen, und sonst? Gewisse sogenannte männliche Regungen scheinen ihm gekommen zu sein; zumindest wird berichtet, daß er sich den Playboy und andere einschlägige Magazine kaufte. Es scheint unsicher, ob es zu einer wirklichen partnerschaftlichen Beziehung mit einer Frau bei solchen Auffassungen wohl je gereicht hat. Wie es sich mit der vielzitierten neuen Bekanntschaft von 1992 verhält, ist nicht ganz klar. Nachdem gute Bekannte wie Lothar Schmid oder Gligoric betonen, Fischer sei weicher im Umgang geworden, mag es sein, daß er auch diesbezüglich mehr Gefühle zeigt. Aber bei einem damals 19jährigen Mädchen ist die Vermutung sehr stark, daß es sich um eine eher einseitige, schachbetonte Verehrung gehandelt hat.

Fischer hatte nicht nur in seiner aktiven Zeit kaum jemand in seiner unmittelbaren Nähe, er vermied es auch, sich helfen zu lassen oder gar jemand verpflichtet zu sein. Als ein Mäzen anbot, Fischers Reise zum Kandidatenturnier 1959 zu finanzieren, wenn er im Erfolgsfall öffentlich herausgestellt würde, lehnte Fischer ab: „Das kann ich nicht tun. Wenn ich das Turnier gewinne, dann gewinne ich es selbst. Ich muß spielen, keiner hilft mir." Eine andere Episode am Brett: In Buenos Aires 1960, gegen Unzicker, berührte Fischer seinen h-Bauern. Er sah aber sofort, daß ein Bauernzug seine Stellung ruinierte. Obwohl in diesem Augenblick niemand zusah und auch Unzicker keinesfalls protestiert hätte, zog Fischer den Bauern nach der „Berührt-geführt"-Regel und verlor daraufhin. Er selbst gibt, wie er einmal sagte, eine Partie auf „wie ein König, der einem Bettler ein Almosen schenkt", aber selbst Almosen annehmen – nie. Fischers Abneigung, etwas zu unterschreiben, mochte vielleicht damit zusammenhängen, daß er es unbewußt ablehnte, überhaupt Verpflichtungen einzugehen.

Manche seiner Äußerungen kann man nur als kindliche Allmachtsphantasien betrachten. Etwa auf die Frage, was er als Weltmeister tun würde, schwelgte er 1962 in Träumen von einer Welttournee mit nie dagewesenen Honoraren, mit Luxusliner erster Klasse, dann von einem eigenen Schachklub, einer Reorganisation des ganzen Spiels, einem Auto, einem Jet, einer Jacht und schließlich einem Haus in Form eines Schachturms. Eigentlich steckt hier ein direkter Bezug zu seinen unaufhörlichen Forderungen. Menschen standen immer wieder vor Rätseln, weil er in einem Atemzug sehr vernünftige Dinge verlangte und im gleichen das scheinbar abstruseste Zeug. Aber auf Sinn oder Unsinn kam es vielleicht auch gar nicht so sehr an; es ging anscheinend ums Durchsetzen an sich. Es erinnert an einen typisch kindlichen Wesenszug: ein bockiger Knirps, der seinen Kopf durchsetzen will und verrückt spielt, wenn ihm das verweigert wird. Fischer wollte im Leben so herrschen wie in seiner eigenen Welt. Dazu paßt, daß er vor Prominenten und Mächtigen absolut keinen Respekt kannte; er behandelte auch sie wie Untertanen. Für sich selbst legte er großen Wert auf Statussymbole. Anfangs lief er leger wie andere Jungen seines Alters herum; doch plötzlich wurden gute Anzüge sein Tick: „Ja, ich habe mich früher schlecht angezogen, bis ich so um 16 Jahre alt war. Aber die Leute schienen einfach nicht genug Respekt vor mir zu haben, wissen Sie ... Sie sagten sich wohl, er schlägt uns im Schach, aber er ist noch ein ungehobelter Kerl. Da habe ich beschlossen, mich anständig anzuziehen." In seinen eigenen Klub, von dem er fabulierte, wollte er nur Leute mit Anzug und Krawatte hineinlassen, und so erschien er von da an auch immer am Brett.

Nach allem, was man weiß, gehörten seine immensen Honorarforderungen in dieselbe Kategorie. In diesem Punkt war er deutlich von der Gesellschaft geprägt. Er wußte, daß in Amerika und im Westen überhaupt das, was am meisten bringt, auch den höchsten sozialen Status hat. Als der Größte, wie er sich sah, mußte er folglich das meiste bekommen. Anscheinend hatte er sonst kein Verhältnis zum Geld: Nach der WM lehnte er alle Werbeangebote ab und weigerte sich beispielsweise auch, Schachbretter für 100 Dollar pro Unterschrift zu signieren. Was er an Preisgeldern und Buchhonoraren verdiente, dürfte zum großen Teil bei der Sekte gelandet sein, der er sich anschloß.

Bei all dem gibt es als weiteren kindlichen Wesenszug eine manchmal fast naive Geradlinigkeit und Aufrichtigkeit. Sich verstellen oder sich verleugnen, konnte er nicht. Als man ihm anbot, für ein nichtssagendes Produkt – es soll ein Haarwasser gewesen sein – zu werben, meinte er: „Das kann ich nicht machen. Schließlich benutze ich es ja nie."

Vieles davon zeigt sich in seinem Schachstil. Fischer hat immer darum gekämpft, Macht auszuüben, den Gegner zu überwältigen und zu unterwerfen. Sein berühmter Ausspruch, er wolle das Ich des Gegners zerstören, und er sehe es gern, „wenn sie sich winden", sagt alles. Sein Stil ist denn auch klar und direkt aggressiv, wenngleich nicht betont taktisch. Fischer besaß bis zur WM 1972 ein sehr berechenbares Repertoire; er spielte hartnäckig dieselben Varianten, aber er hatte sie meist viel weiter und tiefer analysiert als die Gegner. Einmal sagt er: „Jede Stellung, die man spielt, ist schon mal vorgekommen. Es gibt nur soundso viele Arten von Stellungen. Da passieren ganz konkrete Dinge, strategische ebenso wie taktische. Ein so schweres Spiel ist Schach nun auch wieder nicht. Alle Probleme sind gelöst."

Offenbar studierte Fischer ähnlich wie Botwinnik Eröffnungen im Zusammenhang mit dem Mittel- und Endspiel. Aufgrund seines Wissens besaß er einen Blick wie kein zweiter für das, worauf es in einer Stellung ankam; das arbeitete er heraus und stürzte sich mit Macht darauf. Gemäß seinem Naturell, auch er war Anhänger Morphys, liebte er eine schnelle, klare und schnörkellose Entwicklung der Dinge. Er spielte dabei rationell, brauchte wenig Zeit und riskierte wenig Fehler. Natürlich konnte er glanzvoll kombinieren; aber das eigentlich Aggressive seines Spiels bestand darin, daß er immer versuchte, die wundeste Stelle des Gegners zu finden und massiv darauf loszugehen; das konnte auch ein positionelles oder Endspielmotiv sein. Passivität vertrug er gar nicht; mußte er sich verteidigen, suchte er meist die erstbeste Chance zum Gegenschlag. Dazu paßt, daß er besonders mit Schwarz fast ausnahmslos dynamisch-aggressive, manchmal riskante Systeme spielte. Legendär wurde jenes mit dem „vergifteten Bauern", wo er einmal für 23 Züge eines wilden Gemetzels nur sieben Minuten brauchte, sein Gegner hingegen fast seine vollen 2 1/2 Stunden, und natürlich gewann Fischer. Auf solche Verwicklungen ließ er sich aber gewöhnlich nur ein, wenn er sicher war, sie im Griff zu haben. Scharfe, doch irrationale Stellungen bezeichnete Tal als Achillesferse Fischers. Insgesamt darf er als überwiegend klassisch-logischer Spielertyp gelten.

Wir sind noch am Anfang von Fischers Karriere, doch ohne diese ausführliche Betrachtung versteht man das Folgende schwer. 1960 könnte man als gutes Jahr für ihn betrachten: Erster in Reykjavik, erster Platz geteilt mit Spassky in Mar del Plata und ein guter Erfolg bei der Olympiade am 1. Brett; diesmal blieb Reshewsky weg; doch da gab es außerdem den Reinfall von Buenos Aires, den schlimmsten seiner ganzen Laufbahn: 13.–16. Platz unter 20 Teilnehmern mit 8,5 Punkten von 19! Eine überzeugende Erklärung gibt es nicht, nur Gerüchte von einer ersten Liebe, weil Fischer um diese Zeit sein Faible für elegante Kleidung entdeckte – aber wie schon gesagt, hatte das wohl eher andere Gründe.

1961 folgte der erste große Eklat. Ein Match Fischer – Reshewsky sollte endlich die Spitzenstellung in den USA klären. Fischer dürfte nicht gerade glücklich gewesen sein, als es nach 11 Partien noch gleich stand. Dann kam das Drama um die 12. Partie. Weil der orthodoxe Jude Reshewsky streng den Sabbat einhielt, wurde sie zuerst auf Sonntagnachmittag verschoben, dann aber wegen Mrs. Piatigorsky, der Frau des bekannten Cellisten, nochmals auf 11 Uhr vorverlegt. Diese unterstützte den Wettkampf finanziell und wollte nach der Partie noch zu einem Konzert ihres Mannes gehen. Die neue Spielzeit schien für jeden erträglich – außer Fischer. Auch daß es laut einigen Quellen ein besonderes Konzert u. a. mit dem berühmten Jascha Heifetz sein sollte, konnte ihn nicht umstimmen: „Ich soll früh aufstehen, nur weil sie irgendeinem Fiedler zuhören will!" Nach endlosen Debatten erschien Fischer tatsächlich nicht, und Reshewsky wurde zum Sieger erklärt. Da Fischer nun zur nächsten Partie natürlich erst recht nicht antrat, wurde das Match abgebrochen. Man wollte Fischer nicht einmal den Verliereranteil des Preisgelds auszahlen, wofür er sich mit einer Klage revanchierte. Irgendwie scheint die Sache dann im Sand verlaufen zu sein.

Eine für Fischer wahrlich typische Szene. Streng formal sprach auch hier vieles für ihn, denn nach den Regeln mußte eine Verlegung für beide Spieler akzeptabel sein, und darauf beharrte er, weil er eben 11 Uhr für unzumutbar erklärte. Aber in diesem Fall hätte wohl so ziemlich jeder mit sich reden und zumindest deswegen nicht das Match platzen lassen. Fischer dagegen kämpfte bis zum bitteren Ende. Der Fall zeigt auch, daß autoritäres Verhalten nicht den geringsten Eindruck auf ihn machte – im Gegenteil. Wie schon gesagt: Wenn er später nachgab, stand immer ein höheres eigenes Interesse dahinter.

1961 spielte er noch in Bled, wurde Zweiter hinter Tal, den er aber besiegte, und erreichte 1962 mit dem triumphalen Sieg im Interzonenturnier (2,5 Punkte Vorsprung) einen Gipfel. Es heißt auch, daß sein Verhalten zu dieser Zeit keinen Anlaß zur Kritik gab. Doch als er beim Kandidatenturnier scheiterte (vgl. Kapitel Petrosjan), verkündete er aller Welt, „die Russen" – dabei faßte er die ganze UdSSR unter diesem Begriff zusammen – hätten ihn betrogen. Wie früher gesagt, war er zweifellos benachteiligt, aber es bleibt höchst unklar, ob man von Schiebung sprechen kann, und ganz sicher hat er einfach auch nicht gut genug gespielt.

Doch damit stand sein Feindbild. Wenn der Konflikt seiner Welt mit der Realität gar zu kraß und im Rahmen seines Denkens nicht mehr zu erklären war, konnten nur böse Mächte im Spiel sein. Es scheint, als habe sich diese Wahrnehmung im Lauf der Jahre bis an die Grenze dessen verdichtet, was man landläufig Verfolgungswahn nennt, wie man später noch sehen wird. Gegen „die Russen" besaß er nicht unbedingt eine ideologische Abneigung; er sah sie als persönliche Feinde, die ihn vernichten wollten, weil er ihre Vorherrschaft brach. Dabei fürchtete er alles Mögliche: Man könnte ihm etwas in den Drink tun, ein Flugzeug abstürzen lassen, und laut Fine verlangte er für eine nach der WM 1972 geplante Konfettiparade sogar ein kugelsicheres Fahrzeug – doch mit Spassky z.B. pflegt er bis zum heutigen Tag guten Kontakt, nur vor dem Reykjavik-Match tat er alles, um diesen zu verdrängen. Auch Spassky war damals als „Russe" niederzumachen, während danach der persönliche Aspekt wieder hervortrat.

Schon 1962 zeigte sich auch die wachsende innere Unsicherheit Fischers. Nach dem mißglückten Kandidatenturnier spielte er auf der Olympiade ebenfalls nicht gut; im Finale erzielte er nur 50%. Am tiefsten dürfte ihn getroffen haben, daß er ein

Endspiel mit Mehrbauer gegen Botwinnik nicht gewann. Dafür ließ er seine Wut auf „Russen" und Verbürdete aus. Gegen den DDR-Spitzenspieler Uhlmann erklärte er schon nach einmaliger (statt dreimaliger) Zugwiederholung die Partie für Remis. Uhlmann erinnerte ihn an die Regeln. Darauf Fischer: „Sie machen Remis, wenn ich es sage, sonst spiele ich weiter und schlage Sie!" Uhlmann mag gedacht haben, der Klügere gibt nach, doch hinterher griff auch ein Schiedsrichter ein. Fischer: „Diese Regeln sind für die kommunistischen Betrüger, nicht für mich!"

Nach seinen Mißerfolgen zog er sich längere Zeit von der Szene zurück, spielte nur US-Meisterschaften und ein, zwei kleinere Turniere. Erstaunlicherweise schadeten solche Pausen seiner Stärke nie ernsthaft, was dafür spricht, daß er auch in diesen Zeiten hart arbeitete. Die US-Meisterschaft 1963/64, das einzig größere Ereignis dieser ersten Abstinenzphase, gewann er mit sage und schreibe 11:0 Punkten! Folgende Kombination gegen den zweiten Byrne-Bruder ging um die Welt.

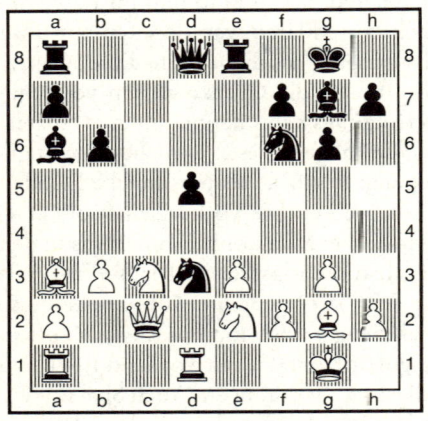

R. Byrne – Fischer, New York 1963/64

(Nach dem 15. Zug von Weiß)

15. ... Sxf2!! 16. Kxf2 Sg4+ 17. Kg1 Sxe3 18. Dd2 Sxg2!

Byrne hatte nur mit Sxd1 gerechnet, was für Weiß günstig gewesen wäre. Wie er erzählt, begriffen die beiden Großmeister, die für die Zuschauer kommentierten, Fischers Kombination noch weniger: Sie glaubten, als Byrne aufgab, anfangs immer noch, er hätte die Partie gewonnen.

19. Kxg2 d4! 20. Sxd4 Lb7+ 21. Kf1

21. Kg1 Lxd4+ 22. Dxd4 Te1+! war noch schlimmer, und auf 21. Kf2 folgt auch Dd7 nebst Dh3.

21. . . Dd7! Weiß gab auf.

Nicht zu früh, wie z.B. folgende hübsche Variante Fischers zeigt: 22. Df2 Dh3+ 23. Kg1 Te1+!! 24. Txe1 Lxd4 mit Damengewinn oder Matt; auch sonst gibt es gegen Dh3+ nebst Lxd4+ keine befriedigende Parade.

Am nächsten WM-Zyklus nahm Fischer nicht teil, obwohl die FIDE auf seinen Protest hin das K.o.-System im Kandidatenturnier eingeführt hatte. Mehrfach heißt es, daß er unter Umgehung der FIDE nach Curacao 1962 einen direkten Titelkampf durchsetzen wollte (wobei er Botwinnik sogar zwei Punkte Vorgabe anbot, weil er den „alten Mann" leicht zu schlagen gedachte). Vermutlich rechnete er dabei mit der Unterstützung der US-Regierung; doch die blieb aus, statt dessen wollte man ihn, als er 1965 wieder aktiver wurde, nicht zum Capablanca-Gedenkturnier nach Havanna reisen lassen. Fischer war schon immer der Ansicht, auch die Weltpolitik habe sich nach ihm zu richten, und aus dieser Zeit dürfte sein Ärger über die Behörden und Politiker seines Landes stammen. Ob es 1972 wirklich zu einem Telefonat Kissingers mit Fischer in Reykjavik kam, bleibt unklar; wenn aber, dann ist höchst fraglich, ob Fischer das als Ehre empfunden hat. Jedenfalls, daß er 1992 den UNO-Boykott ignorierte und in Rest-Jugoslawien spielte, dann gar auf einen warnenden Brief der US-Behörden spuckte, läßt ahnen, daß er noch eine gehörige Wut konserviert haben muß, ganz abgesehen einmal von der Ungeheuerlichkeit, in einem Bürgerkriegsland ein solches (Trauer-) Spiel auszutragen.

Die verweigerte Havanna-Reise brachte ihn 1965 auf die Palme. Er erklärte, dann werde er eben von New York aus per Telefon oder Fernschreiber spielen, was tatsächlich arrangiert wurde. Aber nach dieser schweren Ohrfeige für die eigene Regierung kam auch die andere Seite dran. Als die New York Times eine angebliche Erklärung Castros brachte, Fischers Teilnahme sei ein politischer Sieg – da schickte Bobby ein Telegramm, in dem er den kubanischen Diktator wie einen unbotmäßigen Untertanen zusammenstauchte. Er werde nur spielen, wenn Castro persönlich in aller Form versichere, nie mehr in Verbindung mit ihm, Fischer, eine politische Erklärung abzugeben. Castro antwortete tatsächlich, indem er darauf verwies, von ihm stamme keine solche Erklärung. Als auch die Zeitung schließlich eine kubanische Falschmeldung als Quelle angab, war Fischer zufrieden, und das Turnier ging mit ihm über die Bühne. Nur als er eine Partie verlor, verdrückte er sich einfach, so daß der Schiedsrichter in New York das Ende der Partie mit den Worten nach Havanna meldete: „Man hat mir gesagt, daß Fischer aufgab." Er erreichte in dem Turnier einen geteilten zweiten Platz.

1966 spielte dann das US-Team ganz offiziell bei der Olympiade in Havanna – mit Fischer, der an Brett 1 gigantische 15 von 17 Punkten erzielte. In diesem Jahr wurde er noch in Santa Monica Zweiter hinter Spassky, und 1967 gewann er in Monaco und Skopje. Zu ersterem Turnier hatten die Organisatoren zwei US-Großmeister eingeladen; einer davon sollte Fischer sein. Nachdem die Monegassen seine Launen kennengelernt hatten, hieß die Einladung beim nächsten Mal anders: Bitte wieder zwei Großmeister, aber keiner davon darf Fischer sein.

Er entschied sich nun doch, wieder am WM-Zyklus teilzunehmen, und spielte beim Interzonenturnier 1967 in Sousse (Tunesien) das Feld in Grund und Boden. Als er schon mit großem Vorsprung führte, kam es zu einem Streit über den Spielplan, durch den sich Fischer benachteiligt fühlte. Er trat aus Protest zu einer Partie nicht an und erhielt eine kampflose Null. So etwas ließ er sich gewöhnlich nicht bieten. Aber diesmal kämpfte noch ein anderer, immer stärkerer Trieb in ihm: Er wollte endlich zeigen, daß er der Größte war, und dazu mußte er Weltmeister werden. Das Aussteigen fiel ihm hier nicht so leicht wie anderswo. Er schwankte innerlich hin und her, kam nach dem kampflosen Verlust zurück und mit gut 50 Minuten Verspätung zur nächsten Partie – und zerlegte trotzdem den Gegner (Reshewsky). Dann spielte er weiter, doch ein paar

Tage später fing er plötzlich wieder an, er wolle die kampflose Verlustpartie nachholen. Das wurde abgelehnt; er reiste zum zweiten Mal ab, und wieder erschien eine Null in der Tabelle. Aber nochmals ließ er sich umstimmen! Doch die Debatten zogen sich so lang hin, daß er von seinem Refugium in Tunis aus den Spielort zur nächsten Runde nicht mehr rechtzeitig erreichen konnte. Man hätte diese Partie zumindest ein, zwei Stunden verlegen müssen. Nach einigen Quellen war das Turnierkomitee dazu bereit, aber der Gegner (Larsen) nicht. Fischer erhielt automatisch den dritten Strafpunkt, und das bedeutete nach den Regeln Disqualifikation.

Es war im Prinzip nichts anderes als dieses Hin und Her, das man auch 1972 erleben sollte. Zwei Grundzüge von Fischers Wesen ließen sich nicht mehr vereinbaren. Daß es wirklich nur die lockende WM war, die ihn zum Nachgeben bereit machte, zeigte er 1968 bei der Olympiade Lugano. Er erschien im Turniersaal, inspizierte alles, legte seine Forderungen vor – und fuhr wieder ab, als sie nicht vollständig erfüllt wurden. So kannte man ihn...

In diesem Jahr siegte er noch in Natanya und Vinkovci, aber dann folgte wieder eine Pause bis 1970. Er sagte, er habe eigentlich nicht so lang aussetzen wollen, doch es habe kein für ihn interessantes Turnier gegeben. Erst das Match UdSSR – Rest der Welt reizte ihn, vielleicht weil es so schön seinem Feindbild „alle gegen die Russen" entsprach. Wieder geschah fast Unglaubliches: Fischer erklärte sich bereit, an Brett 2 hinter Larsen zu spielen. Er meinte, er sei zwar immer noch der Bessere, doch Larsen habe aufgrund seiner Erfolge der letzten Jahre das Spitzenbrett verdient – eine seltsam zwiespältige Äußerung. Gerade sein Verhältnis zu Larsen war belastet, nicht erst seit Sousse. Laut Pasternaks Fischer-Buch soll Larsen beim Kandidatenturnier 1959 als Fischers Sekundant eine vorteilhafte Abbruchstellung gegen Petrosjan durch schlechte Analyse verdorben haben. Im ersten Zorn beschimpfte ihn Fischer nach dieser Darstellung seinerzeit als „russischen Spion".

Aber wieder war Fischers Hunger auf neue Erfolge 1970 stärker. Er soll selbst gesagt haben, er rechne sich an Brett 2 gegen

Petrosjan mehr aus als gegen Spassky. Tatsächlich gewann er, als habe es keine Pause gegeben, mit 3:1. Danach wurde er Erster bei Turnieren in Rovinj/Zagreb und Buenos Aires, haushoch mit 2 bzw. 3,5 Punkten Vorsprung. Die Olympiade in Siegen spielte er mit 10 aus 13 auch sehr stark, doch der Verlust gegen Spassky tat weh.

Nun stand der neue WM-Zyklus an. Fischer war formal nicht qualifiziert, er hatte wieder einmal wegen unerfüllter Forderungen nicht an der vorigen US-Meisterschaft teilgenommen, doch ein anderer Amerikaner (Benkö) trat ihm seinen Platz ab. Es war der Beginn eines einmaligen Triumphzugs. Fischer gewann zunächst das Interzonenturnier in Palma de Mallorca mit 3,5 Punkten Vorsprung. Bis zur Mitte des Turniers freilich schien dies nicht so klar. Nach 11 Runden führte sogar Geller einen halben Punkt vor Fischer. In der 12. Runde trafen sie zusammen, und Geller, mit Weiß, bot schnell Remis an. Fischer hatte dafür nur Verachtung übrig, nach manchen Berichten lachte er Geller einfach aus. Keine Großmeisterremisen zu machen, ist eins seiner Prinzipien. Geller ließ sich durch Fischers Selbstbewußtsein einschüchtern, war vielleicht auch gar nicht auf Kampf eingestellt und verlor, obwohl er noch im Endspiel ein Remis erreichen konnte. Danach stürmte Fischer unaufhaltsam vorwärts.

Dieses psychologische „Weichkneten" von Gegnern haben viele Opfer Fischers beklagt. Ob es einfach Fischers Schachbesessenheit war, die ihn auch nach vielen Stunden und in langweiligen Stellungen noch konzentriert und ehrgeizig spielen ließ? Oder hat sich Fischers Machtanspruch dafür empfänglichen Gemütern irgendwie mitgeteilt, so daß sie sich psychisch „unterwarfen"? Genau weiß man es nicht, aber sehr oft war von einem regelrechten Fischer-Komplex die Rede.

Es folgten Fischers berühmte 6:0-Siege über Taimanow und Larsen. Objektiv muß man sagen: Fischer war stärker als seine Gegner, doch so überlegen weiß Gott nicht. Taimanow hätte mindestens zwei Punkte machen müssen. Das Match gegen Larsen wurde zu einer Entscheidungsschlacht – kein Wunder, wenn man die offene Rechnung zwischen den beiden bedenkt. In der ersten Partie spielten sie mit vollem Risiko und Ideenreichtum; es war ein Duell auf hohem Niveau. Danach im Rückstand, versuchte es Larsen zuweilen überscharf, verschmähte Remismöglichkeiten und lief Fischer damit natürlich ins Messer.

Nicht so einfach ging es im Finale gegen Petrosjan. Dessen Team hatte für die erste Partie einen Überfall vorbereitet – ganz gegen Petrosjans Stil, dazu noch mit Schwarz. Fischer schien verblüfft, kam in Nöte, doch kaum war die Vorbereitung zu Ende, da spielte Petrosjan wieder... wie Petrosjan. Er wich günstigen Komplikationen aus und suchte offenbar ein Remis, doch Fischer witterte nun seine Chance und kämpfte den Gegner, dessen Zeitnot nutzend, im Endspiel nieder. Aber die zweite Partie verlor er dann doch. Auch die drei folgenden Remisen zeigten eher Vorteile Petrosjans. Es heißt, daß Fischer an einer Erkältung oder Grippe litt. Jedenfalls hätte Petrosjan hier wohl nachsetzen müssen, aber auch die 6. Partie mit Weiß eröffnete er bescheiden. Es gab ein ewig langes Endspiel, das auf der Kippe zwischen Remis und Gewinn für Fischer stand. Trotz nächtlicher Analyse konnte Petrosjan die Partie nicht halten, und diese Strapaze hielt er weder physisch noch psychisch durch. Drei weitere Verluste in Folge brachten den K. o.

Dann war es so weit – Reykjavik! Schon das Tauziehen vor dem Match wäre ein Kapitel für sich. Fischer maß diesem Duell überragende Bedeutung bei: „Es ist der Höhepunkt meines ganzen Lebens... Das ist wirklich der Entscheidungskampf. Wenn ich nicht gewinne, ist es nicht einfach, wieder an diese Stelle zu gelangen..." Dann aber führte er sich auf, als wolle er dieses hochwichtige Ereignis platzen lassen. Er erschien weder zur Eröffnung noch zum offiziellen Termin der ersten Partie. Ein Ultimatum der FIDE gab ihm zwei weitere Tage; aber wenn er dann nicht wenigstens in Island ankomme, werde er disqualifiziert. Zudem sprang der britische Bankier Slater ein und verdoppelte den Preisfond, um Fischers finanziellen Ansprüchen entgegenzukommen. Erst danach erschien Fischer in Reykjavik, fehlte aber wieder bei der Losziehung. Nun gab sich Spassky beleidigt und verlangte eine Bestrafung Fischers, ließ es später aber bei einer Entschuldigung bewenden, die Fischer wirklich abgab.

Wollte Fischer spielen oder nicht? Fine meint, daß er innerlich vor dem Kampf zurückschreckte, gerade weil er so viel bedeutete. Das ist aber wohl nur ein Teil der Wahrheit. Der Hauptkonflikt dürfte wie 1967 zwischen Fischers Ehrgeiz, Weltmeister zu werden, und dem Drang, seine Forderungen durchzusetzen, abgelaufen sein. Was letzteren anging, hatte es Fischer schon weit gebracht. Je mehr Triumphe er feierte, um so mehr gab man ihm meist nun auch bei sinnlos scheinenden Dingen nach. Hier paßte sich die Realität Fischers Traumwelt an: Er war wirklich auf dem Weg zum absoluten Herrscher. Vermutlich ging er auch davon aus, nur von ihm hänge es ab, ob die WM stattfinden werde. Rechnete er überhaupt damit, daß man seine Forderungen schlicht ignorieren könnte? Jedenfalls empfand er wohl nach Slaters Zuschuß, daß ihm der schuldige Tribut gebracht war. Was geschehen wäre, wenn nicht – man kann es nicht wissen. Vielleicht wußte es Fischer selbst nicht. Viele seiner Entscheidungen, besonders wenn er mit sich selbst uneins war, dürften sich allenfalls in einem vorbewußten Bereich abgespielt haben und höchst spontan gewesen sein. Oft schlug er überraschende Haken, je nach dem was gerade in ihm die Oberhand gewann, wie 1967.

Nachdem das Match einmal begonnen hatte, stand sicher der Drang nach dem Titel obenan. Deswegen entschuldigte er sich wohl öffentlich bei Spassky, was er sonst kaum getan hätte, und deswegen hielt er auch die schlimmste Krise aus, als er die 1. Partie verlor. Danach muß eine massive Unsicherheit durchgebrochen sein, vor allem wegen der Art, wie er verlor – durch ein anfängerhaftes Sich-Verrechnen. Als Reaktion folgte ein Schub neuer Forderungen und die Suche nach einem Sündenbock, um sein Selbstbewußtsein zu retten, das schmähliche Versagen vor sich selbst zu erklären und dann zu kompensieren. Fischer schoß sich jetzt auf etwas Neues ein – die Fernsehkameras. Welche Folgen es hatte, wenn nicht gefilmt wurde, war ihm wie üblich egal. Den Organisatoren sowie dem Filmunternehmer Chester Fox, dem sie die Rechte verkauft hatten, drohten schwere Verluste; den Spielern eine Reduzierung ihrer Bezüge und Fischer selbst im weiteren Verlauf eine Schadenersatzforderung über 1,75 Millionen Dollar. Nichts beeindruckte ihn. Gligoric bestätigt hier nochmals Fischers Einstellung zum Geld: „Man hatte sogar den Eindruck, er hätte keine wirkliche Vorstellung von 10.000 oder 100.000 Dollar. Er ging mit Summen wie mit Spielzeug um, und was ihm wirklich am Herzen lag, war sein Prestige in der Schachwelt und in der Gesellschaft."

Nachdem auf Fischers Uhr für die 2. Partie schon über eine halbe Stunde abgelaufen war, zeigte man sich bereit, die Kameras zu entfernen. Aber nun verlangte Fischer auch seine verlorene Zeit zurück, und das war zu viel. Die Forderung wurde abgelehnt; Fischer blieb in seinem Zimmer, und Spassky erhielt kampflos den Punkt.

Mag sein, daß es Fischers Monarchen-Attitüde in solchen Fällen befriedigte, gezeigt zu haben, wie unbeugsam er war; nach dem Motto: Ein großer König mag heldenhaft sterben, aber er ergibt sich nicht. Jedenfalls, nachdem er am Abend der 2. Partie noch den Telefonstecker herausgerissen hatte, erschien schon am nächsten Morgen ein äußerst höflicher Fischer bei Oberschiedsrichter Lothar Schmid, um seinen Protest abzugeben. Der wurde natürlich abgelehnt, doch Fischers inneres Pendel schwang nach dem freiwilligen Verlustpunkt wieder zurück. Ein kleiner Kompromiß, die Kameras blieben auf der Bühne, doch gespielt wurde in einem separaten Raum ohne Zuschauer, genügte, daß Fischer zur 3. Partie antrat. Doch im letzten Moment fing er nochmals mit den Kameras an. Es heißt, daß nun auch Spassky der Kragen zu platzen drohte. Doch Lothar Schmid vollbrachte seine wohl größte Leistung, indem er den Eklat verhinderte und es schaffte, die Partie in Gang zu setzen. Fischer gewann, und von da an dominierte sein WM-Trieb endgültig; das Schlimmste war überstanden.

Fischers Abneigung, fotografiert zu werden, ist bekannt, und insoweit war sein Protest gegen die Kameras echt; aber dessen zentrale Bedeutung ist nur aus der Gesamtlage zu verstehen. Die folgenden Partien fanden wieder auf der Bühne statt; die Kameras blieben aus. Später soll versucht worden sein, als das Match immer besser für Fischer verlief, eine Partie ohne sein

Wissen zu filmen; nach neuem heftigem Protest verschwanden dann die Geräte aber endgültig.

Trotz weiterer fast täglicher Spektakel wurde nun Schach gespielt. In der 4. Partie fiel Fischer fast einer Hausanalyse des Spassky-Teams zum Opfer (siehe voriges Kapitel), gewann aber die fünfte wieder. In der sechsten packte er seine Geheimwaffe aus. Er zog nicht seinen geliebten e-Bauern, sondern ging auf eine von Spasskys Stammvarianten im Damengambit ein. Es wurde Fischers wohl beste Partie.

Fischer – Spassky

1. c4 e6 2. Sf3 d5 3. d4 Sf6 4. Sc3 Le7 5. Lg5 0–0 6. e3 h6 7. Lh4 b6 8. cxd5 Sxd5 9. Lxe7 Dxe7 10. Sxd5 exd5 11. Tc1 Le6 12. Da4 c5 13. Da3 Tc8 14. Lb5 a6 15. dxc5 bxc5 16. 0–0 Ta7 17. Le2

Alles nach einer Partie, die Spasskys Sekundant Geller mit Schwarz verlor. Daß Fischer trotzdem so spielte, läßt ahnen, daß er sicher war, Spassky würde damit nicht rechnen. In der Tat steht Weiß hier, wo Schwarz von der Geller-Partie abweicht, schon besser.

17. . . Sd7 18. Sd4 Df8?!

Ein seltsamer Zug, der die Probleme vergrößert. 18. . . Sf6 sieht logisch aus.

19. Sxe6 fxe6 20. e4!

Stellt den weißen Vorteil klar. Nach 20. . . dxe4 21. Tc4 würde Schwarz bei seinen vielen Schwächen wohl mehr als den Bauern zurück verlieren, und 20. . . Sf6 21. e5 nebst f4 gibt Weiß eine Menge Tempi für eine Druckstellung. Der Textzug hilft genausowenig.

20. . . d4 21. f4 De7 22. e5 Tb8 23. Lc4

Nun ist Schwarz völlig lahmgelegt, e6 schwach, der Springer hat kaum gute Felder (Sb6 24. Db3!), dagegen beherrscht der weiße Läufer das Brett.

23. . . Kh8 24. Dh3 Sf8 25. b3 a5 26. f5 exf5 27. Txf5 Sh7 28. Tcf1

Auf Tricks wie 28. Tf7? Sg5 fällt Fischer nicht herein.

28. . . Dd8 29. Dg3 Te7 30. h4 Tbb7 31. e6 Tbc7 32. De5 De8 33. a4 Dd8 34. T1f2 De8 35. T2f3 Dd8 36. Ld3 De8 37. De4 Sf6

Es drohte 38. Tf8+Sxf8 39. Txf8+Dxf8 40. Dh7 matt.

38. Txf6! gxf6 39. Txf6 Kg8 40. Lc4 Kh8 41. Df4 Schwarz gab auf.

Seine Lage ist trotz der Qualität mehr völlig hilflos.

Die 7. Partie endete Remis (glücklich für Spassky), in der achten wirkte der Weltmeister wie hypnotisiert, als Fischer wieder 1. c4 zog und auch in einer ganz anderen Variante nach 1... c5 etwas Neues parat hatte. Spassky spielte unter aller Kritik, verlor bald die Qualität für einen Bauern und stellte diesen dann auch noch durch einen simplen Trick ein. Nach 20 Zügen hätte er getrost aufgeben können.

In der 10. Partie baute Fischer (diesmal wieder mit 1. e4) seinen Vorsprung aus, verlor aber die elfte vernichtend. Mit nur noch zwei Punkten Minus und dem Erfolgserlebnis im Rücken besaß Spassky nun wieder eine kleine Chance. Das Schicksal des Matchs entschied sich, ausgerechnet, in der 13. Partie. Spassky kam schnell in Nachteil, kämpfte aber ideenreich, während Fischer etwas leichtsinnig wurde. Bei Abbruch entstand eine „verrückte" Stellung, in der Spassky schon gute Rettungschancen hatte. Das folgende Endspiel war ein Höhepunkt des Matchs.

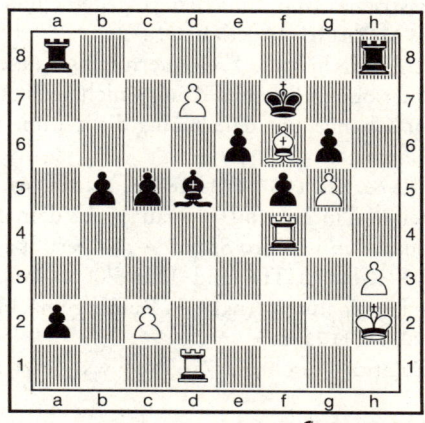

Spassky – Fischer, Reykjavik 1972, 13. Partie

42. Kg3!

Der Abgabezug. Nach 42. Lxh8? Txh8 würde Weiß bald den Bd7 und damit den letzten Trumpf gegen die schwarze Bauernarmada verlieren. Jetzt droht er nach 43. Th4 Txh4 (zieht der Th8, folgt Th7+) 44. Kxh4 mit d8D einen ganzen Turm zu gewinnen.

42... Ta3+ 43. c3 Tha8! 44. Th4! e5!

Ein sicher beidseits genau analysierter Tanz auf Messers Schneide! Der König braucht einen Ausweg gegen Th7+ nebst Th8+ usw.

45. Th7+Ke6 46. Te7+Kd6 47. Txe5 Txc3+48. Kf2 Tc2+49. Ke1 Kxd7 50. Texd5+Kc6 51. Td6+Kb7 52. Td7+Ka6

Schwarz spielt weiter kompromißlos auf Gewinn; der König will auf weitere Schachs über a5 entkommen.

53. T7d2 Txd2 54. Kxd2 b4 55. h4 Kb5 56. h5 c4 57. Ta1

Um c3+ nebst a1D zu verhindern.

57... gxh5 58. g6 h4 59. g7

Weiß will den schwarzen Turm auf g8 einsperren. Nach 59. Lxh4 Tg8 60. Txa2 Txg6 dürften die Bauern stark genug zum Gewinn sein.

59... h3 60. Le7 Tg8 61. Lf8 h2

Ein phantastisches Bild: fünf Bauern gegen einen Turm!

62. Kc2 Kc6 63. Td1 b3+64. Kc3 h1D!

Der weiße König hält die Freibauern a bis c, und die vereinzelten kommen ohne Hilfe des Königs nicht weiter. Das Opfer ist die einzige Chance, mit dem König die d-Linie zu überqueren.

65. Txh1 Kd5 66. Kb2 f4 67. Td1+Ke4 68. Tc1 Kd3 69. Td1+?

Zum dritten Mal in Zeitnot(!) – man spielte damals 40 Züge in 2,5 Stunden und dann 16 pro Stunde – stolpert Spassky endlich doch. 69. Tc3+Kd4 70. Tf3 und falls 70... Ke4, so wieder 71. Tc3 hätte laut späteren Analysen Remis gemacht.

69... Ke2 70. Tc1 f3 71. Lc5

Die Kapitulation, doch für 71. Txc4 war jetzt schon keine Zeit mehr.

71... Txg7 72. Txc4 Td7!

Nach 72... f2 73. Lxf2 Kxf2 wäre es noch nicht so einfach. Jetzt droht Td2+ bzw. Td1.

73. Te4+Kf1 74. Ld4 f2 Weiß gab auf.

75. Lxf2 hilft jetzt nicht mehr wegen Td2+, und auf 75. Tf4

könnte Txd4 76. Txd4 Ke2 77. Te4+ Kf3 78. Te8 a1D+ 79. Kxa1 f1D mit Schach folgen.

Das war praktisch die Entscheidung. Nach einer Remisserie, in der beide abwechselnd Chancen verpaßten, beendete ein Sieg Fischers in der 21. Partie das Match mit 12,5 : 8,5.

Aber diese Partie war für 20 Jahre Fischers letzte in einem Turnier. Wie paßt dieser Rückzug in das bisher gezeichnete Bild?

Fischer hatte das Ziel seines Lebens erreicht – dank einer rein aktiven, ja aggressiven Grundeinstellung. Auch im Schach kannte er keine Verteidigung, nur Spiel nach vorn. Aber jetzt konnte er nichts mehr gewinnen, nur noch den Titel verteidigen. Mit diesem psychologisch radikalen Umschwung haben selbst seelisch gesunde, stabil strukturierte Menschen oft ihre Probleme. Doch bei Fischer kamen noch besonders schwerwiegende Aspekte dazu. Im Moment war er zwar der absolute Herrscher im Leben wie in seiner eigenen Welt. Aber das reale Leben ging weiter; in seinem Denken dagegen hieß Weltmeister zu sein, darauf deuten seine frühen Phantasien hin, einen paradiesischen Endzustand ewiger göttlicher Allmacht erreicht zu haben, in dem er tun und lassen konnte, was er wollte, ohne je wieder herausgerissen zu werden oder Sorgen zu haben. An diesem Punkt konnte er nun der Konfrontation mit der Realität nicht mehr ausweichen, denn hier war er eben nicht allmächtig, hatte neue Probleme und neue Gegner. Er konnte nur noch verlieren und so seine Gottähnlichkeit (in seiner innerpsychischen Gleichung Schach = Welt) einbüßen.

Aber um sich der Realität zu stellen, braucht man ein starkes Ich. Hätte eine Niederlage eine Fragmentierung seines Ichs bedeutet? Stand es noch auf der Stufe, wo er sich in seine Scheinwelt zurückgezogen hatte – auf der eines Kindes? Offenbar hat er versucht, seine Scheinwelt zu retten; sein Verhalten vor dem nächsten anstehenden WM-Match war unter diesen Aspekten nicht untypisch. Als absoluter Herrscher verhandelte er höchstens noch über die Ausführung seiner Forderungen, aber nicht mehr über diese an sich; er diktierte sie. Tatsächlich wurden sie im Verlauf der Ereignisse alle angenommen, bis auf eine – und Fischer trat nicht an. Auch spätere Verhandlungen mit ihm, die es durchaus gab, endeten stets mit dem gleichen Resultat. Irgendwann wollten die anderen sich nicht mehr alles bieten lassen, oder irgend etwas zu erfüllen ging beim besten Willen nicht mehr – und die Kontakte platzten. Fischer dementierte 1992 entschieden, daß er sich zurückgezogen habe; die anderen, sagte er, hätten nicht mehr mit ihm gespielt – will heißen, zu seinen Bedingungen.

Seine Verfolgungsängste müssen stark gewachsen sein. Es scheint, als ob er, je krasser der Bruch zwischen Scheinwelt und Realität wurde, er ihn auf schon erwähnte Art um so massiver überbrücken mußte: böse Mächte als Feindbilder und Sündenböcke. Wenn man aufzählt, wer inzwischen angeblich alles gegen ihn arbeitet, kommt ein Großteil Teil der Welt zusammen.

Aber einen ganz entscheidenden Unterschied gibt es doch. Früher hatte Fischer nur im Sinn, seine Feinde niederzumachen; seit 1972 flieht er vor ihnen. Alle Geschichten und Gerüchte, was er in diesen 20 Jahren trieb, laufen auf eines hinaus: Er ist immer auf der Flucht. So benahm er sich auch noch, als er wieder konkret faßbar wurde und sich längere Zeit in Deutschland, vor allem in der Pulvermühle in der Fränkischen Schweiz, aufhielt.

Das ist wohl die grundlegende Wende, die nach 1972 in seinem Wesen vor sich ging. Dynamik und Aggression haben sich totgelaufen, weil sie kein Ziel mehr finden; Schach ist für ihn ja alles, und auf diesem Gebiet kann er nichts mehr erreichen. Dafür ist die latent vorhandene Unsicherheit durchgebrochen und hat ihn geradezu mit Angst überschwemmt. Es ist leicht vorstellbar, daß ein Charakter wie Fischer, für den Schach immer mit Aggression verknüpft war, in diesem neuen Angstzustand nicht mehr spielen konnte. Vielleicht war sein Leben sogar der einzig mögliche Zustand, in dem er zwischen realer und Scheinwelt weiter existieren konnte, ohne daß es zu einer psychischen Katastrophe kam: Einerseits brauchte er nicht mehr zu spielen, andererseits erhielt er sich seine Illusion göttlicher Allmacht, weil er nicht besiegt wurde.

Bleibt nur die Frage nach dem verblüffenden Revanchematch 1992. Aber sie scheint nun auch nicht mehr so schwer. Es war nichts weiter als eine Inszenierung der Vergangenheit, bzw. seiner Scheinwelt in der Realität. Dank der Hilfe eines allmächtigen Sponsors regierte Fischer im Umkreis dieses Matchs wirklich wie ein König; offenbar hat man ihm wortwörtlich jeden Wunsch erfüllt. Nicht nur daß er als Weltmeister und der Kampf als Revanche-Match des Jahrhunderts tituliert wurde; man drohte allen Journalisten mit Entzug der Zulassung, die in ihren Berichten etwas anderes schrieben. Fragen, die ihm nicht paßten, und das waren viele, sortierte Fischer einfach aus; sie mußten schriftlich eingereicht werden. Natürlich wurde beim Spiel die von Fischer ausgedachte neue Uhr verwendet. Mal ließ er Sitzreihen abbauen, den Fotografen den Eintritt verbieten oder eine Glaswand zwischen Spieltisch und Zuschauern bauen, mal den Saal verdunkeln – alles geschah auf sein Wort, teilweise rabiate Bodyguards sorgten notfalls für Nachdruck. Viele von Fischers Motiven (Empfindlichkeit gegen Fotografieren und Lärm z. B.) sind noch dieselben wie früher; damals wurde ewig diskutiert und verhandelt, in der gespenstischen Inszenierung von 1992 gab es das nicht mehr. Offenbar haben der vertraute Gegner und die Erfüllung all seiner Wünsche Fischer in einen Zustand versetzt, in dem er die Angst überwinden konnte. Nach allen Berichten scheint er sich denn auch wohl gefühlt zu haben; auf einer Feier sah man ihn sogar tanzen. Vielleicht spielt auch der Gegner für ihn nun eine andere Rolle. Als Fischer aggressiv war, brauchte er ein Feindbild – nun, unter dem Einfluß der Angst, jemand, der ihm freundlich gesonnen ist.

Warum auch immer Spassky mitmachte, ob es das Geld war oder die Hoffnung, zu Fischers Comeback beizutragen oder einfach ein nostalgisches Erlebnis – er hatte keinen Ehrgeiz mehr, stellte daher selbst keine Forderungen und machte keine Probleme. Es gelang ihm, sich mit Anstand aus der Affäre zu ziehen.

Schachlich hat Fischer natürlich nicht so überragend wie früher gespielt, doch erstaunlich gut für jemand, der 20 Jahre pausiert hat. In manchen Partien blitzte das alte Genie auf. Würde er wieder regelmäßig am Schachleben teilnehmen – ein sehr theoretischer Gedanke –, wäre er wohl auch mit inzwischen über 50 Jahren noch einer der Allerbesten. Aber das werden wir kaum erleben; sonst wäre Fischer nicht Fischer.

Ein Wort zum Schluß: Mögen seine Allüren auch äußerst bizarr erscheinen, so steht außer Zweifel, daß viele seiner Forderungen sinnvoll waren und daß ohne ihn die Bedingungen im Spitzenschach in jeder Hinsicht weit schlechter wären. Auch seine neue Schachuhr ist zumindest eine Erprobung wert. „Verrückt" ist Fischer sicher nicht; er war schon immer ein spezialisiert-intelligenter Mensch, der aber unter seelischen Problemen litt und leidet. Aber es hilft nichts – man kann auf Dauer nicht mit jemand auskommen, der so ziemlich alles durchsetzen will, egal ob sinnvoll oder nicht. Auch Dr.Euwe, der als FIDE-Präsident im Drama von Reykjavik wohl allzu lange auf Fischers „Vernunft" hoffte, mußte erkennen: „Er lebt in einer anderen Welt, aber deswegen kann er doch nicht einfach tun, was ihm paßt!"

XV. Karpow (1975–1985)

Anatoli Karpow (* 1951)

Nach Meinung eines Reporters sah er aus wie ein Briefträger, der Angst hat, vom Hund gebissen zu werden. Sein erster Erzrivale Kortschnoi hörte die Ketten des Sowjetsystems in seinen Taschen klirren. In Kasparows Augen erscheint er gar als beides zugleich: mal personifizierte Anpassung, mal Haupt einer Schachmafia, je nach Bedarf.

Beides zugleich geht schlecht. Aber auf solches wurde jahrelang wenig Rücksicht genommen. Anatoli Jewgenjewitsch Karpow, geb. 1951, erschien während seiner ganzen Weltmeisterzeit in der Öffentlichkeit als Symbol, als Schablone, „von der Parteien Haß und Gunst verzerrt". In der UdSSR Aushängeschild des Systems, im Westen der Buhmann. Was er tat, auch wie er spielte, legten die einen für, die anderen gegen ihn aus, je nach Standpunkt. Als menschliches Individuum ließ man ihn kaum gelten.

Kein Wunder, daß es wohl sehr schwer sein wird, jemals „die" Wahrheit herauszufinden. Karpow gegen Kortschnoi wie auch gegen Kasparow – das waren Titanenkämpfe, die mit allen Mitteln ausgetragen wurden, sowohl am Brett wie auch jenseits des Brettes. Gewöhnlich liegt die Wahrheit in der Mitte, bzw. die Schuld verteilt sich auf beide Seiten – mehr oder weniger.

Karpow war kein Wunderkind im eigentlichen Sinn, machte aber trotzdem rasant Karriere. Er lernte Schach nach eigenen Angaben mit 4 1/2 Jahren und durchlief von der Schule an die in der UdSSR üblichen Kategorien. Mit 11 Jahren war er schon Meisterkandidat, obwohl noch ein kleines, schmächtiges Kind. Eine Lokalzeitung schrieb über ein Jugendturnier 1961: „Der jüngste Teilnehmer, Tolja Karpow, kann, wenn er auf einem gewöhnlichen Stuhl sitzt, von seinem Platz aus nicht einmal das ganze Brett übersehen. Die Schiedsrichter mußten einen speziellen Untersatz für ihn anfertigen lassen." Von 1963 an wurde Karpow in Botwinniks berühmte Schachschule aufgenommen; 1966 erhielt er den Meistertitel. Bereits 1966/67 gewann er sein erstes internationales Turnier – „aus Versehen": Der UdSSR-Verband hatte es offenbar für ein Jugendturnier gehalten. Aber Karpow (damals 15) wurde mit 1,5 Punkten Vorsprung Erster. Ein Jahr später, 1967/68, gewann er die Junioren-Europameisterschaft; 1969 die Junioren-WM und damit den Titel des Internationalen Meisters; 1970 war er schon Großmeister.

Ein eindrucksvoller Sturmlauf, zumal Karpow angibt, daß er sich erst ab dem Meistertitel intensiv mit Schach befaßt habe. Zuvor kannte er nur ein Schachbuch: eine Partiensammlung von Capablanca, die (was er auch selbst betonte) seinen späteren Stil geprägt hat. Hinzu kam der Einfluß Botwinniks. Aber obwohl dieser dem jungen Tolja erklärte, von Eröffnungen habe er keine Ahnung, wirkte selbst das nicht sogleich. Karpow: „Auch ohne theoretische Kenntnisse konnte ich nur mit Intuition und Begabung mit meinen damaligen Gegnern konkurrieren. Und das genügte mir..." Die Wende kam, als er nach Erreichen des Meistertitels beschloß, sich ganz aufs Schach zu verlegen, obwohl er auch sonst ein guter, wenn nicht sogar Musterschüler war. Nach diesem Entschluß fing er im Schach richtig zu „arbeiten" an.

Betrachtet man diese „Faulheit" und seinen – gleichwohl – so schnellen Aufstieg, wird klar, daß man ihm ungewöhnliche Begabung nicht absprechen kann. Sein Mentor Botwinnik sagte einmal: „Karpow wurde ein Talent ohnegleichen in die Wiege gelegt." Dazu kam ein immenser Ehrgeiz, der wohl aus einer Hauptquelle stammt: Karpow wurde zeitlebens wegen seines unscheinbaren Äußeren bespöttelt, ja verächtlich gemacht. Wenn Großmeister Gufeld (fast so breit und rund wie hoch) Karpows Aussichten in die Worte faßte: „Der wird nie Großmeister – er ist zu dünn!", dann war das noch eine von den harmlos-witzigen Äußerungen. Als Kind, so heißt es, kränkelte Karpow oft und fand deswegen wohl schwer Kontakt. Intelligente Menschen, die sich abgelehnt und ausgeschlossen fühlen, obwohl sie glauben, Besseres verdient zu haben, entwickeln daraus oft einen massiven Drang, es allen zeigen zu wollen. Der war bei Karpow vorhanden: „Ich will immer Erster sein. Wenn ich kein Schachspieler wäre, hätte ich in irgendeinem anderen Gebiet danach gestrebt, Erster zu werden." Aber Schach brachte ihm seine ersten Erfolgserlebnisse. Wie er sagt, herrschte damals in seiner Geburtsstadt Zlatoust das Schachfieber – es war die Zeit von Tals spektakulären Erfolgen –, und er war auch zumindest so gut wie die meisten anderen Kinder. Spätestens als Meisterkandidat mit 11 Jahren wurde er sogar zur lokalen Berühmtheit. Es waren wohl diese Eindrücke, warum er später Schach einer bürgerlichen Laufbahn vorzog.

Auch Karpows Schachstil ist von seinem Charakter geprägt. Es ist ein „mißtrauischer" Stil, der alles unter Kontrolle haben will, weit mehr der logisch-rationalen Berechnung als intuitiven, nicht völlig überschaubaren Unternehmungen folgt, und für den letzlich nur der Erfolg zählt. Es ist der Stil eines intellektuell starken, aber gefühlsmäßig unsicheren Menschen, der Anerkennung sucht, aber dabei noch mehr Rückschläge fürchtet.

Karpow sagt noch etwas anderes: „Heute gibt es im allgemeinen keine Turniere mehr, in denen man experimentieren könnte.

Nehmen wir an, ich hätte etwas Neues versucht ... und das wäre nicht gut gewesen, daher mein Turnierresultat schwach. Dann hätte es sein können, daß man zum nächsten Turnier jemand anderen geschickt hätte ..."

Offenbar spürte Karpow schon früh den Druck des Systems. Daß jemand mit seinem Wesen kein Rebell werden konnte, leuchtet ein. Ihm blieb, um Erfolg und Anerkennung zu finden, nur der Weg des Musterschülers. Trotzdem oder gerade deshalb muß er, wie obige Äußerung zeigt, Angst gehabt haben, daß schon ein einziger Fehlschlag das Erreichte gefährden konnte. Obwohl er sich immer entschieden zum System bekannte, dürfte ihm ebenso stets klar gewesen sein, wie leicht und schnell dieses System seine Kinder fressen konnte. Das kam beim Thema Baguio 1978 später sehr deutlich heraus. Diese Einstellung würde es auch plausibel machen, daß ein solcher Mensch, einmal obenauf, alles daransetzt, möglichst viele wichtige Stellen des Systems unter Kontrolle zu bekommen.

Man könnte sich fragen, wie Karpow es trotz dieser inneren Probleme schaffte, so brillant den Wettkampfdruck zu meistern, daß er der erfolgreichste Turnierspieler aller Zeiten wurde; er hat inzwischen über 100 erste Preise gewonnen!. Viele haben bemerkt, daß er ein anderer wird, „innerlich ein Tiger" (Spassky), wenn er sich ans Brett setzt. Offenbar ist er sich seiner selbst absolut sicher; die Unsicherheit trat, wenn überhaupt, nur im Umgang mit anderen Menschen auf.

Dafür gibt es noch andere Hinweise. Wenn Karpow Partien im stillen Kämmerlein analysiert (z.B. seine Sammlung „Wie ich kämpfe und siege"), sind seine Anmerkungen meist ausführlich, durchaus mit Selbstkritik und auch Lob für den Gegner. Aber bei der ersten Analyse am Brett, so haben sich schon manche Gegner Karpows beklagt, gibt er gewöhnlich nichts zu, was für ihn negativ aussehen könnte. Dem anderen direkt gegenüber, fällt es Karpow offenbar schwer, sein Inneres oder gar eine Schwäche zu zeigen.

Nur manchmal wird ein Blick frei auf den anderen, nicht-öffentlichen Karpow. Da sagt er, daß es auch Tage gibt, wo er nichts tut; oder er belustigt sich über drei Kollegen, die beim Ausflug von einem Madrider Turnier zum berühmten Escorial-Palast im Bus bleiben und Schach spielen. Nach eigenen Angaben arbeitet er im Schnitt nur drei Stunden pro Tag wirklich kreativ – dazu natürlich noch diverse Stunden „handwerklich", d. h. Durchgehen von Schachzeitungen, Nachspielen von Bulletins, Auswahl der für ihn wichtigen Partien etc. Trotzdem bleibt dabei genug Zeit für andere Interessen. Die hat er wohl auch wirklich immer gehabt, nicht nur seine berühmte Briefmarkensammlung.

Was er über seinen Stil und seine Schachphilosophie durchblicken läßt, kann man kurz auf den Nenner bringen: Irgendwo steckt in ihm die heimliche Sehnsucht, schön und begeisternd zu spielen, doch meist erlaubt er es sich nicht – da ist sein Erfolgs- und Sicherheitsdenken davor. Andererseits leidet er darunter, daß gerade Kasparows Schach allerorten als interessant und „schön" gilt, und versucht gelegentlich schon mal mit geradezu komisch anmutenden Aufstellungen nachzuweisen, daß auch er opferfreudig und „schön" spiele. Trotzdem versucht er meist, mit dem Verstand die Gefühle zu kontrollieren. Kombinationen müssen in sein Grundschema passen: Entweder sie sind berechenbar, oder der Turnierstand bzw. eine schlechte Stellung läßt ihm keine andere Wahl mehr.

Eine relativ frühe Partie Karpows zeigt am besten, welche Rolle Verwicklungen in seinem Schachdenken spielen. Wenn er meint, daß es sein muß, kämpft er wie ein alter Romantiker; aber kaum hat er die Oberhand, strebt er mit aller Macht zum positionellen Würgegriff zurück.

Karpow – Saizew, Kuibyschew 1970

1. e4 c6 2. d4 d5 3. Sc3 dxe4 4. Sxe4 Sd7 5. Sf3 Sgf6 6. Sxf6+Sxf6 7. Se5 Lf5 8. c3 e6 9. g4 Lg6 10. h4

Kein riskanter Angriff, sondern in diesen Stellungen typisch, um die beengte Stellung des Lf5 zu nutzen. Nach 10... h6 11. Sxg6 behielte Schwarz eine desolate Bauernstruktur.

10... Ld6

Mit der Falle 11. h5? Le4 12. f3 Lxe5! 13. dxe5 Dxd1+ 14. Kxd1 Lxf3+.

11. De2 c5 12. h5?

Jetzt geht es immer noch nicht. Besser war nach Karpow 12. Lg2 oder 12. dxc5.

12. ... Le4 13. f3 cxd4 14. Db5+Sd7!

Karpow gibt zu, daß er diesen Zug übersehen hat. Jetzt hängt nach 15. fxe4 wieder der Se5, 15. Sxd7 wird mit 15. ... Lc6! und 15. Dxd7+Dxd7 16. Sxd7 mit 16. ... Lxf3! widerlegt. Wenn Weiß aber keine Figur gewinnen kann, steht er im Hemd. Solch eine verlorene Lage bringt auch Karpow dazu, alle Hemmungen fahren zu lassen.

15. Sxf7!?! Lg3+16. Ke2 d3+17. Ke3 Df6 18. Kxe4

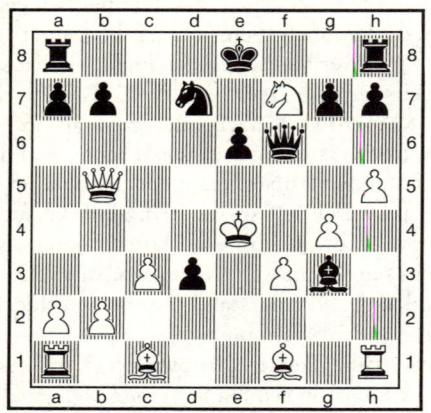

Karpow – Saizew, Kuibyschew 1970

Möchte man glauben, daß in einer solchen Stellung ... Karpow Weiß hat?

18. ... Dxf7 19. Th3 a6 20. Dg5 h6?

Nach Karpow hatte Schwarz hier gute Gewinnchancen mit 20. ... e5! 21. Txg3 (es drohte vor allem 21. ... Sc5+22. Ke3 Lf4+) 21. ... Sc5+22. Ke3 0–0 (jetzt droht Df4+) 23. Th3 Tad8.

21. De3 e5?

Zu spät! Nach Karpow war das Beste für Schwarz jetzt schon 21. ... Sf6+22. Kxd3 Sxg4 23. fxg4 Dxf1+24. Kc2 Dxh3 25. Dxe6+mit Dauerschach: 25. ... Kd8 26. Dd5+und nun 26. ...

Kc7 27. Df7+Kb8 28. Lf4+ oder 25... Kc8 26. Df5+ nebst evtl. Lf4 mit denselben Folgen.

22. Kxd3

Das geht jetzt, weil im Unterschied zu 20... e5 der Bf3 gedeckt ist.

22... Lf4 23. Dg1 0–0–0 24. Kc2 Lxc1 25. Txc1!

25. Kxc1 Df4+26. Kc2 e4! 27. fxe4 Se5 gäbe Schwarz nach Karpow gute Chancen. Aber Weiß hat schon erkannt, daß er positionell jetzt besser steht, und versucht nun selbst auf Kosten des Mehrbauern jedes Risiko zu vermeiden. Das wilde Getümmel war nur Mittel zum Zweck, als nichts mehr zu verlieren war.

25... Dxa2 26. Th2 Thf8 27. Td2!

Wieder ein Bauernopfer, aber diesmal ein genau berechnetes. Nach 27... Txf3 könnte Weiß auf der d-Linie verdoppeln und mit Wendungen wie Lg2 nebst Da7 bzw. Lxb7+schnell zum vernichtenden Angriff kommen.

27... Da4+ 28. Kb1 Dc6 29. Ld3 Kc7

Auf 29... Txf3 wäre jetzt 30. Lf5 sehr stark.

30. Le4 Db6 31. Dh2 Tde8 32. Tcd1 Sf6 33. Lg6 Te7 34. Te1 Db5 35. Tde2 Sd7 36. Lf5 Txf5

Ein verzweifelter Versuch, der Misere zu entgehen; es drohte z. B. auch f4 und baldiger Verlust von e5.

37. gxf5 Dd3+ 38. Ka1 Dxf5

mit noch technisch schwerem Gewinn für Weiß, aber die Technik beherrschte Karpow seit jeher phänomenal. Im 72. Zug war es geschafft.

Nach dem GM-Titel ging Karpows Laufbahn genauso rasant weiter. Der Durchbruch zur Weltspitze gelang ihm 1971 mit dem geteilten Sieg beim Aljechin-Gedenkturnier, einem der größten seiner Zeit mit dem amtierenden und drei Ex-Weltmeistern. Nach weiteren ersten Plätzen und einem Riesenergebnis von 13 aus 15 bei der Olympiade 1972 gewann Karpow auch das Interzonenturnier 1973 in Leningrad punktgleich mit Kortschnoi. Im Kandidatenturnier schlug er Polugajewsky (5,5:2,5 ohne Niederlage), Spassky (7:4) und schließlich Kortschnoi. Hier wurde es zum Schluß knapp; Karpow führte schon mit drei Punkten, doch bei der viel längeren Distanz (24 Partien) machte ihm seine schwächere Konstitution zu schaffen. Kortschnoi holte zwei Punkte auf, aber schließlich rettete sich Karpow durch einige Remisen ins Ziel. In der UdSSR-Auswahl war er jetzt schon an Brett 1 vorgerückt und bewies dort bei der Olympiade 1974 mit 12 aus 14 erneut Weltklasse. Der Rest ist bekannt: Da Fischer zum 1975 fälligen Titelkampf nicht antrat, wurde Karpow kampflos zum Weltmeister erklärt.

Wie dieses Match ausgegangen wäre, bleibt Spekulation. Ein Fischer in Bestform wäre zweifellos Favorit gewesen. Aber verglichen mit Spasskys schwankenden Leistungen als Weltmeister war Karpows Erfolgskurve vor 1975 eindrucksvoll hoch und stabil; auch dürfte der Druck auf ihn viel geringer gewesen sein. Gegen den seit 1972 als „bester Spieler aller Zeiten" gefeierten Fischer konnte er nur gewinnen. Selbst Staat und Partei hätten ihm wohl einen Verlust verziehen. Man darf insgesamt vermuten, daß das Match für Fischer härter gewesen wäre als in Reykjavik, und ganz sicher stimmt es nicht, wie es viele durch die parteiische Brille sahen, daß Karpow angeblich gar keine Chance gehabt hätte.

Trotzdem litt Karpow in der Folge stets unter diesem „Geschenk" des Titels; haftete der Sache doch jener Hautgout an, daß er eigentlich gar kein richtiger Weltmeister sei. Er spielte und gewann in den nächsten Jahren ein Turnier nach dem anderen; es schien, als liefe er Fischers Schatten nach und müsse sich selbst und jedermann unausgesetzt beweisen, daß er doch zu Recht den Weltmeistertitel führe. Gleichwohl erhob sich immer wieder die berühmte Frage: „was wäre gewesen, wenn..." Sie wurde erst leiser, als sich die Schachszene allmählich damit abfand, daß Fischer wohl nie mehr zurückkehren würde.

Karpow holte 1975 zwei, 1976 drei erste Plätze, darunter erstmals bei der UdSSR-Meisterschaft, 1977 wieder drei – das Turnier in Bad Lauterberg wird vielen deutschen Schachfreunden noch in Erinnerung sein – und schließlich 1978 vor der WM noch einen weiteren. Nur zwei Turniere in dieser Phase gewann er nicht; aber das waren gemessen an den Erfolgen nur Schönheitsfehler.

Diese Serie spricht für sich, doch mehr Aufsehen erregte zur selben Zeit eine andere: Der 1976 aus der UdSSR emigrierte Kortschnoi walzte im Kandidatenturnier seine früheren Landsleute nieder. Er schlug Petrosjan, Polugajewsky und Spassky, der freilich selbst schon mit einem Bein im Westen stand. Von da an wurde die Schach-WM eine Polit-Schlacht. Zwar galt schon Fischer-Spassky als Symbol des Kalten Krieges, doch Spassky war, wie geschildert, alles andere als ein überzeugter Sowjetmensch, und auch Fischers Russenhaß mehr persönlicher als politischer Natur, obwohl er gelegentlich diesen Ball aufnahm. Aber mit Kortschnoi und dann Kasparow traten zwei Herausforderer an, die erklärtermaßen Karpow als Symbol des Systems vernichten wollten. Ein bis dahin nie gekanntes Ausmaß von Haß und Feindschaft spielte in diesen Kämpfen mit.

Die grundsätzliche Lage ist klar: Karpow war der Mann, auf den Staat und Verband setzten. Er war jung und vom Charakter her ideal, um ihn in die Pflicht zu nehmen. Man legte sich nach 1972 auf ihn fest, weil man ihm die besten Zukunftschancen gab, den Titel in die UdSSR zurückzuholen. Kortschnoi beklagte sich, schon beim Kandidatenfinale 1974 sei Karpow eindeutig bevorzugt worden. In der Tat hatte Kortschnoi ein schweres Handicap: Er war 20 Jahre älter, beim WM-Kampf 1975 wäre er schon 44 gewesen, Karpow 24. Entweder traute man ihm gegen Fischer weniger zu, oder man glaubte, beide würden im Moment noch verlieren, und für die weitere Zukunft sei nur Karpow der Richtige.

Verständlich, daß der ohnehin stets kämpferische Haudegen Kortschnoi keine Lust hatte, sich einfach aufs Abstellgleis schieben zu lassen; doch sein Entschluß, die UdSSR zu verlassen, war wohl zunächst rein sportlicher Art: Er sah, daß er von diesem Verband abgeschrieben war. So weit könnte Ähnliches überall auf der Welt passieren. Auch in Deutschland sind schon junge Spieler zum WM-Zyklus gemeldet worden, obwohl Ältere in der Weltrangliste besser standen. Wäre ein Deutscher deswegen z.B. nach Österreich gewechselt, hätte das höchstens für ein paar pikante Fußnoten ausgereicht.

Politisch wurde die Sache erst durch die Reaktion der UdSSR-Hierarchie auf Kortschnois Absprung. Man boykottierte ihn; sowjetische Spieler durften, abgesehen vom WM-Zyklus, nicht mehr mit ihm in einem Turnier spielen. Da ohne UdSSR-Großmeister aber kaum ein Spitzenturnier möglich war, bedeutete das einen massiven Druck, Kortschnoi nicht einzuladen, und damit einen Angriff auf seine Existenz. Zudem gab es Repressalien gegen seine Frau und seinen Sohn in der UdSSR. Diese Vorfälle sind durch nichts zu entschuldigen, und „das System" zu hassen hatte Kortschnoi danach wirklich allen Grund. Aber trifft Karpow daran eine persönliche Schuld? Nun, seinem Charakter gemäß ist er nicht der Typ, sich aus dem Fenster zu lehnen, mit Schimpfkanonaden und wüsten Drohungen auf Rivalen loszugehen. Wenn er selbst eingegriffen haben sollte, dann mit Sicherheit hinter den Kulissen. Aber demgegenüber steht auch, daß Kortschnoi – und später wohl ähnlich Kasparow – dazu neigte, seinen Haß auf das System zu personifizieren. Viele meinen, daß er wie Fischer ein Feindbild brauchte, um sich auch schachlich in richtige Kampfstimmung zu bringen.

Wohl kein Außenstehender wird je beurteilen können, wie weit Karpow selbst in der Hexenküche des Sowjetsystems mitgerührt hat. Zumindest vor 1978 gibt es einige Anzeichen, daß es ihm lieber gewesen wäre, wenn sich die Sache nicht so politisch ausgewachsen hätte. Er stand plötzlich sogar mehr unter Druck als Spassky 1972. Den Titel an einen Staatsfeind zu verlieren war noch weit schlimmer als an einen Amerikaner. Daß Karpow nach einer Niederlage in Baguio nicht mehr in die UdSSR zurückgekehrt wäre, darüber gab es diverse Erzählungen und Gerüchte. Es ist schwer zu glauben, daß daran gar nichts gewesen sein soll.

Als das wüste Hickhack in Baguio einmal begonnen hatte, gab es für feine Differenzierung, wer woran schuld war, ohnehin keinen Platz mehr. Zwischen den Lagern herrschte offener Krieg. Daß ein wütender, aufgeputschter Kortschnoi angeblich besser spielte, bewies dieses Match aber nicht – im Gegenteil. So lange in seinem Lager die Scharfmacher regierten, brachte er am Brett wenig zustande. Erst als man am Tiefpunkt auf Mäßigung hinarbeitete, wurde es besser. Man kann hier unmöglich sämtliche haarsträubenden Episoden einzeln nacherzählen. Schon nach der 2. Partie reichte Kortschnois Lager einen Protest ein: der Joghurt, den Karpow während des Spiels erhielt, könne eine versteckte Information gewesen sein. Von der 8. Partie an gab Karpow dem Gegner nicht mehr die Hand; Kortschnois Sekundant Keene meinte daraufhin lakonisch, nun bräuchte sich Viktor wenigstens nicht mehr jedesmal danach die Hände waschen. Als Revanche sprach Kortschnoi daraufhin auch nicht mehr mit Karpow; Remisangebote liefen nur noch über den Schiedsrichter (wie schon 1972 war es bei besonders heiklen Anlässen wieder der diplomatische Lothar Schmid). Ein absurdes Theater gab es während des ganzen Matchs um den legendären Dr. Suchar, Karpows Psychologe, Parapsychologe oder was immer er war. Kortschnoi fühlte sich von ihm hypnotisiert und warf als Gegenschlag zwei Mitglieder einer indischen Sekte in die Schlacht, die Suchars verderbenbringenden Blick neutralisieren sollten.

Schachlich spielte Karpow großenteils stark (Kasparow sah ihn um diese Zeit auf der Höhe seines Könnens), aber für Kortschnoi war es der Kampf seines Lebens. Was das Niveau der Partien angeht, stand er Karpow nicht nach. Hätte er seine Chancen alle genutzt, hätte er vielleicht gewonnen, aber die Polit-Schlacht ramponierte seine eigenen Nerven wohl mehr als die Karpows. Das Match ging diesmal auf sechs Siege ohne Beschränkung, eine der Änderungen, die man Fischer vor 1975 zugestanden hatte. Nach einer Remisserie verlor Kortschnoi die 8. Partie und glich in der 11. aus. Ein Doppelschlag in der 13. (Verlust einer gut stehenden Hängepartie) und 14. Partie schien fast schon der K.o. In der 17. Partie richtete er dann noch eine überlegene Stellung zugrunde und ließ sich in Zeitnot gar mattsetzen. 1:4 – der Tiefpunkt war erreicht. Es folgte eine Schwebephase bis zur 27. Partie, wo Karpow das 5:2 erzielte. War das das Ende? Kortschnoi konterte mit der legendären Aufholjagd in den Partien 28, 29 und 31. Nun schien Karpow seinerseits am Boden, vor allem konditionell. Dann stellte die 32. Partie abermals alle Prognosen auf den Kopf. Wer bis dahin noch nicht geglaubt hatte, daß Karpow innerlich ein Tiger war, mußte es spätestens jetzt erkennen. Er spielte eine seiner besten Partien im Match, während Kortschnoi nicht wiederzuerkennen war.

Karpow – Kortschnoi
1. e4 d6 2. d4 Sf6 3. Sc3 g6 4. Sf3 Lg7 5. Le2 0–0 6.0–0 c5 7. d5

Kortschnoi hat eine anspruchsvolle Eröffnung gewählt (angeblich Keenes Idee, was als Grund herhalten mußte, auf ihn Schuld abzuladen). Auf den ersten Blick scheint dies richtig, um dem anscheinend wankenden Karpow keine Ruhe zu gönnen; doch in Wahrheit ist es verhängnisvoll. Die schwarze Eröffnung strebt um den Preis gewisser Risiken aktives Gegenspiel an; doch gerade gegen solche Systeme hat Karpow immer viel Erfolg mit ganz ruhigen Plänen gehabt, die eben dieses Gegenspiel durchkreuzen sollen. Eigentlich mußte Kortschnoi dies wissen; in der Partie bekommt er es selbst zu spüren.

7... Sa6 8. Lf4 Sc7 9. a4 b6 10. Te1 Lb7 11. Lc4

Karpow stemmt sich den Vorstößen b5 oder e6(e5) entgegen, in denen das schwarze Gegenspiel liegt. Wenn er die Stellung im Griff hat, plant er selbst längerfristig e4-e5.

11... Sh5 12. Lg5 Sf6

Und schon verliert Kortschnoi den Faden, weil ihm eine passive Stellung ganz und gar nicht schmeckt. Statt des planlosen Springergehupfes sollte er sofort den folgenden Plan ausführen.

13. Dd3 a6 14. Tad1 Tb8 15. h3 Sd7 16. De3 La8 17. Lh6

Nachdem sich Schwarz auf den Damenflügel konzentriert, schießt sich Karpow langsam auf die andere Seite ein. Der Tausch des Lg7, der sowohl für die Verteidigung wie auch für ein Gegenspiel stark war, ist dabei eine wichtige Etappe.

17... b5 18. Lxg7 Kxg7 19. Lf1 Sf6 20. axb5 axb5 21. Se2

Immer noch manövriert Karpow unscheinbar, aber man sieht, wie er den schwarzen Damenflügelvorstoß ins Leere laufen läßt und zugleich seine Kräfte gegen den König zusammenzieht.

21... Lb7 22. Sg3 Ta8 23. c3 Ta4 24. Ld3 Da8?

Das ist ein direkter Fehler, nach dem sich zeigt, wie schnell und heftig Karpow zubeißen kann. Schwarz glaubte wohl, e5 durch Druck gegen d5 zu verhindern, aber das Gegenteil ist der Fall.

25. e5!
Eine kalte Dusche für Kortschnoi. Mit dem c-Springer kann er wegen exf6 mit Schach nicht nehmen, und auf 25... Sfxd5 hat Weiß 26. Sf5+! gxf5 27. Dg5+Kh8 28. Dxf5.

25... dxe5 26. Dxe5 Scxd5 27. Lxb5 Ta7 28. Sh4!
Droht 29. Txd5 Lxd5 30. Sf5+gxf5 31. Sxf5+Kh8 32. Sxe7.

28... Lc8 29. Le2!
Unauffällig, aber wirksam – typisch Karpow. Es droht Lf3, und c3-c4 sowieso.

29... Le6 30. c4 Sb4 31. Dxc5 Db8 32. Lf1 Tc8 33. Dg5 Kh8 34. Td2 Sc6 35. Dh6 Tg8 36. Sf3 Df8
Die schwarze Stellung ist trostlos – Minusbauer ohne Kompensation und Zeitnot obendrein.

37. De3 Kg7 38. Sg5 Ld7 39. b4 Da8 40. b5 Sa5 41. b6 Tb7
Abgebrochen und von Schwarz ohne Weiterspiel aufgegeben. Unnachahmlich ist Karpows sprichwörtliches Geschick, wie eine Spinne das Netz um die Beute immer fester zu ziehen, um schließlich im geeigneten Moment zuzubeißen.

Eine der Schicksalspartien der Schachgeschichte – was, wenn sie andersherum ausgegangen wäre? Man darf spekulieren... So wurde Karpow zum Helden der UdSSR; man deckte ihn mit Auszeichnungen, Ehrenämtern und Orden ein. Im System saß er jetzt fest im Sattel. Auch schachlich war für ihn keine Konkurrenz zu sehen. Bis zur nächsten WM 1981 gewann er weitere neun erste Preise; nur zweimal klappte es nicht. Peinlich war für ihn auch, daß er bei der Europa-Mannschaftsmeisterschaft 1980 von Miles mit der „unverschämten" Eröffnung 1. e4 a6 2. d4 b5 geschlagen wurde.

Bei der nächsten WM 1981 trat wieder Kortschnoi als Herausforderer auf, doch er stand nicht mehr auf der Höhe von 1978 und hatte im Kandidatenturnier einiges Glück gebraucht. Zudem überschätzte er seine Kräfte, nahm noch 1981 trotz seiner 50 Jahre an nicht weniger als sechs Turnieren teil und trat offenbar überspielt zur WM an. Daß er dazu noch beim üblichen Polit-Theater wacker mitmischte, obwohl ihm dies schon 1978 nicht gut bekam, schlug dem Faß den Boden aus. Karpow war inzwischen ohnehin der Stärkere; aber so siegte er fast ohne Widerstand nach nur 18 Partien mit 6:2 (10 Remis) in einem qualitativ eher enttäuschenden Kampf.

Fast identisch wie vorher auch seine Bilanz im nächsten WM-Intervall: bis 1984 acht erste Preise, nur zwei geringe Rückschläge. Obwohl er im Prinzip seinem Stil treu blieb, gewann er auch einige Schönheitspreise, und selbst wenn diese dem Weltmeister gewöhnlich leichter verliehen werden als dem Fußvolk, hat er durchaus eindrucksvolle Partien gespielt. Von 1978 bis 1984 war Karpow als Nr. 1 ungefährdet. In der UdSSR wählte man ihn sogar zweimal zum Sportler des Jahres – das war auch nur in einem so schachbegeisterten Land möglich, in dem der Schachbund mit 4 Millionen organisierten Mitgliedern der größte Sportverband war, noch vor den Fußballern.

Sicher hatte Karpows klare Spitzenstellung auch politische Folgen. Der seit 1978 endgültig auf Karpow eingeschworene UdSSR-Verband war der mächtigste der Welt, und der 1982 als FIDE-Präsident gewählte Campomanes galt schon damals als Karpow-Freund; er hatte auch das WM-Match 1978 organisiert. Alles spricht dafür, daß Kasparows grundlegende Kritik zutraf: An den Schalthebeln saßen überall Karpow-Leute, die ein höchst egoistisches Interesse hatten, daß der Weltmeister oben blieb – davon hing auch ihre Karriere ab. Doch selbst Kasparow gab zu, daß dies nicht unbedingt gegen andere gerichtet war; es sei denn, sie bedrohten die Hierarchie. Der Satz, laut Kasparow von einem führenden Funktionär „mit entwaffnender Schlichtheit und ohne das geringste Anzeichen einer persönlichen Abneigung gegen mich" gesprochen, trifft wohl den Punkt: „Im Moment haben wir schon einen Weltmeister und brauchen keinen anderen."

Natürlich waren das unschöne Zustände für jemand, der selbst nach oben wollte. Aber man muß leider sagen: So ist die Realität der Machtpolitik, wie man sie überall in der Welt findet. Nach allem, was wir an Skandalen, Klüngeleien etc. bei der „Elite" unseres eigenen Landes erlebt haben, kommt einem die sowjetische Schachszene nicht unbedingt mehr als Reich des Bösen vor, sondern mutet unwillkürlich vertraut an. Karpow&Co. waren sicher keine exquisiten einzigartigen Bösewichter, wie Kasparow sie darstellt, sondern sie verhielten sich wohl kaum anders als ein Politiker hierzulande oder sonstwo, der an der Macht bleiben will. Das soll nichts entschuldigen (man ist ja auch bei uns „denen da oben" entsprechend böse), aber die überzogene Schwarz-Weiß-Malerei, die damals im Zeichen des Kalten Krieges weitgehend übernommen wurde, ist aus heutiger Sicht unhaltbar. Zumal sich Kasparow, seit er in Amt und Würden ist, selbst zunehmender, nicht unberechtigter Kritik an seinem Herrschaftsstil ausgesetzt sieht.

Der schachliche Verlauf des seit 1984 „ewigen Duells" zwischen Karpow und Kasparow bietet für Stil und Psychologie der beiden faszinierendes Studienmaterial. Wir konzentrieren uns hier auf Karpow (zu Kasparow siehe nächstes Kapitel). Wie bekannt, überfuhr er den Gegner zu Anfang des ersten Matchs völlig; es war ein Leichtes für ihn, die Schwächen des Herausforderers zu nutzen. Der Schluß der 9. Partie, die zum 4:0 führte, ist ein Beweis für Karpows technische Stärke.

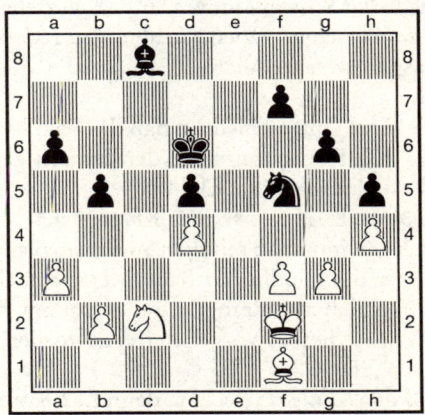

Karpow – Kasparow, Moskau 1984, 9. Partie

(Nach dem 42. Zug von Weiß)

Was soll da noch anderes als Remis herauskommen, wird man sich denken. Aber selbst starke Großmeister haben gegen Karpow solche „harmlosen" Stellungen verloren. Wollen wir sehen, wie es hier vor sich ging.

42. ... f6?!

Kasparows Abgabezug, ein deutliches Zeichen von Ungeduld oder Unerfahrenheit. Wenn „nichts los" ist, verändert man vor der Hausanalyse nicht noch grundlegend die Stellung.

43. Ld3 g5

Nach Se7 wäre g6 schon als Schwäche ersichtlich – die Folge von f6.

44. Lxf5!

Das Endspiel Springer gegen schlechten Läufer ist schon ein Fortschritt für Weiß.

44. ... Lxf5 45. Se3 Lb1 46. b4

Fixiert die schwarzen Bauern auf weißen Feldern, doch daß der Springer nach c5 kommt, ist leicht zu verhindern. Wenn Weiß am Königsflügel nichts erreicht, bleibt die Stellung Remis.

46. ... gxh4?

Geht in die Falle! Schwarz mußte 46. ... Ke6 ziehen. Aber hier mit dem „automatischen" Wiedernehmen zu rechnen ist selbst bei einem Kasparow verzeihlich.

47. Sg2!!

Die Bombe! Der Unterschied ist, daß das Feld h4 jetzt in vielen Fällen für den König frei wird; den Bauern gewinnt Weiß leicht zurück, auch nach 47. ... h3 48. Sf4.

47. ... hxg3+ 48. Kxg3 Ke6 49. Sf4+ Kf5 50. Sxh5

Gewöhnlich gewinnt man mit dem Springer solche Endspiele, wenn der König die feindlichen Bauern erreicht; deren König wird dann allmählich abgedrängt. Und genau am Königsflügel ist jetzt der Weg zu diesem Vorgehen frei geworden.

50. ... Ke6 51. Sf4+ Kd6

Leider muß der König d5 decken, denn La2 hätte Sd3-c5 zugelassen.

52. Kg4 Lc2 53. Kh5 Ld1 54. Kg6

54. ... Lxf3 55. Kxf6 ergäbe eine Schemastellung, in der Weiß den Schwarzen langsam vom Bd5 abdrängt; er beginnt früher oder später mit einem Springerschach, dann Ke6 oder Ke5 usw.

Kasparow erkennt das als chancenlos und gibt zwei Bauern, um so etwas wie Gegenspiel zu bekommen.

54. ... Ke7 55. Sxd5+Ke6 56. Sc7+Kd7 57. Sxa6 Lxf3 58. Kxf6 Kd6
Warum ging er nicht schon im 55. Zug hierher?
59. Kf5 Kd5 60. Kf4 Lh1 61. Ke3 Kc4 62. Sc5 Lc6 63. Sd3 Lg2 64. Se5+Kc3 65. Sg6 Kc4 66. Se7 Lb7 67. Sf5 Lg2 68. Sd6+Kb3 69. Sxb5 Ka4 70. Sd6 Schwarz gab auf.

Jetzt machte Karpow vermutlich einen Fehler, wie er selbst und Kasparow einhellig meinen. Bei 4:0 hätte er angreifen können; er hätte vielleicht dabei auch hie und da verloren, aber (so Kasparow) nach etwa 20 Partien mit 6:2 oder 6:3 gewonnen gehabt. Doch Karpow spielte weiter, wie es zu seinem Stil und Charakter paßt. Wie er einem der Verfasser sagte, war er auf ein 6:0 aus, um Kasparow damit für alle Zukunft einen psychologischen Schlag zu versetzen, und glaubte ohne Risiko auf weitere Fehler warten zu können (die Anfangsphase bot wirklich Grund dazu). Er ging auf sicher und ließ ein seichtes Remis nach dem anderen zu. 17(!!) Partien ohne Entscheidung folgten am Stück.

Doch ungeachtet selbst Karpows und Kasparows gemeinsamer Ansicht: Auch so hätte Karpow es schaffen können; die Chance war da. Er gewann die 27. Partie (5:0), und dann hatte er zweimal das sechste „Tor auf dem Fuß". Über die 31. Partie schreibt Kasparow selbst: „Diese Partie muß ihm noch heute in seinen Alpträumen wiederkehren." Karpow hatte einen Mehrbauern herausgespielt, konnte aber damit nichts anfangen. Die Chance in der 41. Partie (beim Stand von 5:1) war dann eher zufällig, aber noch größer. Kurioserweise fast wie in der 9. Partie mußte Karpow bei einer Abwicklung nicht automatisch eine Figur wiedernehmen; ein feiner Zwischenzug hätte ziemlich sicher gewonnen. Wieder übersah Kasparow diesen Witz, aber Karpow diesmal auch.

Erst danach wurde Karpow die lange Matchdauer zum Verhängnis. Seine Kräfte gingen zu Ende; daran ließen die Angaben etlicher Augenzeugen keinen Zweifel. Adorjan zitiert die Aussage eines Bekannten über Karpow: „Er besaß ja nie die Statur eines Ringkämpfers, aber am Ende des Matchs schlotterte ihm förmlich jeder seiner Anzüge am Leib." Einem deutschen Journalisten erschien der Weltmeister gar als „Hutzelmännchen". Dies mag etwas übertrieben sein; einer der Verfasser aß mit Karpow in dieser Zeit auf dessen Datscha außerhalb Moskau zu Mittag und bekam keinesfalls einen Weltmeister kurz vorm Umfallen zu Gesicht, sondern einen, der noch gern seine Geschichten und Anekdoten erzählte. Wie weit dies auch auf das Konto von Karpows bekannter Selbstbeherrschung (nie dem anderen die wahren Gefühle zeigen) ging, sei dahingestellt. An dieser Stelle sei eingeflochten, daß sein Vater ihn als Buben, als dieser einmal nach einer Niederlage gegen ihn weinte, zurechtwies: „Wenn du noch einmal weinst, spiele ich nicht mehr mit dir." Diese Lektion prägte sich der junge Tolja fürs Leben ein. Weiterhin nahm der ohnehin schmächtige Karpow bei allen wichtigen Kämpfen mehrere Kilogramm ab, was zwar sicher auf einen gewissen Erschöpfungszustand hindeutet, aber nicht auf einen besonders extremen in diesem Fall. Als er die 47. und 48. Partie verlor, kam es jedenfalls zu jenem berühmt-berüchtigten Abbruch, von dem im nächsten Kapitel noch mehr die Rede sein wird.

Auch die weiteren WM-Kämpfe werden wir bei Kasparow betrachten. Im zweiten und dritten war Karpow zwar keineswegs ohne Chance, doch Kasparow spielte zeitweise wirklich genial und gewann jeweils verdient. Einen wichtigen Einschnitt markiert das vierte Match 1987, sowohl schachlich wie persönlich. Kasparow, bis dahin die unbefleckte Lichtgestalt, setzte sich erstmals scharfer Kritik aus, und im gleichen Maß sprach man plötzlich besser von Karpow. Typisch ist ein Kommentar zu Kasparows Buch „Politische Partie": damit habe Kasparow geschafft, was Karpow nie zuvor gelang, nämlich den Rezensenten für Karpow zu gewinnen. Beifällig vermerkte man auch, daß Karpow ungezwungener und lebenslustiger zu werden schien; er heiratete zum zweiten Mal – über seine erste Frau und seinen Sohn ist wenig bekannt –, und auf den Bildern, die ihn bei sportlicher Vorbereitung zeigten, hatte das früher „schmale Handtuch" Karpow ein rundliches Bäuchlein angesetzt. Am Brett lieferte er trotzdem einen harten Kampf, den großsprecherischen

Prognosen Kasparows zum Trotz, und war vom Niveau her mindestens gleichwertig, für viele sogar der moralische Sieger.

Man muß diesen Umschwung besonders herausstellen, denn er zeigt deutlich, wie massiv das Bild der beiden zuvor durch die Gut-Böse-Schablonen des Kalten Krieges bestimmt war. Als in der UdSSR die Gorbatschow-Ära die alte Garde abgelöst hatte und damit das Feindbild begraben war, begann sich auch die Einstellung zu Karpow und Kasparow allmählich der gesunden Mitte zu nähern. Sollte das wirklich Zufall sein? Schließlich waren Karpows Stärken und Kasparows Schwächen wohl auch früher schon vorhanden – nach kritischen Werken wie „Quo vadis Garry?" von GM Adorjan die letzteren sogar sehr deutlich –, aber mit einer auf den politischen Aspekt begrenzten Sicht beachtete man sie nicht.

Offenbar motiviert durch das 12:12 bei der WM 1987, hielt Karpow noch eine Zeitlang ziemlich hohes Niveau, wenn er auch bei Turnieren mit Kasparow hinter diesem zurückblieb, nur bei der UdSSR-Meisterschaft 1988 endeten sie punktgleich auf Platz 1. Dann jedoch kam ein Knacks. Es begann im Top-Wettbewerb jener Jahre, dem zum ersten und einzigen Mal ausgetragenen Weltcup. Im fünften von sechs Wertungsturnieren – jeder Spieler nahm an vier davon teil, das schlechteste Resultat wurde gestrichen –, in Rotterdam 1989, wo Kasparow nicht mitspielte, führte Karpow nach einem wahren Sturmlauf mit 9,5 aus 12. Nur 1,5 Punkte in den letzten drei Runden hätte er gebraucht, um Kasparow in der Gesamtwertung einzuholen. Doch er verlor alle drei Partien. Eine davon, gegen Ljubojevic, hätte er sonst wohl im Schlaf gewonnen; der Gegner konnte sich kaum noch rühren, aber Karpow stellte einzügig die ganze Partie ein.

Danach stürzte Karpow in eine schwere Krise. Im Kandidatenturnier spielte er gegen Artur Jussupow so schlecht wie seit ewigen Zeiten nicht mehr. Nur weil Jussupow das anscheinend selbst nicht fassen konnte und eine Chance nach der anderen ausließ, reichte eine gute Partie zum Schluß Karpow doch noch. Aber in Reggio Emilia 1989/90 wurde er selbst ohne Kasparow nur Dritter. Beim Kandidatenfinale im Frühjahr 1990 gegen Timman gewann er zwar klar 6,5:2,5, zeigte aber wieder

Schwächen und geriet in schlechte Stellungen, doch auch Timman nutzte das nicht aus.

Erst im Sommer 1990 in Biel sah man wieder einmal den alten Karpow, wenn dies auch kein Turnier allerhöchster Kategorie war. Immerhin baute es vielleicht Karpows Selbstvertrauen bis zur WM 1990 etwas auf. Trotzdem spielte er bei diesem Match schlecht „nach vorn", während er einige starke Defensivleistungen bot. Zum ersten Mal „richtig" gewann er in der 17. Partie(!); zuvor brauchte er in der 7. einen groben Fehler Kasparows, und beim dritten Sieg in der 23. Partie war der Titel beim Stand von 10:12 schon verloren.

Danach schien es, als würde Karpow auf die Stufe eines Großmeisters unter vielen absacken. Er gewann zwar Reggio Emilia 1990/91, aber in Linares 1991 wurde er unter 14 Spielern nur 7./8. mit 50% – wann war ihm das schon einmal passiert? Auch in Amsterdam belegte er einen nicht berauschenden 3./4. Platz, den er allerdings immerhin mit Kasparow teilte. In der Weltrangliste wechselte er sich bereits auf Platz 2 mit Iwantschuk ab, einem der Newcomer. Im Kandidatenturnier erreichte er nicht einmal das Finale. Gegen Anand spielte er bereits nicht gut, hatte aber noch Glück; danach gegen Short ließ ihn auch dieses im Stich. In der 6. Partie stellte er einzügig die Dame ein – ein neuer Tiefpunkt unter den mehreren dieser Jahre. Zwischen diesen Zweikämpfen lagen weitere Durchschnittsresultate in Turnieren. Nach dem WM-Ausscheiden schrieb man ihn fast einstimmig für höchste Ehren ab.

Doch wenig später erhob sich Karpow aus der Asche, als sei nichts gewesen. Der neue klare Sieg in Biel (Sommer 1992) stand noch etwas allein, doch im Winterhalbjahr folgten erste Plätze in Baden-Baden und Wijk aan Zee, der 2./3. in Linares, wo Karpow lange um den Sieg mitkämpfte, aber im direkten Treffen mit Kasparow eine schwere Niederlage erlitt, und im Frühjahr 1993 kamen weitere Siege in Dortmund und Spanien hinzu. Erst mit einem 3. Platz im Mai in Leon wurde er einmal gestoppt.

Eine einleuchtende Erklärung gibt es weder für den Absturz noch für den neuen Frühling. Karpows alter Rivale

Kortschnoi fuhr einem der Verfasser sogar über den Mund, als dieser meinte, Karpow spiele genauso gut wie zu seiner besten Zeit: „Was heißt genauso gut? Er spielt besser denn je!" Karpows Stil wirkt jetzt vielseitiger – die fünf K&K-Wettkämpfe haben zweifellos abgefärbt, übrigens bei beiden –, und solch eine Umstellung braucht Zeit. Vielleicht hat das eine Rolle gespielt. Der „neue" Karpow beherrscht natürlich immer noch glänzend die Technik und das Verwerten minimaler Vorteile, doch er geht jetzt oft mehr Risiko ein und scheut weniger umstrittene, kritische Varianten. Kaum vorstellbar, daß ein so kurioser Zug wie der folgende von Karpow stammt:

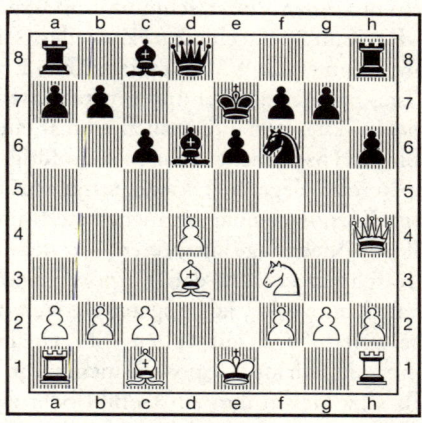

Kamsky – Karpow, Dortmund 1993

Schwarz hat gerade Ke8-e7 gespielt – da muß man schon zwei-, dreimal hinschauen, bevor man es glauben kann! Der verblüffende Königszug hat eine handfeste Idee: mit g5 die Dame in Verlegenheit zu bringen, da jetzt der Bh6 nicht mehr gefesselt ist, und das läßt sich nicht so leicht parieren. Weiß gab mit 1. Se5 Lxe5 2. dxe5 Da5+ 3. c3 Dxe5+ 4. Le3 einen Bauern, doch Karpow meisterte, abgesehen von je einem Fehler beidseits in Zeitnot, die Verwicklungen gekonnt und gewann trotz der erwähnten Fehler letztlich verdient.

Die Aussicht, dank des Bruchs in der Schachwelt schneller als gedacht wieder Weltmeister zu werden, kann kaum der Auslöser für Karpows Hoch gewesen sein. Daß Kasparow das, was er schon öfter angedroht hatte – die FIDE zu verlassen und einen eigenen Verband zu gründen, mit eigenem Weltmeister und WM-Zyklus – gerade jetzt wahrmachen könnte, glaubte bis März 1993, als es perfekt wurde, wohl niemand ernsthaft, und da lief Karpows Serie schon lange. Er spielte auch das FIDE-WM-Match Ende 1993 gegen Timman lange nicht überzeugend. Manchmal erinnerte das fast an die Zitterpartien und Unsicherheiten früherer Kandidatenkämpfe. Erst mit der 14. Partie, wo sein Vorsprung dank Timmans äußerst großzügiger Hilfe nicht auf einen Punkt schmolz, sondern auf drei anwuchs, war der Kampf entschieden. Zuweilen scheint es, als wirke Karpow, wenn er die WM oder gar seinen Erzrivalen Kasparow im Visier hat, gehemmter und verkrampfter als in „normalen" Turnieren. Dies gestand er auch einmal einem der Verfasser: „Ich bin nervöser, nicht mehr so kaltblütig wie früher." – um es bei späterer Gelegenheit wieder strikt zurückzuweisen.

Einerseits ist Karpow immer revanchelüstern im Schach gewesen; er will jede Niederlage auswetzen, wie viel Zeit auch vergehen mag. Kasparow erzählt, daß Karpow einen Bekannten, gegen den er als Kind verlor, Jahre später als Weltmeister zu einer Revanche zitierte und mit vollem Ehrgeiz bis zum Sieg spielte. Andererseits wirkte Karpow manchmal in diesen letzten Jahren, als sitze tief in ihm ein Gefühl oder gar ein Komplex, daß er den anderen doch nicht mehr überwinden könne; eine Art „Beißhemmung", eine psychologische Underdog-Haltung im entscheidenden Moment, wo ein Erfolg vielleicht sogar greifbar nahe liegt. Ein derartiger innerer Widerspruch, der psychologisch durchaus Sinn macht, einerseits glühend zu wollen und andererseits doch nicht zu können, wäre eine recht plausible Erklärung für die Schwächen, die Karpow zeigte, als er dem Titel vergeblich nachlief.

Hat er inzwischen, wieder im Besitz eines WM-Titels, auch wenn es zweifellos der sportlich weniger wertvolle von beiden ist, womöglich auch diese innere Hürde genommen? Was sich in Linares 1994 ereignete, hätte ihm trotz aller neuen Stärke kein Mensch zugetraut. Karpow gewann dieses Superturnier ungeschlagen mit 11 aus 13 und mit 2,5 P. Vorsprung, während alle anderen, selbst Kasparow, mindestens zweimal verloren. Natürlich war in der einen oder anderen Partie auch etwas Glück im Spiel; aber doch ist dies ein Resultat, das man mit den beeindruckendsten aller Zeiten in eine Reihe stellen muß. Um wieder Nr. 1 zu werden, fehlt Karpow freilich immer noch ein Matchsieg über Kasparow; doch die Schachwelt ist in Bewegung geraten, und nichts scheint mehr unmöglich. Jedenfalls hat die Karriere des Anatoli Karpow, die schon dem Ende entgegenzugehen schien, einen neuen Gipfel erreicht.

XVI. Kasparow (seit 1985)

Garri Kasparow (* 1963)

Wenn Schach im modernen Medienzeitalter einen strahlenden Helden brauchte, um sich in Szene zu setzen, dann konnte er gar nicht gelegener kommen. Die Karriere des Garry Kimowitsch Kasparow (geb. 1963) sah aus wie das Märchen vom jungen Prinzen, der gegen eine Welt von Feinden mutig und unbeirrbar bis zum Happy-End für die gerechte Sache kämpft. Aber wo solche Märchen aufhören, geht das Leben weiter, und Kasparow ist nicht der erste, mit dem gerade in dem Moment, da er am Ziel seiner Träume war, eine negative Veränderung vor sich ging. Eine faszinierende Figur ist er zwar immer noch geblieben, aber auf durchaus menschliches Maß mit Stärken und Schwächen reduziert.

Kasparows Karriere steht der von Fischer wohl zumindest nicht nach, aber weil sie zu Anfang größtenteils in der UdSSR vor sich ging, fiel sie im Westen höchstens einigen Insidern auf.

Der kleine Garry (geboren als Weinstein; nach dem frühen Tod seines jüdischen Vaters nahm er später den armenischen Familiennamen der Mutter Kasparjan an, der in Kasparow „russifiziert" wurde) lernte nach eigener Darstellung Schach so wie andere Prominente vom Zusehen und löste kurz vor seinem 6. Geburtstag eine Schachaufgabe aus der Zeitung, an der seine Eltern verzweifelten. „Mit sechs Jahren hatte ich nichts mehr im Kopf außer Schachspielen" schreibt er. Andererseits sagten seine Schachlehrer in Baku, Aserbeidschan, wo er aufwuchs, daß er anfangs gar kein sonderliches Talent gehabt hätte. Als sein Vater starb, war Garry 7 Jahre alt und stürzte sich mit einer Leidenschaft sondergleichen auf das Schachspiel. Die empirische und statistisch höchst eindrucksvolle Tatsache, daß mindestens 50 % der weltbesten Spieler vaterlos aufgewachsen sind, stützt natürlich die tiefenpsychologische Theorie, daß der König im Schach wie im Märchen unbewußt für den Vater steht und so im Schach die Beschäftigung mit dem abwesenden Vater auf sublimierte Weise – sowohl im Angriff auf den feindlichen wie in der Identifikation mit dem eigenen König – ausgetragen wird.

Mit 10 Jahren kam Kasparow in die Botwinnik-Schachschule, wo er bereits sein erstaunliches Talent bewies, u. a. als er bei den Analysen des umstrittenen Endspiels Botwinnik – Fischer (Olympiade 1962) etwas Neues entdeckte, was bis dahin nicht einmal Botwinnik selbst eingefallen war. Damals erreichte Kasparow bereits die Norm zum UdSSR-Meisterkandidaten; in der Folge wurde er Schüler- und Jugendmeister. Bereits mit 13 nahm er an der Junioren-WM teil (Platz 3). Seinen spektakulären Einstand bei den Senioren gab er 1978, als er ein Turnier in Minsk gewann, sich auf Anhieb für die UdSSR-Meisterschaft qualifizierte und mit 50 %, als einziger Spieler ohne ELO-Wertung, immerhin den „Klassenerhalt" sicherte.

International erregte er erst durch einen Donnerschlag mit 16 Jahren Aufsehen: Er gewann ein Turnier in Banja Luka vor 14 Großmeistern in atemberaubendem Stil mit einem Start von 9 aus 10 und schließlich zwei Punkten Vorsprung! Der Großmeistertitel, perfekt gemacht durch einen weiteren Sieg in

Baku 1980, war danach nur eine Frage der Zeit. Nach dem geteilten 3. Platz beim UdSSR-Championat 1979 debütierte Kasparow im Nationalteam, wenngleich vorerst nur als zweite Reserve, bei der Europameisterschaft und Olympiade 1980 mit jeweils hervorragendem Resultat. Daß er 1980 in Dortmund auch die Junioren-WM gewann, sah man schon fast als Formsache. Im nächsten Jahr folgte einem 2. Platz in Moskau hinter Karpow nochmals ein Rückschlag: beim Top-Turnier in Tilburg nur 50% und 7. Rang. Aber Kasparow lernte daraus. Er gewann diesmal, geteilt mit Psachis, die UdSSR-Meisterschaft und 1982 noch ein großes Turnier in Bugojno, bevor der Ansturm auf die WM begann.

Meist spielte Kasparow in dieser Phase, wie es sich für ein junges Genie voller Tatendrang gehört, und wurde bald zum Publikumsliebling, um nicht zu sagen zur „Hoffnung" der Schachwelt, der wie immer ein effektvoller Stil weit besser gefiel als der nüchterne Karpows. Allerdings war Kasparow wohl nie so einseitig wie etwa Tal in seinen Anfängen; er selbst nennt Aljechin sein Vorbild, dem es ja auch um die perfekte Beherrschung aller Elemente des Spiels ging. Hier darum eine wahrhaft ungewöhnliche Partie: Der noch nicht einmal 20jährige Kasparow deklassiert den Superstrategen und Verteidigungskünstler Petrosjan rein positionell nach kaum mehr als 20 Zügen!

Kasparow – Petrosjan, Bugojno 1982
1. d4 Sf6 2. c4 e6 3. Sf3 Lb4+ 4. Ld2 De7 5. g3 Lxd2+ 6. Dxd2 0–0 7. Lg2 d5 8. 0–0 dxc4

Die völlige Öffnung des Zentrums macht selbst einen kleinen Entwicklungsrückstand ziemlich bedeutend. Schon vorher wäre ein geschlossener Aufbau mit d6/e5 besser gewesen.

9. Sa3 c5 10. dxc5 Dxc5 11. Tac1 Sc6 12. Sxc4 De7

Diese Ungenauigkeit verträgt die anfällige Stellung bereits nicht mehr. Die Dame mußte natürlich früher oder später weg, doch war z. B. erst einmal Td8 am Platz.

13. Sfe5!

Dieser Zug erinnert an einen Scherz mit einigem Wahrheitsgehalt des ehemaligen Fernschachweltmeisters Estrin über den jungen Kasparow: „Das Einzige, was er kann, ist, seinen Springer nach e5 zu bringen und anzugreifen – vom Endspiel versteht er gar nichts. Das braucht er aber auch nicht, weil er immer schon vorher gewinnt."

13. ... Sxe5

Was tun? Nach 13. ... Td8 14. Sxc6 bleibt Schwarz die üble Schwäche c6, was ohnehin eine Drohung war. Nun freilich sorgt der Druck auf b7 bzw. in den offenen Linien dafür, daß Schwarz nie mehr zu einer vernünftigen Entwicklung kommt.

14. Sxe5 Sd5 15. Tfd1 Sb6 16. Da5 g6

Mit dem Wegzug des Sf6 wollte Schwarz vielleicht f6 vorbereiten, aber nach 16. ... f6 17. Sc4 Sxc4 18. Txc4 wäre nun gegen Tc7 kein Kraut gewachsen (18. ... b6 19. Dc3).

17. Td3 Sd5 18. e4 Sb6

Wann hat man Petrosjan je so hilflos gesehen? Auf Td8 würde Weiß in der Folge immer, wie es zum Schluß geschieht, die 7. Reihe erobern.

19. Lf1 Te8 20. Tdd1 Tf8 21. a3 Kg7 22. b3 Kg8 23. a4 Td8 24. Dc5! Schwarz gab auf.

Es droht Dc7 bzw. nach 24. ... Dxc5 25. Txd8+Df8 26. Txf8+Kxf8 27. Tc7 mit Vernichtung.

Aber so recht in seinem Element war Kasparow – und ist es bis heute – bei Verwicklungen. Dort kann er seine stärksten Waffen einsetzen: Variantenberechnung und Intuition. Schon Botwinnik stellte fest, daß Kasparow die anderen, was Rechenstärke anging, weit überragte. Aber seine Intuition dürfte weit mehr hervorstechen. In der Intuition sieht Kasparow überhaupt den größten Vorteil des Menschen gegenüber dem Schachcomputer; dieser wird immer ein „Rechenidiot" bleiben. Kasparow läßt sich meist gern auf Komplikationen ein, weil er felsenfest überzeugt ist, dabei aufgrund seiner intuitiven Fähigkeiten stärker zu sein als der Gegner. Vor allem früher stand ihm aber oft eine große Schwäche im Weg: seine Impulsivität, die er nach eigener Meinung von seinem Vater geerbt hat. Schon Botwinnik mußte ihn immer wieder erinnern, daß man besser vor einem Zug denken sollte als hinterher. Nicht umsonst empfahl Keres scherzhaft, immer auf den Händen zu sitzen, um nicht voreilig zu ziehen. Erst nach den Reinfällen zu Beginn des ersten WM-Matchs lernte Kasparow, sich am Brett weitgehend zu beherrschen.

Bis heute merkt man ihm diese Impulsivität an, was er keineswegs verschweigt oder zu verbergen sucht. Er verfällt leicht von einem Extrem ins andere; mal wirklich noble Gesten, aber dann auch wieder unkontrollierte Wutausbrüche und Launen. Seine Umgebung bekommt seine Stimmung im Guten wie Schlechten mit voller Wucht zu spüren. In dieser Hinsicht erinnert er an Fischer; auch Kasparow benimmt sich wie ein absoluter Herr und Meister, allerdings um einiges „menschlicher" gefärbt. Eroberer und Herrscher hatten es ihm schon früh angetan: „In sehr frühem Alter las ich ein Buch über Napoleon, das mich ungeheuer beeindruckte. Ich wollte immer Bücher über starke Persönlichkeiten lesen ... diese Lektüre bevorzuge ich noch heute." Psychologen führen dies auf Kasparows extreme Mutterbindung zurück, wie ein Satz von Freud besagt: „Wenn man der unbestrittene Liebling der Mutter gewesen ist, so behält man fürs Leben jenes Eroberergefühl, jene Zuversicht des Erfolgs, welche nicht selten wirklich den Erfolg nach sich zieht."

Am Brett merkt man ihm diesen Wesenszug deutlich an. Kasparow erwähnt selbst, was Short bereits bei der Jugend-WM 1980 feststellte: „Noch nie habe ich eine solch geballte Energie und Konzentration, so viel Siegeswillen und Heißhunger über das Schachbrett zu mir herüberlodern gefühlt." Man spürt dies auch als Zuschauer fast körperlich: Er rauft sich die Haare, vergräbt den Kopf in die Hände, fast ständig ist irgend etwas in Bewegung. Wenn er nicht am Zug ist, läuft er mit geballter Kraft herum wie ein Tiger im Käfig, der es kaum abwarten kann, sich auf eine Beute zu stürzen. Beim Simultan ist sein Tempo kaum zu überbieten; er nimmt auch diese Partien ernst wie ein Turnier und gibt Schwächeren gewöhnlich kein Pardon oder gar ein „diplomatisches" Remis. Sicher nicht zufällig sagte seine Mutter einem der Verfasser auf die Frage, was ihr am meisten an ihrem Sohn gefalle: „Seine Energie. Das ist wie Dynamit."

Im Gegensatz zu Fischer steht Kasparow freilich mit beiden Beinen im Leben und hat sich nicht in eine Scheinwelt zurückgezogen. Obwohl auch Fischer ohne Vater und nur mit der Mutter aufwuchs, ist der Unterschied deutlich: Bobby, meist allein gelassen, entwickelte keine Bindung, schon gar nicht die intensive wie Kasparow. So blieb er mit einem noch kindlichen Ich zurück. Andererseits schwebte wie Fischer auch Kasparow wohl von Anfang an in der Gefahr, einer „Ich-bin-der-Größte"-Einstellung zu verfallen. Lange hielt ihn wohl eine stark ausgeprägte Objektivität ab. Kasparow geht bei Analysen mit dem Gegner anders als Karpow schonungslos in die Details und sucht die Wahrheit, auch wenn sie für ihn ungünstig ausfällt. Er spürt auch, wenn er sich mit Optimismus und Draufgängertum übernahm. Über das relativ schwache Resultat von Tilburg 1981, sein erstes echtes Superturnier ohne schwächere Spieler, gibt er zu, er sei zu versessen darauf gewesen zu gewinnen, und sein zu großes Risiko sei bestraft worden. Erst da erkannte er, daß diese Top-Spieler aus anderem Holz waren als viele Gegner, die er zuvor „abgepflückt" hatte: „Die Großmeister verstanden es mit größerem Geschick, als ich es angenommen hatte, sich aus schwierigen Situationen zu retten, besonders im Endspiel ..." Er war sich tiefinnerlich wohl stets sicher, der Größte zu sein, aber realistisch genug, um zu erkennen, daß er dies erst beweisen mußte bzw. was ihm dazu noch fehlte. Seine damalige Einstellung beschreibt der Schachpsychologe Munzert typisch für viele andere: „Sein Selbstvertrauen ist beträchtlich, grenzt aber nie an Arroganz." Munzert stellt dies sogar als höchst erstaunlich heraus bei jemand, der von klein auf mit Erfolg und Lob überhäuft wurde. Dieses Porträt stammt aus der Zeit zwischen dem zweiten und dritten WM-Match; damals traf es sicher noch zu, heute würde es wohl etwas anders aussehen.

Mit derselben Siegesgewißheit und Selbstsicherheit stürzte sich Kasparow in die Wirren der Schachpolitik, obwohl er anfangs weiß Gott in keiner starken Position war. Vermutlich ließ ihn sein starkes Ich stets daran glauben, irgendwie werde es gut gehen; sonst hätte er manche Situationen wohl kaum durchhalten können. Nur manchmal merkte man, daß der Druck selbst für ihn zuviel zu werden drohte, so daß er irrationale Stützen brauchte. Z. B. spricht er von einem Hellseher und Parapsychologen, den er seinen „Talisman, vielleicht sogar Guru" nennt und der bei 0:4 im ersten Match genau wie beim dritten nach der dreifachen Niederlage in Erscheinung trat. Kasparow macht auch kein Hehl daraus, daß die 13 für ihn eine abergläubische Bedeutung als Glückszahl hat. Er ist am 13. April 1963 (durch 13 teilbar) geboren, nach seiner Zählung der 13. Weltmeister und so weiter...

Mit dem Sieg beim Interzonenturnier Moskau 1982 begann Kasparows Durchmarsch im WM-Zyklus. In der ersten Runde des Kandidatenturniers mußte er gegen Beljawsky anfangs hart kämpfen, gewann aber zum Schluß doch noch deutlich 6:3. Das nächste Match mit Kortschnoi hing dann allerdings am seidenen Faden. FIDE-Boß Campomanes, eben erst gewählt, verblüffte die Schachwelt, als er Pasadena zum Austragungsort wählte, das bei keinem der Spieler auf der Vorschlagsliste stand. Der sowjetische Verband lehnte ab; zum ursprünglich festgesetzten Beginn konnte Kasparow also nicht antreten, und Kortschnoi wurde kampflos zum Sieger erklärt. Nach einer erstaunlichen Kehrtwendung kam das Match (wie auch das andere, ebenfalls umstrittene Halbfinale Smyslow – Ribli) einige Zeit später in London doch zustande. Kasparow behauptet, es habe sich um eine Intrige im Zusammenspiel von Campomanes mit dem UdSSR-Verband gehandelt, um den für Karpow gefährlichsten Gegner auszubooten. Klare Beweise gibt es nicht; der seltsame Ablauf spricht aber durchaus für Kasparows Theorie. Daß der Verband für sein späteres Einlenken viel Geld zahlte und den Kortschnoi-Boykott aufhob, nur um als Spielort London statt Pasadena zu bekommen, macht wenig Sinn. Die Erklärung, daß massiver Druck aus dem Politbüro die Wende erzwang, klingt erheblich plausibler.

Als Helfer, der diesen Druck ausübte, hatte Kasparow nach eigener Darstellung den aserbeidschanischen KP-Chef Alijew „engagiert". Verständlich, daß man auf der Suche nach Bundesgenossen nicht wählerisch ist, wenn man keine hat; aber Kasparows überschwengliche Einschätzung des Altkommunisten Alijew („ein Mensch, bei dem man sicher sein konnte, daß er die faire sportliche Auseinandersetzung wünschte" etc.) wird heute wohl kaum jemand mehr teilen. Sie ist schon ein Anzeichen eines vom Eigeninteresse ausgehenden Schwarz-Weiß-Denkens (wer auf meiner Seite steht, ist gut; die anderen sind die Bösen), das Kasparow später bestimmt nicht günstig beeinflußt hat. Es kommt einem der Allgemeinplatz in den Sinn: Wer in die Politik geht, verliert seine Unschuld.

Das Match gegen Kortschnoi fand also statt; doch zu Beginn spielte sich Kasparow schachlich gleich selbst einen Streich. In der 1. Partie von einer vorbereiteten Neuerung überrascht, konnte er sich nicht dazu durchringen, kleine Brötchen zu bakken und vielleicht auf Remis zu spielen, sondern verbrauchte eine Menge Zeit, um aufs Ganze zu gehen – nach etwa 15 Zügen sollen es schon zwei Stunden gewesen sein gegenüber fünf Minuten bei Kortschnoi (!); Kasparow verlor. Danach kam er nur langsam in Schwung, und wer weiß, wie das Ganze ausgegangen wäre, hätte nicht Kortschnoi in der 6. Partie ein Remisendspiel gröblich verpatzt. Kasparow nutzte den Knacks des Gegners, gewann auch die 7. Partie und ging in Führung, was Kortschnoi nicht zu verkraften vermochte. Der Endstand hieß 7:4 für Kasparow. Im Finale den bald 63jährigen Smyslow zu schlagen machte ihm dann wenig Mühe (8,5:4,5).

So war Ende 1984 das erste K&K-Duell fällig. Wie bekannt, startete Kasparow katastrophal: 0:4 nach neun Partien. Wieder einmal ging er zu impulsiv und optimistisch auf den Gegner los. Schon in der 2. Partie verdarb er eine gute Stellung fast zum Verlust, weil er zu schnell zu viel wollte; in der dritten riskierte er eine halbseidene Variante mit Bauernopfer, was Karpow widerlegte. In der 6. Partie stand Kasparow wohl auf Gewinn, beging aber Berichten zufolge den Fehler, mit dem in hochgradiger Zeitnot befindlichen Karpow „mitzublitzen" – ein Zeichen, daß man sich nicht unter Kontrolle hat – und richtete diese Partie noch zugrunde. Auch in der siebten machte er in ruhiger, etwa gleicher Stellung ein, zwei übereilte „Angriffszüge", die Karpow zum 3:0 nutzte, und die neunte haben wir schon gesehen.

Kasparow bestreitet energisch, den Gegner unterschätzt zu haben, doch zumindest ließ er seinen Schwächen freien Lauf. Es ist auch schwer zu glauben, daß die Atmosphäre keinen Eindruck auf ihn gemacht haben sollte. Für viele galt er als Favorit, und nicht selten hieß es tatsächlich, er werde Karpow einfach niederrennen. Als er in der 2. Partie zum Sturm blies, soll noch jemand gesagt haben: „Jetzt macht Kasparow Hackfleisch aus ihm." Sehr deutlich schreibt auch Adorjan: „Andere (nicht gerade wenige) stachelten ihn direkt auf, Karpow nicht nur zu besiegen, sondern ihn auch zu demütigen und zu vernichten. Leider neigte Kasparow eher zu letzterem Rat und zückte gleich zu Beginn sein härtestes Schwert."

Aber nachdem das Kind in den Brunnen gefallen war, vollbrachte Kasparow eine unerhörte Leistung. Es gelang ihm nicht nur, während des Wettkampfs sein Spiel zu ändern, sondern sich dazu noch an einen Stil zu gewöhnen, den er bis dahin nie praktiziert hatte: abwarten, notfalls Remis machen, aber nichts mehr riskieren und den Gegner kommen lassen, also just Karpows Spielweise bis ins Letzte zu kopieren. Fast möchte man Karpow den gleichen Vorwurf wie Napoleon machen, dem Gegner zuviel der eigenen Geheimnisse verraten zu haben. Dieser neue Schlachtplan stellte Karpow (siehe voriges Kapitel) ein schweres psychologisches Problem. Aber noch schwerer muß es für Kasparow gewesen sein, ständig am Abgrund des sechsten Verlustpunkts zu balancieren. Sein immens starkes Ich, gerade, wie er selbst schreibt, in dieser Krise wieder mächtig unterstützt durch den Einfluß der Mutter, hielt stand. In dieser Phase war einmal auch einer der Verfasser im Saal und sprach die zuschauende Mutter Kasparows wegen eines Fernsehinterviews an. Diese war aber völlig geistesabwesend und verstand gar nicht, worum es ging. Der Frager war sicher, daß sie Eifersuchtsqualen wegen einer bekannten Moskauer Schauspielerin litt, die ebenfalls unter den Zuschauern war und mit der Garry ein Verhältnis haben sollte. Kaum löste sich die Schwarz-Partie Garrys jedoch in ein Remis auf, war Mutter Clara wieder freundlich und umgänglich wie eh und je. Sie hatte also in einer nahezu vollständigen Identifikation mit ihrem Sohn Ort und Zeit außerhalb des Schachgeschehens völlig „vergessen".

Es ist die gleiche Mutter, die sagte: „Von Garrys 10. Lebensjahr an haben wir immer nur gearbeitet, fast ununterbrochen. Ferien und Sich-gehen-lassen gab es gar nicht (mehr)." Welch eine Prägung!

In Sachen Abbruch kann man unmöglich alles neu aufrollen, doch was Kasparow selbst schreibt, fordert ein wenig Aufmerksamkeit. Auch wir meinen, daß der Abbruch ein unerquickliches Spektakel war, um den echt oder vermeintlich angeschlagenen Karpow zu retten. Aber welche Rolle spielte Kasparow dabei?

Wir zitieren die deutsche Ausgabe der „Politischen Partie", S. 198: „Später am Abend, gegen Mitternacht, wurde mein Delegationsleiter Mamedow durch einen offiziellen Anruf davon in Kenntnis gesetzt, daß am nächsten Tag der Präsident der FIDE auf einer Pressekonferenz seine Entscheidung verkünden werde, den Wettkampf abzubrechen. Ich wurde zu dieser Pressekonferenz nicht eingeladen. Man versicherte mir lediglich mehrmals, daß alles sich zum Besten wenden werde, daß ich mir keine Sorgen zu machen brauche. Man vermittelte mir den Eindruck, der einzige klärungsbedürftige Punkt betreffe die Bedingungen, unter denen der Rückkampf stattfinden würde, aber darüber könne man sich später einigen." Und dann (Ausrufezeichen von uns): „Ich ging davon aus, daß von dem ursprünglichen Vorschlag der FIDE die Rede war: jetzt abzubrechen und im September beim Stand 0:0 neu zu beginnen. Damit konnte ich leben(!!). Ich war mir sicher, daß ich den zweiten Wettkampf gewinnen würde. Ich hatte aus meinen Fehlern in der Anfangsphase dieses Matchs gelernt. Bei 0:0 anzufangen, war besser, als bei 3:5 weiterzuspielen(!!)."

Kasparow erzählt weiter, daß man versuchte, ihn von der

Pressekonferenz abzuhalten, daß er aber trotzdem hinging, weil er ein ungutes Gefühl hatte. Als er erschien, habe es über 20 Minuten Verzögerung gegeben, bis Campomanes&Co. anfingen. Er vermutet weiter, ohne ihn hätte Campomanes wohl einen Abbruch derart verkündet, daß Karpow irgendwie einen Vorsprung behalten hätte. In den 20 Minuten habe der FIDE-Boß kurzfristig umdisponiert und zugleich Karpow mobilisiert. Als dieser jedoch erschien und merkte, daß entgegen voriger Planung sein Vorsprung geopfert werden sollte, habe er selbst protestiert. So sei es zu der kuriosen Situation gekommen, daß Campomanes und Karpow sich öffentlich widersprachen.

Alles gut und schön, doch selbst wenn man es einfach so glaubt, bleibt die Frage: War demnach das, was letztlich verkündet wurde (Abbruch und neues Match von 0:0 an) nicht genau das, was Kasparow wollte oder zumindest akzeptierte? Wie soll man die zitierte Stelle anders verstehen?

Wieder ein Fall, wo wir die Wahrheit wohl nie erfahren werden. Dennoch war seit diesem Augenblick die Wortschöpfung Spasskys geboren: „Karpomanes", eine Zusammenziehung aus Karpow und Campomanes.

Kaum ein halbes Jahr später begann das zweite Duell. Dazwischen spielte Kasparow zwei kleine Wettkämpfe, einen in Hamburg gegen Robert Hübner (4,5:1,5 gewonnen) auf Einladung des SPIEGEL. Dort gab Kasparow ein ausführliches Interview, und das war auch hierzulande der Beginn eines Kasparow- und Schach-Booms. Der letztere hielt etwa bis 1987 an, solange es jedes Jahr eine WM gab, den ersteren spürt man heute noch. Denn Kasparow blieb ein Mann der Medien, wohl der erste Schachspieler, der die Bedeutung der Öffentlichkeit speziell im Westen erkannte und sie gezielt bis heute nutzt. Damals glaubte er sich für eine Abrechnung stark genug, weil kurz nach dem Abbruch Gorbatschow die Macht übernommen hatte. Trotzdem wollte man laut Kasparows Darstellung diese Interviews gegen ihn verwenden und ihn womöglich disqualifizieren, doch Gorbatschows Berater Jakowlew habe diesmal zu seinen Gunsten interveniert.

Auch Campomanes erlaubte sich im Hinblick auf das zweite Match wieder einige befremdliche Dinge, doch sie beeinflußten letztlich den sportlichen Verlauf nicht. Die unbegrenzte Dauer wurde natürlich abgeschafft; es ging wie früher auf maximal 24 Partien. Kasparow startete diesmal furios, gewann die 1. Partie und brachte Karpow auch in der zweiten in arge Nöte, fing sich dann aber einen Doppelschlag ein, wonach das Match lange Zeit in der Schwebe blieb. Ein grober Fehler Karpows in der 11. Partie brachte den Ausgleich; nach 15 Partien stand es immer noch gleich. Dann folgte eine der grandiosen Partien der Schachgeschichte ...

Karpow – Kasparow
1. e4 c5 2. Sf3 e6 3. d4 cxd4 4. Sxd4 Sc6 5. Sb5 d6 6. c4 Sf6 7. S1c3 a6 8. Sa3 d5!?!

Dieses provokante Gambit hatte Kasparow schon in der 12. Partie versucht. Dort blockte Karpow wie meist, wenn er in der Eröffnung überrascht wird, alle Komplikationen radikal ab und gab sich mit schnellem Remis zufrieden. Diesmal war er offenbar vorbereitet.

9. cxd5 exd5 10. exd5 Sb4 11. Le2

Typisch Karpow: er bietet die Rückgabe des Bauern an, um nach Sbxd5 12. Sxd5 Sxd5 13. 0–0 Le7 14. Lf3 ein bequemes Druckspiel zu bekommen. Das will Kasparow natürlich nicht.

11. ... Lc5 12. 0–0?!

Die kuriose Pointe: Im nächsten Jahr brachte Karpow in einer Partie die Verstärkung 12. Le3!, wonach es für Schwarz mulmig wird, z. B. Lxe3 13. Da4+Sd7 14. Dxb4 mit Vorteil für Weiß. Aber obwohl bestimmt nicht nur Kasparow vor dem Match, sondern auch Karpow zwischen der 12. und 16. Partie die Sache gründlich „abgekocht" hatte, sahen es damals offenbar beide nicht.

12. ... 0–0 13. Lf3

Jetzt will Karpow den Bauern nicht mehr hergeben; vielleicht sollte er es trotzdem tun, wenn auch ohne Vorteil.

13. ... Lf5 14. Lg5 Te8 15. Dd2 b5 16. Tad1 Sd3

Dieser Springer wird nun sehr lange wie eine unheimliche Krake, die ihre verderblichen Arme in alle Richtungen ausstreckt, im weißen Lager bleiben und die weißen Figuren förmlich lähmen.

17. Sab1 h6 18. Lh4 b4 19. Sa4 Ld6

Bis hier hatte Kasparow nur etwa 15 Minuten verbraucht – also alles Hausanalyse! Schwarz beherrscht die Lage, da es Weiß nie gelingt, den Sd3 zu beseitigen.

20. Lg3 Tc8 21. b3 g5 22. Lxd6

Hier z. B. scheitert das logische 22. Sb2 an Sxb2 23. Dxb2 g4 24. Le2 Tc2 mit Figurengewinn.

22. ... Dxd6 23. g3 Sd7 24. Lg2 Df6 25. a3 a5

Weiß kann sich kaum noch rühren; der Rest ist eine fürchterliche Vernichtung in Karpows ureigenstem Stil: Er wird allmählich in einer eisernen Umklammerung zu Boden gezwungen.

26. axb4 axb4 27. Da2 Lg6 28. d6 g4 29. Dd2 Kg7 30. f3 Dxd6 31. fxg4 Dd4+ 32. Kh1 Sf6 33. Tf4 Se4 34. Dxd3 Sf2+ 35. Txf2 Lxd3 36. Tfd2 De3 37. Txd3 Tc1 38. Sb2 Df2 39. Sd2 Txd1+ 40. Sxd1 Te1+ Weiß gab auf.

Eine solche Niederlage psychisch aufzufangen ist schwer; Karpow schien für den Rest des Matchs gezeichnet. Vielleicht war es diese Partie und dazu die 19., die ihm auch für die Zukunft einen Knacks gaben. Das Ende der 19. Partie muß wie eine öffentliche Hinrichtung verlaufen sein. Kasparow, in klarer Gewinnstellung, führte seinen Abgabezug mit der Dame offen aus und reckte dann die Hand mit der Dame triumphierend ins Publikum, das überwiegend auf seiner Seite war. Der Beifall donnerte los; man rief nach Karpows Aufgabe, dazwischen meldeten sich auch ein paar Karpow-Anhänger zu Wort. Kasparow wurde gefeiert, als sei er schon Weltmeister, während der Verlierer heimlich, still und leise von dannen schlich.

Es war danach fast ein Wunder, daß Karpow noch eine Chance bekam; aber tatsächlich gingen in der 22. Partie die Nerven wieder einmal mit Kasparow durch, und sein Vorsprung schmolz auf einen Punkt. Ein Sieg in der letzten, 24. Partie mit Weiß konnte also Karpow noch retten. Und so kam es zu dieser Stellung:

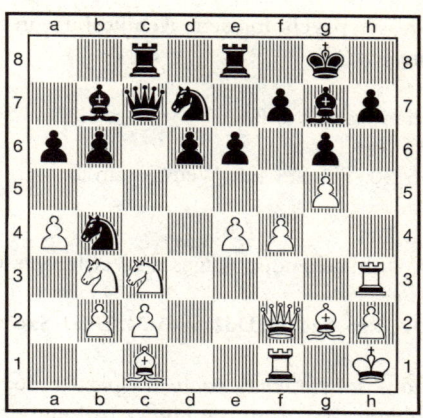

Karpow – Kasparow, Moskau 1985, 24. Partie

(Nach 22 Zügen)
Ein paar Tage vor dieser Partie (!) hatten Sokolow – Ribli beim Kandidatenturnier ganz ähnlich gespielt, und bestimmt kannten K&K dieses Vorbild beide. Karpow hat mit Weiß genau denselben Aufbau gewählt, Kasparow ein, zwei Verstärkungen angebracht (Schwarz verlor die erwähnte Partie). Jetzt gibt es trotzdem nur die logische Konsequenz 23. f5; doch Karpow schreckt davor zurück. Wollte er, wie es typisch für seinen Stil wäre, lieber einen besseren Moment für eine konkrete Aktion abwarten, weil er keinen zwingenden Vorteil sah? Jedenfalls vergibt er damit objektiv seine beste Chance in der Partie.

23. Le3?! Te7 24. Kg1 Tce8 25. Td1 f5!?

Kasparow hat das Zaudern des Gegners gespürt und trumpft sofort kühn auf, um nun selbst das Heft in die Hand zu bekommen.

26. gxf6 Sxf6 27. Tg3 Tf7 28. Lxb6 Db8

Bestimmt hat Schwarz gute Kompensation für den Bauern; aber vor allem liegt Kasparow solch eine Stellung, Karpow nicht. Es ist das Muster, nach dem Kasparow noch manche großen Entscheidungspartien gegen Karpow gewann: Er scheut Risiken und Opfer nicht, um Karpow sein Spiel aufzuzwingen, nachdem er dessen psychologische Achillesferse in eben solchen Lagen erkannt hat.

29. Le3?!
Zu versuchen war 29. Lf3.

29... Sh5 30. Tg4
Auch nach 30. Tf3 Sf6 hat Weiß kaum Besseres als wieder 31. Tg3.

30... Sf6 31. Th4
Stürzt sich wohl sehenden Auges ins Verderben, um dem Remis zu entgehen.

31... g5! 32. fxg5 Sg4 33. Dd2 Sxe3 34. Dxe3 Sxc2 35. Db6 La8 36. Txd6?
Wenn schon, sollte Weiß nach Kasparow 36. Dxb8 Txb8 37. Lh3 probieren; aber Karpow muß ja auf ein Gewinn-Wunder hoffen, und da kann man schlecht die Damen tauschen!

36... Tb7 37. Dxa6 Txb3 38. Txe6 Txb2 39. Dc4 Kh8 40. e5
Eine verzweifelte Hoffnung im letzten Zug vor der Zeitkontrolle: 40... Se3? 41. Txh7+! Kxh7 42. g6+Kh8 43. Dh4+Kg8 44. Dh7+Kf8 45. Tf6+! und das Wunder könnte geschehen ... (Lxf6 46. Df7 matt). Aber nein!

40... Da7+41. Kh1 Lxg2+42. Kxg2 Sd4+Weiß gab auf.

Nun brach das Chaos los. Kasparow wurde mit Sprechchören gefeiert; seine Fans tanzten im Foyer. Es war sicher mehr als irgendein WM-Kampf, es war der Beginn einer neuen Ära.

Als Weltmeister startete Kasparow einen wahren Triumphzug im Westen. Täglich ca. 2500 Zuschauer, bei der letzten Partie noch weitere 1000 mehr, in Hilversum bei einem Schaukampf über sechs Partien mit Timman, über 1000 beim Uhrensimultan gegen das Bundesligateam des SK Hamburg, worüber sogar die Hauptnachrichten von ARD und ZDF berichteten – das waren schon fast Auftritte wie die eines Film- oder Fernsehstars. Vermutlich stellten viele Laien erstmals erstaunt fest, daß ein Schachweltmeister weder verrückt noch unscheinbar noch eigenbrötlerisch sein muß. Gut aussehend, schlagfertig, mit Witzen und starken Sprüchen, aber noch innerhalb der Grenzen, wo Selbstbewußtsein erträglich ist – so präsentierte sich Kasparow damals auf dem Gipfel seiner Beliebtheit. Sicher vermarktete er in erster Linie sich selbst; aber es ist gar keine Frage, daß Schach insgesamt in dieser Zeit gewaltig davon profitierte. – Die Autoren, des öfteren in TV-Kreisen tätig, wissen ein Lied davon zu singen, was damals los war – und heute nicht mehr.

Doch in dieser Zeit bahnte sich auch schon an, was 1993 offen und plötzlich zum Ausbruch kam: die mögliche Spaltung der Schachwelt. Mit dem Titel und seiner Popularität im Rükken scheint Kasparow von da an geträumt zu haben, den FIDE-Apparat einfach links liegenzulassen und sich zu einer Art Volksweltmeister auszurufen. Dazu brauchte er nur die Unterstützung der Spitzenspieler. Beim Poker um das Revanchematch 1986 brachte er erstmals die Idee auf, nicht anzutreten und sich von der FIDE zu trennen. „Aber am Ende mußte ich zu dem Revanchekampf antreten, weil die Großmeister nicht einmütig und entschlossen genug Front dagegen machten", meinte er. Vermutlich war der Gedanke einer Palastrevolution für die meisten noch zu unerhört, oder sie hatten schon entdeckt, daß auch Kasparow seine Schwächen besaß. Außerdem gab es damals noch einen sowjetischen Staat, der bestimmt nicht wollte, daß seine zwei Stars auf verschiedenen Seiten der Front standen.

Am Ende kam es zu einem seltenen Bündnis: K&K einigten sich ohne Campomanes. Währenddessen bereiteten die Revolutionäre den Versuch vor, Campo auf offiziellem Weg über den anstehenden FIDE-Kongreß zu stürzen und damit die Spaltung zu vermeiden.

Das dritte Match in London und Leningrad 1986 zeigt ebenso wie die Schlußphase des zweiten Kasparow auf der Höhe seines Könnens. Schon in der 2. Partie spielte er Karpow in dessen eigenem Stil in einer „harmlosen" Stellung aus, versäumte aber den K. o. In der vierten ging er in Führung, verlor jedoch die fünfte durch einen Vorbereitungsfehler. Mit der achten begann eine ganze Reihe spektakulärer Partien. Im entscheidenden Moment verschmähte Kasparow, getreu seinem inzwischen erprobten Rezept, einen Qualitätsgewinn, der die Lage vereinfacht hätte, ihm aber noch nicht sicher den Sieg versprach, spielte kompliziert und spekulierte neben der Psychologie auch auf Karpows Zeitnot. Das brachte vollen Erfolg. Nach dieser packenden Partie wurde das in London grassierende Schachfieber zur Epidemie. Schon Stunden vor dem nächsten Termin standen gut 100 Fans an; schließlich mußte man gar im Park gegenüber dem Spielsaal die Partie vorführen und kommentieren. Aber es folgten nur noch vier Remis, darunter freilich ein faszinierendes in der 11. Partie, das als beste Partie der Londoner Hälfte prämiert wurde. Danach in Leningrad überschlugen sich die Ereignisse. Bei der 14. Partie gaben selbst Großmeister zu, sie könnten das Schach dieser beiden kaum noch begreifen. Kasparow gewann; doch schon brachte die 16. Partie einen neuen Höhepunkt.

Als Kasparow auch diese nach nervenaufreibendem Verlauf gewonnen hatte, glaubte er, dies sei die Entscheidungsschlacht gewesen. Es schien keine Steigerung an Dramatik mehr möglich, doch sie kam: Kasparow, jetzt drei Punkte vorn, verlor drei Partien in Folge! Dann feuerte er einen seiner Sekundanten, Wladimirow, wegen angeblicher Spionage; er soll Eröffnungs- und Hängepartieanalysen Karpow zugespielt haben ...

Von vielen Rätseln bleibt dies eins der größten. Denkbar sind solche Dinge ohne weiteres. Aber Kasparow selbst gibt zu, konkrete Beweise habe er nicht, und was er an Verdachtsmomenten anbietet, läßt ohne weiteres auch harmlosere Deutungen zu. Überwiegend hat man ihm in der Schachszene wohl nicht geglaubt; zumindest muß man sagen, daß die drei Verluste in erster Linie auf seine eigene Kappe gehen. In der 17. Partie wiederholte er, angeblich gegen den Rat seiner Sekundanten, eine etwas verdächtige Variante aus der 15., die Karpow prompt mit einer Neuerung erfolgreich konterte. In der 18. Partie verpatzte diesmal Kasparow in Zeitnot eine Gewinnstellung, und in der 19. wurde wieder seine Eröffnung „ausgehoben", eine, die er nach eigener Aussage zum ersten Mal spielte und die nicht wenige Experten als riskant beurteilten. Spionage hin oder her; in allen Fällen, vor allem in der 18. Partie, muß sich Kasparow an die eigene Nase fassen.

Zum Schluß jedoch raffte er sich wieder auf und lieferte in der 22. Partie nochmals eine Spitzenleistung: Er sah am Brett einen

Abgabezug, den die meisten Experten selbst bei stundenlanger Analyse nicht fanden. Statt guter Remischancen für Karpow, wie viele fälschlich glaubten, war die Partie nach fünf Zügen vorbei. Da wurde Kasparow wieder zum strahlenden Jungen, dem ein glänzender Coup gelungen war, den er voller Freude Hinz und Kunz (und auch einem der Verfasser) immer wieder bereitwillig vorführte. Das Match war entschieden; es endete schließlich 12,5 : 11,5.

Damit schien alles klar. Kaum jemand mochte glauben, daß der 12 Jahre ältere Karpow, gegen den auch die Zeit arbeitete, je den Titel zurückgewinnen würde. Genau das bewirkte offenbar einen negativen Umschwung bei Kasparow. Bis zur nächsten WM verspielte er in nur etwa einem Jahr schon einen Teil seines Kredits.

Was ist da passiert? Wahrscheinlich wurde Kasparows starkes Selbstbewußtsein nicht mehr wie früher von seiner Objektivität gebremst; denn gerade die objektive Realität bestätigte jetzt, daß er der Größte war. Deswegen sagte er es auch immer deutlicher. Aus seinem Herzen hat er nie eine Mördergrube gemacht; er sagt, was er denkt, zuweilen sogar ohne diplomatische Höflichkeit. Bei seiner Impulsivität und Spontaneität kann es freilich passieren, daß er redet, bevor er mit dem Denken fertig ist, und dann von einem Tag auf den anderen plötzlich seine Meinung ändert. Aber im Prinzip glaubt er zumindest in dem Moment, da er etwas sagt, auch selbst das Gesagte. Der Größte zu sein, war ab diesem Punkt wohl ein feststehendes Lebensgefühl, keine zweckbestimmte Angeberei.

Zudem wurde sein Hofstaat immer zahlreicher, und wieviel kritische Geister in solch einer Umgebung vertreten oder vielmehr nicht vertreten sind, kann sich jeder vorstellen. Das ständige Umworbensein, die Schmeicheleien dürften die Tendenz, „abzuheben", gehörig verstärkt haben. Z. B. finden sich in Adorjans Buch so manche kuriose wie auch dubiose Typen, mit denen man als Star des öffentlichen Lebens zu tun bekommen kann. Auch daß Kasparow inzwischen von dem Engländer Page nach den knallharten Gepflogenheiten des kapitalistischen Business gemanagt wurde, kam den idealistischen Plänen, die er in seinem Buch noch als Leitlinien verkündet, bestimmt nicht zugute.

Ein Thema für sich ist die Schachpolitik bzw. Kasparows nunmehr völlig neue Rolle darin. Früher mußte er gegen Mächtige kämpfen; jetzt hatte er selbst immer mehr Macht und Einfluß. Ein so direkter, impulsiver und von sich überzeugter Charakter neigt aber nun einmal nicht dazu, diplomatisch um Mehrheiten und Kompromisse zu ringen, sondern das, was er für richtig hält, ohne langes Federlesen und ohne Abstriche in die Tat umzusetzen. Man denke nur an seine Vorliebe aus der Jugend für starke Persönlichkeiten wie Napoleon. Fast sieht es wie eine gewisse Parallele aus, daß dieser infolge einer Revolution im Namen von „Freiheit, Gleichheit, Brüderlichkeit" an die Macht kam, um dann als Kaiser sehr schnell so wie die absolutistischen Herrscher, gegen die sich die Revolution richtete, weiterzumachen. Also nichts Neues unter der Sonne – und nicht die erste Revolution, die ihre eigenen Kinder frißt.

Kurz nach der WM 1986 spitzte sich der Machtkampf wie erwartet auf dem FIDE-Kongreß zu. Keene und der Brasilianer Lucena, der zwar als Präsident kandidierte, aber wohl kaum mehr als ein Strohmann war, traten mit Kasparows vehementer Unterstützung gegen „Campo" an. Doch gegen den Meister des Strippenziehens hinter den Kulissen wirkte Kasparows Versuch, den starken Mann zu spielen, eher unbeholfen naiv. Wie er selbst schreibt: „Für Campo war es ein Heimspiel in seiner angestammten Sportart und nach seinen eigenen Regeln. Wir wirkten neben ihm wie Amateure." Daß selbst der sowjetische Verband, obwohl der Kosmonaut Sewastjanow, Kasparows Erzfeind, inzwischen als Präsident abgelöst worden war, schließlich erklärte, für Campo stimmen zu wollen, schlug die Letzten der Opposition in die Flucht. Eine Kampfabstimmung fand nicht mehr statt.

Danach kam Kasparow auf seine Idee zurück, es ohne die FIDE zu probieren. Auf seine Initiative wurde die Großmeister-Organisation GMA gegründet. Als „Spieler-Gewerkschaft", die ein Gegengewicht zu den Funktionären bilden sollte, war sie eine gute Idee, die auch breite Unterstützung fand.

Ihr einziger Geburtsfehler war, daß Kasparow damit offenbar anderes vorhatte als die Mehrheit seiner Kollegen.

Bis zur nächsten WM gab es wieder nur eine kurze Pause. Bei der Olympiade 1986, die zeitgleich mit dem FIDE-Kongreß in Dubai stattfand, lief es für Kasparow zeitweise schlecht: Er verlor gegen den US-Amerikaner Seirawan, und auch das Match insgesamt ging den Bach hinunter. Kasparow fürchtete wohl nicht zu Unrecht, man könne den Ausrutscher seinen politischen Aktivitäten anlasten. Doch ein energischer Schlußspurt von K&K mit je 4 aus 5 sicherte der UdSSR doch noch den Sieg und Kasparow mit 8,5 aus 11 das Top-Resultat des Turniers.

Es folgte ein klarer Sieg in Brüssel, ein Schaukampf mit Short in einer Londoner Diskothek (4:2) und die kraftvolle Revanche beim Uhrensimultan gegen den HSK mit 7:1 (das erste Match hatte seinerzeit ein völlig übermüdeter Kasparow 3,5:4,5 verloren). Inzwischen wurde Karpow wieder Herausforderer. Doch die Generalprobe bei einem neuen Eliteturnier in Brüssel 1987 fiel klar zugunsten von Kasparow aus: Er teilte den 1. Platz mit Ljubojevic, während Karpow nach blasser Vorstellung klar zurückliegend nur auf Rang 3 kam. Kasparow schneuzte dann noch die Schweizer Nationalmannschaft im Uhrensimultan (5,5:0,5) und schien bestens gerüstet für die WM Ende 1987 in Sevilla.

Doch schon seit Jahresbeginn fielen Kommentare auf, die man bis dahin nicht von ihm kannte. Er warf Karpow mit anderen möglichen Kandidaten in einen Topf und tat, als sei keiner von denen die leiseste Gefahr. Nach ihm sah Karpow einer Vernichtung, Ausradierung und anderen scheußlichen Dingen entgegen. Die Experten schüttelten nur noch den Kopf. Sein Lehrer Botwinnik warnte Kasparow davor, abzuheben; auch Spassky, der allen voran über Karpow, Campo&Co. („Karpomanes") geschimpft hatte, sah für den Weltmeister einen schweren Gang voraus.

Dann kam Kasparows Buch „Politische Partie" heraus; wie man vermutete, genau zur Zeit, um Karpow vor dem Match einen vermeintlich vernichtenden Schlag zu verpassen. Genau das Gegenteil trat ein. Die ohnehin durch Kasparows Großsprechereien unangenehm berührte Schachszene machte das Buch fast einhellig nieder. Zu viele unbewiesene Behauptungen, innere Widersprüche und extremes Schwarz-Weiß-Denken wurden mit Recht kritisiert. Selbst Kasparow-Freunde wurden nachdenklich und meinten, vielleicht brauche er einen Nasenstüber, um auf den Boden der Realität zurückzufinden, wenn auch hoffentlich nicht gerade im WM-Match ...

Doch so wäre es fast gekommen. Die Laune des Schicksals spielte Karpow einen „Feuerwerkskörper" in die Hand: Kasparow spielte in der 2. Partie erstmals gegen den Erzrivalen 1. c4 und hoffte wohl auf eine gewaltige Überraschung; statt dessen lief er genau in eine Variante, in der Karpow vor Jahren gegen Kortschnoi einen Coup vorbereitet hatte. Danach überlegte Kasparow 82 Minuten, fand sich aber nicht zurecht und verlor. Die unverhoffte Wendung brachte ihn so aus dem Konzept, daß er trotz Zeitnot einmal minutenlang vergaß, seine Uhr zu drükken, eine unerhörte Begebenheit bei einem Profi.

Von da an ging es hin und her; keiner konnte mehr als einen Punkt Vorsprung herausholen. Kasparow spielte sehr gut in der 4. und 8. Partie, die er verdient gewann; doch in Zeitnot patzte er schrecklich in der fünften, dafür machte ihm Karpow in der elften ein äußerst großzügiges Geschenk. In der 16. Partie aber glich Karpow erneut aus, und nun war schon klar, daß es nicht mehr um eine Vernichtung ging, sondern ums nackte schachliche Überleben des Titelverteidigers. Sechs Remisen folgten. In der 23. Partie errang Karpow zunächst Vorteil, doch sein Abgabezug war wohl nicht gut, und Kasparow erholte sich. Als er fast schon in Sicherheit war, fing er jedoch an zu kombinieren und übersah einen einzügigen Konter. Der Fehler war nicht mehr zu reparieren, die Partie ein paar Züge später zu Ende. Beide sollen danach Tränen in den Augen gehabt haben, freilich aus unterschiedlichen Gründen ...

Die Stimmung bei der letzten Partie glich einer Stierkampfarena. Trotz Polizeieskorte mit Blaulicht kamen die Wagen der Spieler kaum zum Saal durch. Kasparows Lage war fast noch schlimmer als bei 0:5 im ersten Match; er mußte diese eine Partie „auf Bestellung" gewinnen. Vermutlich traf er die bestmögliche Chance: Er versuchte eine lange Partie abseits theoretischer Bahnen zu spielen, um Karpow unter psychischen Druck zu setzen. In der Tat wirkte dieser nervös und beging ein, zwei Ungenauigkeiten. Trotzdem war für ihn bis zur Zeitnot noch nichts verloren. Aber dann blieben ihm noch drei Minuten, Kasparow knapp zehn für neun Züge; der Showdown begann ...

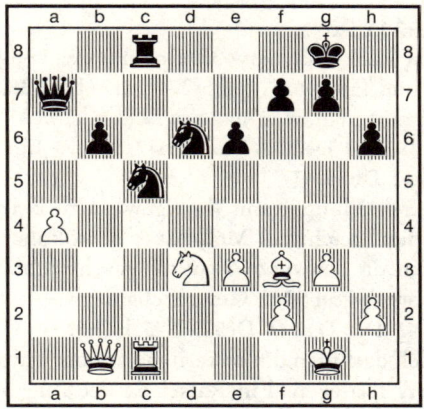

Kasparow – Karpow, Sevilla 1987, 24. Partie

(Nach 30 Zügen)

Schwarz hat gerade Dc7-a7 gezogen, um den Sc5 zu entfesseln. Jetzt hängt a4, und Weiß kann auch nicht gut weitere wichtige Figuren wie den Sd3 tauschen. Es muß etwas passieren!

31. Se5(!)

Der letzte Versuch, mit Ideen wie Sc6 und evtl. Se7+ oder a5 etwas zu erreichen.

31... Sxa4?

Es gab viele Empfehlungen: Sf5 (Kasparow) oder Dxa4 32. Dxb6 Da3 (in Karpows Zeitnot unmöglich genau zu berechnen) oder einfach Tf8. Der Textzug ist jedenfalls schlecht, weil sich der Springer zu weit vom eigenen König entfernt.

32. Txc8+ Sxc8 33. Dd1?

Übersieht einen Verteidigungstrick – aber Karpow auch! Nach 33. Db5 hat Weiß trotz des geringen Materials gefährliche Möglichkeiten und müßte laut Kasparow gewinnen.

33. ... Se7?

Rettet automatisch den Sc8, der aber nach 33. ... Sc5! gar nicht gut zu nehmen war: 34. Dd8+Kh7 35. Dxc8 Da1+und Schwarz hält sich auf e5 schadlos. Damit wäre Karpow außer Gefahr gewesen.

34. Dd8+Kh7 35. Sxf7?!

Stärker war nach Kasparow 35. Lh5 mit der Hauptidee 35. ... g6 36. De8! und falls 36. ... gxh5 37. Dxf7+Kh8 38. Sg6+. Aber in Zeitnot nimmt man, was man erwischen kann.

35. ... Sg6 36. De8 De7 37. Dxa4 Dxf7 38. Le4 Kg8 39. Db5 Sf8 40. Dxb6 Df6 41. Db5 De7

Die Abbruchstellung. Kann Weiß gewinnen? Bei allen Bauern auf einem Flügel reicht ein Mehrbauer gewöhnlich nicht; aber hier ist zudem die schwarze Struktur geschwächt. Das Kasparow-Lager sprach von 90 % Gewinnchancen.

42. Kg2 g6 43. Da5 Dg7 44. Dc5 Df7 45. h4 h5?

Gewöhnlich darf man die Bauern nie auf der Farbe des feindlichen Läufers festlegen. Ein Rätsel ist der Zug besonders so kurz nach dem Abbruch. Was hatten Karpow&Co. befürchtet bzw. vom Textzug erhofft? Man weiß es bis heute nicht. Jetzt dürfte der letzte Zweifel am weißen Sieg beseitigt sein.

46. Dc6 De7 47. Ld3 Df7 48. Dd6 Kg7 49. e4 Kg8 50. Lc4 Kg7 51. De5+Kg8 52. Dd6 Kg7 53. Lb5 Kg8 54. Lc6 Da7 55. Db4 Dc7 56. Db7 Dd8 57. e5 Da5 58. Le8 Dc5 59. Df7+Kh8 60. La4 Dd5+61. Kh2 Dc5 62. Lb3 Dc8 63. Ld1 Dc5 64. Kg2 Schwarz gab auf.

Es ist praktisch eine Zugzwangstellung, in der sich nur noch die schwarze Dame rühren kann, die indes stets den hilfsbedürftigen Springer f8 gedeckt halten muß. Weiß kann seelenruhig seinen Läufer auf die Diagonale b1-g6 bringen und schließlich den Bauern g6 abpflücken.

Wahrhaft eine Zitterpartie! Es schien fast, als hätte dieses knappe Entkommen Kasparow tatsächlich „kuriert". In den drei Jahren bis zur nächsten WM gab es keinen „großen" Streit, dafür spielte der Weltmeister erfolgreich. Die GMA startete in eigener Regie den Weltcup (vgl. Kapitel Karpow), den Kasparow gewann – wie auch alle vier Turniere, an denen er teilnahm, freilich zweimal „nur" geteilt. 1989 in Tilburg gelang ihm ein historisches Resultat: Er übertraf Fischers fast 20 Jahre alte Bestmarke der ELO-Zahl – nach diesem Bewertungssystem wird die Weltrangliste ermittelt – von 2780, und noch im selben Jahr durchbrach er mit einem weiteren Triumph in Belgrad sogar die Schallmauer von 2800! Auch das Eliteturnier Linares 1990 sah ihn wieder an der Spitze. Dieser nahezu makellosen Bilanz hatte Karpow wenig entgegenzusetzen, obwohl er erneut Herausforderer wurde.

Kasparow also auf dem Weg zu altem Glanz; doch nur schachlich. Hinter den Kulissen hörte man Bedenkliches über seinen Umgang mit Kollegen, und dieser Ärger nahm in neuester Zeit noch zu. Bei einem der Linares-Turniere gab es heftige Beschwerden, weil Kasparow sich ungeniert über die Partien der anderen belustigte, um nicht zu sagen sie auslachte. Kein Wunder, daß seine Gefolgschaft abbröckelte. Als er vor der WM 1990 mit der GMA auf Kollisionskurs gehen wollte, um Campo endlich zu erledigen – er soll einmal öffentlich erklärt haben, er werde die FIDE „killen" –, kam es zum Konflikt in den eigenen Reihen. Bei der GMA-Generalversammlung 1990 wurde er zwar als Präsident neu gewählt, doch danach erlitt er bei einer Abstimmung über einen Vertrag zwischen GMA und FIDE eine Niederlage. Prompt trat er auf der Stelle als Präsident wieder zurück. An andere Meinungen oder gar Widerspruch schien er nicht mehr gewöhnt; offenbar hat er die GMA als reines Vollzugsinstrument betrachtet. Sieht so die freie, demokratische Schachwelt aus, für die er einst angetreten war?

Man muß vermuten, daß es bereits 1990 in der Tat zum Bruch gekommen wäre, wenn Kasparow die anderen auf seine Linie gebracht hätte. Allein konnte er damals nichts tun, denn Karpow als Herausforderer spielte nicht mit, wie es Short 1993 tat. Es gab also doch einen Kompromiß und ein WM-Match.

Zweifellos galt Kasparow klarer als Favorit denn je angesichts von Karpows schwacher Form (vgl. letztes Kapitel). Daß er bei dieser Lage wie vor Sevilla starke Worte sprach, war man schon gewohnt. Aber auch diesmal folgten bei weitem kleinere Taten. Nur zu Beginn in New York hätte Kasparow den Gegner vielleicht überrollen können, als er nach dem Sieg in der 2. Partie auch in der dritten mit einem abenteuerlichen Damenopfer recht zu behalten schien. Die Partie wurde aber Remis, und Kasparows Unterfangen ließ fürchten, daß er Karpow wirklich nicht mehr ganz ernst nahm. Wie er in der 4. Partie auf den Herausforderer losging, bestärkte diesen Verdacht. „Sie spielen wie Irre, wie Wahnsinnige" soll US-Großmeister Fedorowicz dazu gesagt haben; doch in diesen Partien trifft das bestimmt weit mehr auf Kasparow als auf Karpow zu. In der 4. Partie wäre es beinahe schon schiefgegangen (Ergebnis Remis), und dann kam beim Weltmeister Sand ins Getriebe. Die 7. Partie verlor er durch einen groben Fehler und bekam bis zur Halbzeit nicht mehr die Initiative. Nach dem Umzug ins französische Lyon packte Kasparow in der 14. Partie eine Geheimwaffe aus: die uralte Schottische Partie. Doch Karpow wehrte diese Attacke ab, machte Remis und hatte in der 15. Partie eine große Chance zur Führung. Er nutzte sie nicht, glich aber Kasparows folgenden Gewinn postwendend wieder aus. Doch in der 18. Partie bescherte ein Loch in Karpows Vorbereitung dem Weltmeister diesmal endgültig die Oberhand. Er gewann die 20. Partie in altem Stil und das Match schließlich mit 12,5:11,5. Ein verdienter, aber bestimmt kein glanzvoller Erfolg, zumal Karpow in dieser Phase durchaus nicht mehr als Kasparows schärfster Rivale galt.

Um so ärgerlicher für den Champion waren seine Mißerfolge 1991, aber bis Ende 1992 eroberte er durch mehrere Erfolge die Vormachtstellung zurück. Sein einzig bedeutendes Turnier 1993 in Linares gewann er ebenfalls; aber es stand schon im Zeichen der kommenden Spaltung.

Die Folgen dieses Unternehmens sind noch nicht abzusehen. Gewiß liegt darin die Konsequenz, die Kasparow seit 1986 angesteuert hat: „Endkampf" gegen die FIDE (sprich Campo) um die Macht in der Schachwelt. Mit dem neuen Herausforderer Short fand er einen Verbündeten, der, wie beide bestätigten, selbst den Vorschlag machte, das Match in Eigenregie zu veranstalten. Finanziell hat es sich für beide gelohnt: Sie bekamen einen stattlichen Preisfond, während das Konkurrenzduell Karpow – Timman nach dem Rückzug des angekündigten Sponsors Oman zur Pleite zu werden drohte. Die Devise seiner neuen Organisation PCA hat Kasparow denn auch klar formuliert: „Die Dollars werden sprechen." Wenn man so will, hat das bereits bei Short gewirkt, denn zuvor droschen beide aufeinander ein wie in schlimmsten Zeiten der K&K-Rivalität. Aber Dollars sind eben doch manchmal ein Wundermittel ... Mit dem in dieser Hinsicht höchst potenten Sponsor Intel hat die PCA inzwischen auch einen eigenen WM-Zyklus zustande gebracht; im Moment arbeiten die zwei Verbände wirklich parallel. Doch im Hinblick auf das Schicksal der früheren GMA sind derzeit (Frühjahr 1994) noch Zweifel erlaubt, ob Kasparows Unternehmen diesmal klappt. Wenn er seine Kollegen nicht besser und demokratischer behandelt als das offenbar zuweilen der Fall war, helfen irgendwann wohl auch Dollars nicht mehr.

Das Match gegen Short Ende 1993 wurde erwartet einseitig, obwohl sich der Engländer viel besser hielt, als das Resultat 12,5:7,5 sagt. Kasparow machte schon am Start alles klar; nach drei Partien (Stand 2,5 für ihn) aber gab er selbst zu, es hätte auch umgekehrt lauten können. In der Folge ließ Short noch ein-, zweimal klare Gewinnchancen aus.

Aber dann folgte Linares 1994. Hier erlitt Kasparow den wohl schwersten Rückschlag seit langem. Nicht nur daß er von Karpow um 2,5 Punkte abgehängt wurde; er geriet auch wieder ins Zwielicht. Gegen das ungarische Großtalent Judit Polgar, in Gewinnstellung, machte er in Zeitnot einen Springerzug, bei dem er eine simple Erwiderung übersah. Im letzten Moment bemerkte er den Fauxpas, schnappte den Springer wieder und setzte ihn auf ein anderes Feld. Hatte er ihn schon losgelassen – dann hätte der ursprüngliche Zug gelten müssen – oder nicht? Kasparow schwor Stein und Bein, er habe den Springer noch in der Hand gehabt. Auch eine Videoaufzeichnung klärte den Fall nicht völlig; doch wie es heißt, glauben die meisten Betrachter zu sehen, daß der Springer zumindest für Sekundenbruchteile aus der Hand war. Auch wenn man ein derart blitzschnelles Geschehen in Zeitnot nicht überbewerten darf – ein Ruhmesblatt ist die Geschichte für Kasparow weiß Gott nicht. Zumal er es nicht lassen konnte, sich ausgerechnet nach Judits nächster Partie gegen Karpow mit deutlichem Tadel an die Adresse der Ungarin in die Analyse einzumischen. Da wurde selbst die sonst eher umgängliche Judit böse und machte ihm deutlich, er solle sich gefälligst um seine eigene Partie kümmern und sie nicht immer wie ein fünfjähriges Kind behandeln. Sympathien bei seinen Kollegen hat Kasparow damit wohl kaum gewonnen.

Zunächst geht die Schachgeschichte mit zwei Weltmeistern weiter – ein bisher einmaliger Fall. Doch bis vor kurzem war Kasparow zumindest als bester Spieler noch einhellig anerkannt; jetzt gibt es daran Zweifel wie lange nicht mehr. Was nun? Die Schachszene ist zur Zeit ein schlechtes Pflaster für Propheten; doch man mag sich kaum vorstellen, daß dieser Zustand ewig so bleiben kann, zumal momentan teilweise dieselben Spieler bei beiden Verbänden zugleich im WM-Zyklus mitspielen! Nur eins läßt sich wohl absehen: Die unendliche Geschichte von K&K wird noch eine Zeitlang die Schachwelt beherrschen, gleich ob sie demnächst wieder einmal die Klingen kreuzen oder nicht...

Erläuterung der verwendeten Schachbegriffe

Abgabezug
: Zug, der bei Abbruch einer Partie ins Kuvert gegeben wird (vgl. „Hängepartie")

Abzugschach
: Schachgebot, bei dem die Angriffslinie einer Figur auf den feindlichen König zunächst von einem anderen Stein gleicher Farbe versperrt ist. Durch das Weg- bzw. Abziehen dieses Steins wird das Schachgebot wirksam.

Anzug
: erster Zug einer Partie, den stets der Weiße (bisweilen auch Anziehender genannt) hat. Da sich der Turnus, daß Weiß zuerst zieht, jedoch ständig fortsetzt, wird „Anzug" oft auch im erweiterten Sinn gebraucht.

AVRO
: Algemene Verenigde Radio Omroep, Sponsor des 1938 in Holland veranstalteten Turniers zur Ermittlung eines WM-Kandidaten

Beratungspartie
: früher übliche Spielart mit Teams von zwei oder mehr Spielern auf einer oder beiden Seiten, heute völlig aus der Mode gekommen.

Blindspiel
: Spiel im Kopf, ohne Brett und Figuren zu sehen

Blitzspiel
: Im Normalfall fünf Minuten pro Spieler für eine ganze Partie

Dauerschach
: der eine Spieler verfolgt den König des anderen mit unaufhörlichen Schachgeboten, denen jener nicht mehr entkommen kann. Die Partie endet dadurch remis.

einstellen
: einen Stein durch ein (in der Regel grobes) Übersehen verlieren

ELO
: Wertungssystem, nach dem die Weltrangliste sowie die Stärke von Turnieren berechnet wird; etwa seit 1970 international allgemein in Gebrauch

en passant
: Schlagen im Vorbeigehen (frz. „en passant"). Ein Bauer, der aus seiner Anfangsstellung durch einen Doppelschritt neben einen feindlichen Bauern zu stehen kommt, darf von diesem genauso geschlagen werden, als wäre er nur einen Schritt vorgegangen; z.B. weißer Bauer e2, schwarzer Bauer f4: Weiß zieht e2-e4, Schwarz schlägt f4xe3.

entfernter Freibauer	ein Freibauer (vgl. dort), der vom Hauptkampfplatz, insbesondere von den übrigen Bauern, möglichst weit entfernt steht. Besonders im Endspiel oft ein entscheidender Vorteil, da solch ein Bauer feindliche Kräfte bindet, die anderswo fehlen.
falscher Läufer	Läufer, der das Umwandlungsfeld eines Randbauern nicht beherrscht. Mit dem Übergewicht solch eines Läufers plus Randbauer (z. B. Weiß: Kg2, Ld3, Bh7 – Schwarz: Kh8) kann man nicht gegen den einsamen feindlichen König gewinnen, falls dieser die Ecke vor dem Randbauern erreicht.
Figuren	Im Prinzip alle Steine außer den Bauern. Besonders beim Wort „Figurengewinn" sind jedoch im allgemeinen Springer bzw. Läufer gemeint.
Fünfzig Prozent	bedeutet in einem Turnier, daß ein Spieler genauso viel Plus- wie Minuspunkte hat, und trennt damit im Regelfall die obere Tabellenhälfte von der unteren
Freibauer	Bauer, der auf seinem Weg zur Umwandlung (d. h. zur gegnerischen Grundreihe) von keinem feindlichen Bauern mehr blockiert oder geschlagen werden kann
Gambit	Opfer (gewöhnlich eines Bauern) in der Eröffnung, um sich dafür Angriff oder Stellungsvorteil zu sichern
guter Läufer	Läufer, der nicht durch eigene Bauern auf derselben Felderfarbe in seiner Wirkung behindert wird; vgl. auch „schlechter Läufer"
Hängepartie	Nach Erreichen einer bestimmten Spielzeit wird eine Partie abgebrochen und meist am nächsten Tag fortgesetzt. Der am Zug befindliche Spieler gibt seinen nächsten Zug in ein Kuvert (vgl. Abgabezug), das vom Schiedsrichter aufbewahrt wird. Mit diesem Zug geht die Partie nach Wiederaufnahme weiter.
isolierter Bauer	ein Bauer, der keine „Kollegen" auf den Nebenlinien mehr besitzt, die ihn decken oder seinen Vormarsch unterstützen können. Dadurch wird er oft zu einer schutzbedürftigen Schwäche.
Kiebitz	scherzhafte Bezeichnung für einen Zuschauer beim Schach, oft mit abwertendem Beigeschmack gebraucht
Nachzug	Gegenteil von Anzug (vgl. dort), bezeichnet die Tatsache, daß Schwarz (der Nachziehende) von

	Beginn an stets einen Zug hinter dem Weißen her ist
Qualität	Wertunterschied zwischen einem Turm und einem Läufer oder Springer
Rochade	Doppelzug von König und Turm, bei dem der König zwei Felder auf den Turm zugeht und dieser über den König auf das anschließende Feld springt. Es gibt zwei Formen der Rochade, die „kurze", zum Königsflügel ausgeführte, mit nur zwei freien Feldern zwischen König und Turm, und die „lange", zum Damenflügel ausgeführte, mit drei Feldern dazwischen. In der Eröffnung meist ein sehr nützlicher Zug, um den König zu sichern und den Turm zu aktivieren. Unterlassen oder Verhinderung der Rochade reichen oft zum Verlust der Partie aus.
rückständiger Bauer	Bauer, der im Gegensatz zum isolierten zwar noch Nebenleute besitzt, aber hinter diesen zurückgeblieben ist. Dadurch tritt oft derselbe Effekt der Schwächung ein.
schlechter Läufer	durch eigene Bauern auf derselben Felderfarbe in seiner Wirkung behinderter Läufer. Besonders im Endspiel kostet ein solcher Läufer oft die Partie.
Sekundant	Helfer eines Meisters bei einem Wettkampf oder Turnier. Seine Hauptaufgaben liegen in der Eröffnungsvorbereitung und Analyse von Hängepartien, oft auch in der formellen Vertretung des Meisters etwa bei Streitfällen oder Verhandlungen.
Simultan	Spiel eines Meisters gegen mehrere schwächere Gegner zugleich
Tempo	eigentlich andere Umschreibung für Zug, wird meist in den Begriffen „Tempogewinn (-verlust)" gebraucht, d. h. der eine Spieler zwingt den anderen etwa durch ein Schachgebot oder einen Angriff auf eine Figur zu einem wenig nützlichen Gegenzug und gewinnt selbst Zeit für weitere Aktionen.
Textzug	der tatsächlich in einer bestimmten Stellung gespielte Partiezug, im Unterschied zu den meist daneben analysierten Varianten
Überdeckung	ein wichtiges Feld oder eine Figur wird öfter gedeckt als angegriffen, um feindlichen Aktionen vorzubeugen; ein wichtiges strategisches Element

	in der besonders von Nimzowitsch vertretenen „hypermodernen" Spielauffassung
Umwandlung	ein Bauer, der die Grundreihe des Gegners erreicht, verwandelt sich in eine Figur gleicher Farbe nach Wahl (außer König).
ungleiche Läufer	je ein Läufer von Weiß und Schwarz auf ungleicher Felderfarbe; z.B. weißer Läufer auf schwarzen Feldern und schwarzer Läufer auf weißen Feldern; im Endspiel oft ein Remisfaktor, dagegen bei vollem Brett oft günstig für den Angreifer
Vorgabe	die eine Seite spielt mit Bauer(n) oder Figur(en) weniger, um einen Spielstärkeunterschied auszugleichen; auch die Vorgabe von Zügen ist möglich
Wertung	1) zur Ermittlung der Spielstärke, siehe ELO; 2) zur Platzvergabe bei Punktgleichheit; in diesem Fall läuft es meistens darauf hinaus, daß der Spieler besser plaziert wird, der gegen starke Kontrahenten mehr Punkte gemacht hat
Zeitnot	da es in jedem Turnier ein festgelegtes Zeitlimit für alle Partien gibt (z.B. 2 Stunden für 40 Züge pro Spieler), müssen bei langsamem Spiel oft zum Schluß noch in ein, zwei Minuten eine ganze Reihe von Zügen gemacht werden. Was für einen Spieler „Zeitnot" bedeutet, ist aber subjektiv verschieden; gute Blitzspieler machen selbst noch in Sekunden mehrere starke Züge, andere werden schon bei etwa einer Minute pro Zug nervös.
Zugzwang	Situation, in der ein Spieler ziehen muß, obwohl jeder Zug seine Stellung verschlechtert

Quellenverzeichnis

Adorjan, Andras: Quo vadis, Garry? Dreier Mannheim 1990
Aljechin, Alexander: Auf dem Wege zur Weltmeisterschaft 1923–1927 de Gruyter Berlin/New York 1978
Aljechin, Alexander: Das New Yorker Schachturnier 1927 de Gruyter Berlin 1963
Aljechin, A./Euwe, M./Kmoch, H.: Der Schachwettkampf Aljechin-Euwe um die Weltmeisterschaft 1935, Verlag Julius Kittls Nachf. Mährisch Ostrau/Leipzig/Wien 1935/36
Barcza, G./Alföldy, L./Kapu, J.: Die Weltmeister des Schachspiels Schach-Archiv Hamburg 1975

Bogoljubow, E. und andere: Die Schachkämpfe um die Weltmeisterschaft zwischen Aljechin und Bogoljubow 1929 und 1934, Macklot Karlsruhe 1935 (Nachdruck Olms Zürich 1983)

Borik, Otto/Petzold, Joachim u. a.: Meyers Schachlexikon, Meyers Mannheim/Leipzig/Wien/Zürich 1993

Botwinnik, Michail: Schach-Erinnerungen, Rau Düsseldorf 1981

Capablanca, José: My Chess Career, Bell London/Macmillan New York 1920

Cafferty, B: Spasskys 100 Best Games, Batsford London 1972

Daubar, Jorge: Capablanca, Havanna 1988

Diel, Alfred: Schach in Deutschland, Rau Düsseldorf 1977

Euwe, Machgielis: Feldherrnkunst im Schach, de Gruyter Berlin 1970

Feenstra Kuiper, P.: Hundert Jahre Schachturniere 1851–1950, ten Have Amsterdam 1964

Feenstra Kuiper, P.: Hundert Jahre Schachzweikämpfe 1851–1950, ten Have Amsterdam 1967

Fine, Reuben: Die Psychologie des Schachspielers, dt. Ausgabe Syndikat Frankfurt 1982

Fischer, Robert James: Meine 60 denkwürdigen Partien, dt. Ausgabe Wildhagen Hamburg

Fox, Mike/James, Richard: The Complete Chess Addict, Faber and Faber London 1987

Gligoric, Svetozar: Fischer-Spassky, Schachmatch des Jahrhunderts, Droemer Knaur Zürich 1972

Golombek, Harry: The Encyclopedia of Chess, Batsford London 1977

Gottschall, Hermann von: Adolf Anderssen

Hannak, Jacques: Der Michelangelo des Schachspiels, Steinitz Wiener Schachzeitung 1936

Hannak, Jacques: Emanuel Lasker, Engelhardt Berlin 1952

Harenberg, Werner: Schachweltmeister, Rowohlt Hamburg 1981

Hooper, David/Whyld, Kenneth: The Oxford Companion to Chess, Oxford University Press, Oxford/New York 1992

Karpow, Anatoli: Wie ich kämpfe und siege, Schmaus Heidelberg 1978

Kasparow, Garry: Politische Partie, Droemer Knaur München 1987

Keene, Raymond: Chess, An Illustrated History, Phaidon Oxford 1990

Kotow, A./Judowitsch, M.: Schach in der UdSSR, Harri Deutsch Thun/Frankfurt a. Main 1980

Lasker, E./Tarrasch, S.: Die Schachwettkämpfe Lasker-Tarrasch 1908 und 1916, Veit & Comp. Leipzig 1908, Hedewigs Nachf./Ronniger, Leipzig/Wien 1909, Veit & Comp. Leipzig 1917 (Nachdruck Olms Zürich 1990)

Maroczy, Geza: Paul Morphy, Veit & Comp. Leipzig 1909 (Nachdruck Olms Zürich 1989)

Meier, C.: Der Schachkampf in Paris zwischen Mr. Staunton und M. de St. Amant, Meyer/Zeller Zürich 1844 (Nachdruck Olms Zürich 1983)

Minckwitz, J./Schallopp, E.: Der Schachwettkampf zwischen Steinitz und Zukertort 1886, Roegner Leipzig 1886/Veit & Comp. Leipzig 1886 (Nachdruck Olms Zürich 1986)

Müller, H./Pawelczak, A.: Schachgenie Aljechin, Mensch und Werk, Engelhardt Berlin 1953

Panow, Wassili: Capablanca – das Schachphänomen, Franckh Stuttgart 1982

Pasternjak, Aleksander: Schach-Phänomen Bobby Fischer, Copress München 1973

Richter, K./Teschner, R.: Dr. Max Euwe, Eine Auswahl seiner besten Partien, de Gruyter Berlin 1965

Saidy, Anthony/Lessing, Norman: The World of Chess, Ridge Press London/Glasgow 1974

Schonberg, Harold: Die Großmeister des Schach, Scherz Bern/München/Wien 1974

Silbermann, Jacob/Unzicker, Wolfgang: Geschichte des Schachs, Bertelsmann München 1975

Smyslow, Wassili: Ausgewählte Schachpartien, Sportverlag Berlin 1954

Suetin, Alexej: Das Schachgenie Botwinnik, Sportverlag Berlin 1990

Suetin, Alexej: Schachstrategie der Weltmeister, Sportverlag Berlin 1983

Staunton, Howard: Das Schachturnier zu London im Jahre 1851, dt. Ausgabe Veit & Comp. Berlin 1852 (Nachdruck Olms Zürich 1983)

Tal, Mikhail: The Life and Games of Mikhail Tal, RHM Press New York/Pitman London 1976

Tal, M./Koblenz, A.: Schachtraining mit Exweltmeister Tal, Rau Düsseldorf 1981

Unzicker, Wolfgang: Knaurs Neues Schachbuch, Droemer München 1975

Wasiliew, V.L.: Tigran Petrosjan, His Life and Games, Batsford London/RHM New York 1974

Nur stellenweise benutzte weitere Quellen sind jeweils an der betreffenden Stelle genannt.